人理解不能的婚俗

破想像的婚嫁趣事

趙惠玲，金躍軍 著

五十六個中華民族，上百個趣味風俗 傳統是陋習，還是大有深意？

目錄

前言

漢族婚俗

民族婚俗——各有各的說法和講究 25
婚禮前奏曲——「忙」並快樂的事 26
婚禮進行曲——歡天喜地新人樂 28
婚禮結尾曲——畫上圓滿的句號 30
離婚・再婚——勞燕分飛各覓幸福 32

壯族婚俗

民族婚俗——各有各的說法和講究 34
婚禮前奏曲——「忙」並快樂的事 36
婚禮進行曲——歡天喜地新人樂 37
婚禮結尾曲——畫上圓滿的句號 40
離婚・再婚——勞燕分飛各覓幸福 41

令人理解不能的婚俗

突破想像的婚嫁趣事

蒙古族婚俗

民族婚俗——各有各的說法和講究……42
婚禮前奏曲——「忙」並快樂的事……43
婚禮進行曲——歡天喜地新人樂……48
婚禮結尾曲——畫上圓滿的句號……51
離婚・再婚——勞燕分飛各覓幸福……53

滿族婚俗

民族婚俗——各有各的說法和講究……54
婚禮前奏曲——「忙」並快樂的事……55
婚禮進行曲——歡天喜地新人樂……56
婚禮結尾曲——畫上圓滿的句號……58
離婚・再婚——勞燕分飛各覓幸福……59

藏族婚俗

民族婚俗——各有各的說法和講究……60
婚禮前奏曲——「忙」並快樂的事……62
婚禮進行曲——歡天喜地新人樂……63
婚禮結尾曲——畫上圓滿的句號……65

離婚・再婚——勞燕分飛各覓幸福……65

回族婚俗

民族婚俗——各有各的說法和講究……67
婚禮前奏曲——「忙」並快樂的事……68
婚禮進行曲——歡天喜地新人樂……69
婚禮結尾曲——畫上圓滿的句號……72
離婚・再婚——勞燕分飛各覓幸福……72

維吾爾族婚俗

民族婚俗——各有各的說法和講究……73
婚禮前奏曲——「忙」並快樂的事……74
婚禮進行曲——歡天喜地新人樂……75
婚禮結尾曲——畫上圓滿的句號……76
離婚・再婚——勞燕分飛各覓幸福……76

苗族婚俗

民族婚俗——各有各的說法和講究……78
婚禮前奏曲——「忙」並快樂的事……78
婚禮進行曲——歡天喜地新人樂……82

令人理解不能的婚俗

突破想像的婚嫁趣事

婚禮結尾曲——畫上圓滿的句號 83
離婚・再婚——勞燕分飛各覓幸福 84

彝族婚俗

民族婚俗——各有各的說法和講究 85
婚禮前奏曲——「忙」並快樂的事 86
婚禮進行曲——歡天喜地新人樂 88
婚禮結尾曲——畫上圓滿的句號 90
離婚・再婚——勞燕分飛各覓幸福 91

布依族婚俗

民族婚俗——各有各的說法和講究 92
婚禮前奏曲——「忙」並快樂的事 93
婚禮進行曲——歡天喜地新人樂 94
婚禮結尾曲——畫上圓滿的句號 95
離婚・再婚——勞燕分飛各覓幸福 96

朝鮮族婚俗

民族婚俗——各有各的說法和講究 97
婚禮前奏曲——「忙」並快樂的事 97

婚禮進行曲——歡天喜地新人樂 98
婚禮結尾曲——畫上圓滿的句號 100
離婚・再婚——勞燕分飛各覓幸福 101

侗族婚俗

民族婚俗——各有各的說法和講究 102
婚禮前奏曲——「忙」並快樂的事 103
婚禮進行曲——歡天喜地新人樂 105
婚禮結尾曲——畫上圓滿的句號 106
離婚・再婚——勞燕分飛各覓幸福 107

瑤族婚俗

民族婚俗——各有各的說法和講究 108
婚禮前奏曲——「忙」並快樂的事 109
婚禮進行曲——歡天喜地新人樂 110
婚禮結尾曲——畫上圓滿的句號 112
離婚・再婚——勞燕分飛各覓幸福 112

白族婚俗

民族婚俗——各有各的說法和講究 114

令人理解不能的婚俗

突破想像的婚嫁趣事

婚禮前奏曲——「忙」並快樂的事……115
婚禮進行曲——歡天喜地新人樂……116
婚禮結尾曲——畫上圓滿的句號……118
離婚・再婚——勞燕分飛各覓幸福……118

土家族婚俗

民族婚俗——各有各的說法和講究……119
婚禮前奏曲——「忙」並快樂的事……120
婚禮進行曲——歡天喜地新人樂……121
婚禮結尾曲——畫上圓滿的句號……123
離婚・再婚——勞燕分飛各覓幸福……123

哈尼族婚俗

民族婚俗——各有各的說法和講究……124
婚禮前奏曲——「忙」並快樂的事……125
婚禮進行曲——歡天喜地新人樂……126
婚禮結尾曲——畫上圓滿的句號……127
離婚・再婚——勞燕分飛各覓幸福……128

◆目錄

哈薩克族婚俗

民族婚俗——各有各的說法和講究 130
婚禮前奏曲——「忙」並快樂的事 130
婚禮進行曲——歡天喜地新人樂 131
婚禮結尾曲——畫上圓滿的句號 134
離婚・再婚——勞燕分飛各覓幸福 134

傣族婚俗

民族婚俗——各有各的說法和講究 135
婚禮前奏曲——「忙」並快樂的事 136
婚禮進行曲——歡天喜地新人樂 136
婚禮結尾曲——畫上圓滿的句號 138
離婚・再婚——勞燕分飛各覓幸福 139

黎族婚俗

民族婚俗——各有各的說法和講究 140
婚禮前奏曲——「忙」並快樂的事 140
婚禮進行曲——歡天喜地新人樂 141
婚禮結尾曲——畫上圓滿的句號 142

令人理解不能的婚俗

突破想像的婚嫁趣事

離婚・再婚——勞燕分飛各覓幸福……143

傈僳族婚俗

民族婚俗——各有各的說法和講究……144
婚禮前奏曲——「忙」並快樂的事……144
婚禮進行曲——歡天喜地新人樂……145
婚禮結尾曲——畫上圓滿的句號……146
離婚・再婚——勞燕分飛各覓幸福……147

佤族婚俗

民族婚俗——各有各的說法和講究……148
婚禮前奏曲——「忙」並快樂的事……149
婚禮進行曲——歡天喜地新人樂……150
婚禮結尾曲——畫上圓滿的句號……151
離婚・再婚——勞燕分飛各覓幸福……151

畲族婚俗

民族婚俗——各有各的說法和講究……152
婚禮前奏曲——「忙」並快樂的事……152
婚禮進行曲——歡天喜地新人樂……154

◆目錄

婚禮結尾曲——畫上圓滿的句號……155
離婚・再婚——勞燕分飛各覓幸福……156

高山族婚俗

民族婚俗——各有各的說法和講究……157
婚禮前奏曲——「忙」並快樂的事……158
婚禮進行曲——歡天喜地新人樂……159
婚禮結尾曲——畫上圓滿的句號……160
離婚・再婚——勞燕分飛各覓幸福……160

拉祜族婚俗

民族婚俗——各有各的說法和講究……162
婚禮前奏曲——「忙」並快樂的事……163
婚禮進行曲——歡天喜地新人樂……164
婚禮結尾曲——畫上圓滿的句號……165
離婚・再婚——勞燕分飛各覓幸福……165

水族婚俗

民族婚俗——各有各的說法和講究……167
婚禮前奏曲——「忙」並快樂的事……167

令人理解不能的婚俗

突破想像的婚嫁趣事

婚禮進行曲——歡天喜地新人樂 168

婚禮結尾曲——畫上圓滿的句號 169

離婚・再婚——勞燕分飛各覓幸福 170

東鄉族婚俗

民族婚俗——各有各的說法和講究 171

婚禮前奏曲——「忙」並快樂的事 172

婚禮進行曲——歡天喜地新人樂 173

婚禮結尾曲——畫上圓滿的句號 174

離婚・再婚——勞燕分飛各覓幸福 174

納西族婚俗

民族婚俗——各有各的說法和講究 176

婚禮前奏曲——「忙」並快樂的事 177

婚禮進行曲——歡天喜地新人樂 178

婚禮結尾曲——畫上圓滿的句號 179

離婚・再婚——勞燕分飛各覓幸福 180

景頗族婚俗

民族婚俗——各有各的說法和講究 181

◆目錄

婚禮前奏曲——「忙」並快樂的事……181
婚禮進行曲——歡天喜地新人樂……183
婚禮結尾曲——畫上圓滿的句號……184
離婚・再婚——勞燕分飛各覓幸福……184

柯爾克孜族婚俗

民族婚俗——各有各的說法和講究……185
婚禮前奏曲——「忙」並快樂的事……186
婚禮進行曲——歡天喜地新人樂……186
婚禮結尾曲——畫上圓滿的句號……187
離婚・再婚——勞燕分飛各覓幸福……188

土族婚俗

民族婚俗——各有各的說法和講究……189
婚禮前奏曲——「忙」並快樂的事……190
婚禮進行曲——歡天喜地新人樂……191
婚禮結尾曲——畫上圓滿的句號……192
離婚・再婚——勞燕分飛各覓幸福……192

令人理解不能的婚俗

突破想像的婚嫁趣事

達斡爾族婚俗

民族婚俗——各有各的說法和講究……193
婚禮前奏曲——「忙」並快樂的事……194
婚禮進行曲——歡天喜地新人樂……194
婚禮結尾曲——畫上圓滿的句號……195
離婚・再婚——勞燕分飛各覓幸福……195

仫佬族婚俗

民族婚俗——各有各的說法和講究……197
婚禮前奏曲——「忙」並快樂的事……197
婚禮進行曲——歡天喜地新人樂……198
婚禮結尾曲——畫上圓滿的句號……199
離婚・再婚——勞燕分飛各覓幸福……199

羌族婚俗

民族婚俗——各有各的說法和講究……200
婚禮前奏曲——「忙」並快樂的事……201
婚禮進行曲——歡天喜地新人樂……202
婚禮結尾曲——畫上圓滿的句號……204

◆目錄

離婚・再婚——勞燕分飛各覓幸福……205

布朗族婚俗

民族婚俗——各有各的說法和講究……206
婚禮前奏曲——「忙」並快樂的事……207
婚禮進行曲——歡天喜地新人樂……209
婚禮結尾曲——畫上圓滿的句號……211
離婚・再婚——勞燕分飛各覓幸福……211

撒拉族婚俗

民族婚俗——各有各的說法和講究……212
婚禮前奏曲——「忙」並快樂的事……213
婚禮進行曲——歡天喜地新人樂……214
婚禮結尾曲——畫上圓滿的句號……216
離婚・再婚——勞燕分飛各覓幸福……216

毛南族婚俗

民族婚俗——各有各的說法和講究……217
婚禮前奏曲——「忙」並快樂的事……217
婚禮進行曲——歡天喜地新人樂……219

令人理解不能的婚俗
突破想像的婚嫁趣事

婚禮結尾曲——畫上圓滿的句號 220
離婚・再婚——勞燕分飛各覓幸福 221

仡佬族婚俗

民族婚俗——各有各的說法和講究 222
婚禮前奏曲——「忙」並快樂的事 223
婚禮進行曲——歡天喜地新人樂 224
婚禮結尾曲——畫上圓滿的句號 225
離婚・再婚——勞燕分飛各覓幸福 225

錫伯族婚俗

民族婚俗——各有各的說法和講究 227
婚禮前奏曲——「忙」並快樂的事 228
婚禮進行曲——歡天喜地新人樂 229
婚禮結尾曲——畫上圓滿的句號 231
離婚・再婚——勞燕分飛各覓幸福 232

阿昌族婚俗

民族婚俗——各有各的說法和講究 233
婚禮前奏曲——「忙」並快樂的事 234

◆目錄

婚禮進行曲——歡天喜地新人樂……236
婚禮結尾曲——畫上圓滿的句號……237
離婚・再婚——勞燕分飛各覓幸福……237

普米族婚俗

民族婚俗——各有各的說法和講究……238
婚禮前奏曲——「忙」並快樂的事……239
婚禮進行曲——歡天喜地新人樂……240
婚禮結尾曲——畫上圓滿的句號……241
離婚・再婚——勞燕分飛各覓幸福……241

塔吉克族婚俗

民族婚俗——各有各的說法和講究……242
婚禮前奏曲——「忙」並快樂的事……242
婚禮進行曲——歡天喜地新人樂……243
婚禮結尾曲——畫上圓滿的句號……245
離婚・再婚——勞燕分飛各覓幸福……245

怒族婚俗

民族婚俗——各有各的說法和講究……246

令人理解不能的婚俗

突破想像的婚嫁趣事

婚禮前奏曲——「忙」並快樂的事……247
婚禮進行曲——歡天喜地新人樂……248
婚禮結尾曲——畫上圓滿的句號……249
離婚．再婚——勞燕分飛各覓幸福……249

烏孜別克族婚俗

民族婚俗——各有各的說法和講究……250
婚禮前奏曲——「忙」並快樂的事……251
婚禮進行曲——歡天喜地新人樂……252
婚禮結尾曲——畫上圓滿的句號……253
離婚．再婚——勞燕分飛各覓幸福……253

俄羅斯族婚俗

民族婚俗——各有各的說法和講究……255
婚禮前奏曲——「忙」並快樂的事……256
婚禮進行曲——歡天喜地新人樂……257
婚禮結尾曲——畫上圓滿的句號……258
離婚．再婚——勞燕分飛各覓幸福……258

◆目錄

鄂溫克族婚俗
民族婚俗——各有各的說法和講究……259
婚禮前奏曲——「忙」並快樂的事……260
婚禮進行曲——歡天喜地新人樂……261
婚禮結尾曲——畫上圓滿的句號……262
離婚．再婚——勞燕分飛各覓幸福……262

德昂族婚俗
民族婚俗——各有各的說法和講究……263
婚禮前奏曲——「忙」並快樂的事……264
婚禮進行曲——歡天喜地新人樂……265
婚禮結尾曲——畫上圓滿的句號……266
離婚．再婚——勞燕分飛各覓幸福……266

保安族婚俗
民族婚俗——各有各的說法和講究……267
婚禮前奏曲——「忙」並快樂的事……267
婚禮進行曲——歡天喜地新人樂……268
婚禮結尾曲——畫上圓滿的句號……269

令人理解不能的婚俗

突破想像的婚嫁趣事

離婚・再婚——勞燕分飛各覓幸福……270

裕固族婚俗

民族婚俗——各有各的說法和講究……271
婚禮前奏曲——「忙」並快樂的事……272
婚禮進行曲——歡天喜地新人樂……273
婚禮結尾曲——畫上圓滿的句號……275
離婚・再婚——勞燕分飛各覓幸福……275

京族婚俗

民族婚俗——各有各的說法和講究……276
婚禮前奏曲——「忙」並快樂的事……277
婚禮進行曲——歡天喜地新人樂……278
婚禮結尾曲——畫上圓滿的句號……279
離婚・再婚——勞燕分飛各覓幸福……279

塔塔爾族婚俗

民族婚俗——各有各的說法和講究……281
婚禮前奏曲——「忙」並快樂的事……281
婚禮進行曲——歡天喜地新人樂……282

◆目錄

婚禮結尾曲——畫上圓滿的句號……283
離婚・再婚——勞燕分飛各覓幸福……284

獨龍族婚俗
民族婚俗——各有各的說法和講究……285
婚禮前奏曲——「忙」並快樂的事……286
婚禮進行曲——歡天喜地新人樂……287
婚禮結尾曲——畫上圓滿的句號……289
離婚・再婚——勞燕分飛各覓幸福……289

鄂倫春族婚俗
民族婚俗——各有各的說法和講究……290
婚禮前奏曲——「忙」並快樂的事……291
婚禮進行曲——歡天喜地新人樂……291
婚禮結尾曲——畫上圓滿的句號……292
離婚・再婚——勞燕分飛各覓幸福……292

赫哲族婚俗
民族婚俗——各有各的說法和講究……293
婚禮前奏曲——「忙」並快樂的事……294

令人理解不能的婚俗

突破想像的婚嫁趣事

婚禮進行曲——歡天喜地新人樂 295
婚禮結尾曲——畫上圓滿的句號 296
離婚・再婚——勞燕分飛各覓幸福 296

門巴族婚俗

民族婚俗——各有各的說法和講究 298
婚禮前奏曲——「忙」並快樂的事 299
婚禮進行曲——歡天喜地新人樂 299
婚禮結尾曲——畫上圓滿的句號 301
離婚・再婚——勞燕分飛各覓幸福 302

珞巴族婚俗

民族婚俗——各有各的說法和講究 303
婚禮前奏曲——「忙」並快樂的事 304
婚禮進行曲——歡天喜地新人樂 304
婚禮結尾曲——畫上圓滿的句號 305
離婚・再婚——勞燕分飛各覓幸福 305

基諾族婚俗

民族婚俗——各有各的說法和講究 306

◆目錄

婚禮前奏曲——「忙」並快樂的事……307
婚禮進行曲——歡天喜地新人樂……308
婚禮結尾曲——畫上圓滿的句號……309
離婚・再婚——勞燕分飛各覓幸福……309

前言

中華民族歷史悠久，源遠流長，各民族在漫長的歷史發展過程中，形成了各具特色的婚俗習慣，凝聚了各個民族各自對美好生活的追求和嚮往，是中華民族優秀傳統文化的重要組成部分。

俗話說，婚姻是人生的頭等大事。男大當婚，女大當嫁，一切都顯得是這般的順理成章，合乎法理，有章可尋，於是，便自然而然孕育出了婚禮儀式，透過一整套的婚儀向社會大眾宣告是明媒正娶，如果不遵從禮制便是世俗鄙薄、斥責的私奔，合情、合理、合法，婚禮成為了兩個人結合不可逾越的見證。地域的不同，民族的差異，形成了各具風格的婚儀，進而成為地方文化、民族文化中最為特色的婚俗文化。

所謂的婚俗文化，是以婚儀為主心，圍繞普羅大眾戀愛、嫁娶和生育所形成的關係、行為等文化現象。談情說愛是婚姻的前奏，嫁娶儀式是婚姻的開端，生兒育女則是婚姻的後續。自從有了人，便有了婚姻，儘管今人無法考究最早的婚姻源於何人何處，但中華民族的婚俗文化卻是源遠流長，據司馬遷《史記．補三皇本紀》記載：「太皞庖犧氏，風姓，代燧人氏繼天而王……於是始制嫁娶，以儷皮為禮。」又據唐代杜佑《通典‧禮典》記載：「遂皇始有夫婦之道，伏羲氏制嫁娶，以儷皮為禮。」可見，早在遠古的神話時代，華夏大地上就已經萌生了以雙對鹿皮為聘的婚俗文化。

對於華人的民族婚俗，概而言之，正式嫁娶婚姻方式都有三大類，女過男方家、男過女方家和分立成家。女過男方家，是最為普遍的一種，把女子迎娶到男方家舉行成親儀式，自父系氏族以來便形成，基本上任何民族與地區如無意外都採取這種方式。男過女方家，從妻而居，改為妻姓，稱為「入贅」，俗叫「倒插門」、「招女婿」，北疆的蒙古族、廣西西北部的毛南族、寧明和龍州的壯族，都有當上門女婿的慣例。除了這三種正常

◆前言

的婚姻形式之外，自古及今還出現一些較為特殊的婚姻形式，諸如買賣婚、交換婚、轉房婚、童養婚、典妻婚、表親婚、指腹婚以及搶婚等等。

民族婚俗之所以如此備受關注，在乎其別具一格的濃郁特色，平淡無奇的婚俗是缺乏亮點的，無法予人留下不可磨滅的印記。結婚是大喜樂事，誰都願意添置眾多的妝奩以示體面，漢族各地婚禮中，新娘必須向男方家中長輩敬喜茶，受茶者要饋贈紅包以作回禮，傈僳族新人也須向男方成員敬酒鞠躬，稱為請拜，受拜的人喝了喜酒還須向畚箕丟請拜錢，二者可謂異曲同工。正如漢族上古婚俗以雁為禮一般，海南黎族不論提親、送聘還是結婚，都必須以檳榔貫穿先行，咀嚼檳榔是百越遺風，而粵東的潮州婚俗中，新娘須向親朋敬獻檳榔（今以橄欖代替），叫做「請檳榔」，東西兩地儀節遙相呼應。

一個時代有一個時代的婚禮形式，一個民族有一個民族的婚姻風俗，而每一個時代、每一個民族婚禮的變遷都深深鐫刻著時代的烙印，繪成一幅華夏民族婚俗文化傳承與變革的歷史畫卷。

隨著社會的發展變化，中華民族的婚俗習慣也已經發生了變化，本書為了更好的闡述原有各民族自身特有的婚俗習慣，在內容的把握上，更多是參考了大量過去年代的那些婚俗細節，讓讀者朋友更好的了解中華各個民族自身的文化特性。當代，各民族的婚禮仍然保留一部分傳統的習俗，但已經簡化很多，而且有許多新式婚禮不斷出現。

輕啟本書，可帶領你走進一個個熱烈、喜慶、有趣、神秘的婚戀場景。

漢族婚俗

漢族是中國人口最多的民族。漢族是古代被稱為「華夏」的中原居民，後同其他民族逐漸同化、融合，漢代開始，稱為漢族。漢族主要聚居於黃河、長江、珠江三大流域和松遼平原；在邊疆地區則多與少數民族交錯雜居，另有數千萬人口散居世界各地。漢族在中國分布的特點是東密西疏，漢族人口為十一億八千兩百九十五萬人，占中國全部人口的百分之九十點五六。

漢族人使用的漢語屬漢藏語系漢語族，一共包括七大方言。現代漢語以北方方言為基礎，北京語音為標準音。漢字是世界上最古老的文字之一，已有六千年左右的歷史，現為國際通用語文之一。漢族沒有產生全民族必須信仰的宗教，部分人信仰佛教、基督教等。

民族婚俗——各有各的說法和講究

在中國歷史上，婚姻最早稱為「昏因」。因為遠古的婚姻，以掠奪婚為主，而搶婚多是在黑夜進行，所以，所謂婚禮即「昏時成親」的意思。由於掠奪婚帶有濃重的野蠻色彩，再加上各方面條件的制約，最初意義上的婚禮是非常簡單的。

隨著人類社會的發展和進步，婚禮逐步成為人們生活中的重要禮儀。經過幾千年的發展和傳承，婚禮習俗已經作為一種獨特的文化現象植根於整個中華文化之中。漢族的祖先和世界各民族一樣，在原始時期經歷過亂婚、群婚的階段，進入文明社會之後則基本採取一夫一妻的婚姻形式。

二十世紀初期時，漢族社會裡還有一些特殊的婚姻形式，如童養媳、招女婿等，近代則基本絕跡。古代的婚姻禮儀，從議婚至完婚過程中要完成六種禮節，即：納采、問名、納吉、納徵、請期、親迎。這一娶親程序，周代即已確立，最早見於《禮記．昏義》。概略而言，大約分為婚前禮、正婚禮、婚後禮三個階段。現在的漢族傳統婚姻，一般來說都要經過提親、訂婚、迎娶出嫁、鬧房、歸寧等步驟。

婚禮前奏曲——「忙」並快樂的事

求婚的第一步——納采

漢族的「婚禮前奏曲」，也就是婚前禮是在婚姻籌劃、準備階段所舉行的一些必要的儀節。在舊時，漢族的婚姻取決於「父母之命，媒妁之言」，因此，婚前禮的一切儀節，包括從擇偶至籌備正式婚禮的一系列環節，幾乎都由父母雙方的家長包辦，真正婚姻的當事人對自己的婚事是沒有什麼權力的。

如果男方父母想為兒子娶媳婦，應先請媒人向女方家提親，如果女方家接受了這門親事，就開始進行納采。納采，是男方向女方正式求婚的第一步，俗稱過定。即媒人到女方家說明求婚之意，然後男方家擇吉日，具束帖、納禮物於女方家。納采禮物，其中喜包和鮮花是最重要的，且數量也是最多的。

舉行「納采」禮節的那天，男方家派出的媒人手捧一隻活雁作為首次見面禮。這一禮節最初用活雁作為首次見面禮，即取雁為候鳥，秋南飛而春北歸，來去有時，從無失信來作為男女雙方信守不渝的象徵；又取雁飛成行，止成列，以明嫁娶必須長幼有序，不能逾越的意思。後來也用羔羊、白鵝、合歡、膠漆等作為贄禮的。當男方家派出的媒人來到女方家大門外，對女方家儐者（儐，音ㄅㄧㄣ。儐者，幫助婚事舉辦方接待客人、輔助行禮的人）說：「您家主人非常盛情，賞給某某（婿名）一個妻子，某某（婿父或兄）根據祖先遺下的規定，讓我來向貴府主人請求舉行選擇貴府小姐的儀式。」

然後，女方家儐者去通報女方家父母，女方家父母得到通報後親自出大門迎接，賓主互作一揖讓之後，媒使再次向女主人表達前來行納采禮節的意思。主人答禮，收下活雁並謙讓一番。媒人見求親之事得到女方家父母的應允，就回去告知男方家父母。

「納采」禮進行完後，隨後的事情就是問名（問女子生辰以卜吉凶）、納吉（備禮通知女方家，決定締結婚姻）、納徵（向女方家送聘禮）、請期（選定婚期，備禮告訴女方家，求其同意）等一系列儀式。

催妝、送妝與鋪房

催妝、送妝與鋪房在「六禮（納采→問名→納吉→納徵→請期→親迎）」環節的基礎上添加的副儀節及雜俗。

所謂催妝是指男方家派人攜帶禮物催請女方家及早為新娘置妝的儀節。而送妝是親迎前數日，女方家派人將嫁妝送至男方家的儀節。嫁妝往往用箱籠裝著，也有人家為炫耀陪嫁，將嫁妝用方桌一一鋪開，排成一個縱隊浩浩蕩蕩的送至男方家。嫁妝通常有箱櫃、被褥、首飾、衣服、綢緞、文房四寶及金銀器皿等，還有以田地房屋、店鋪、當鋪作為陪嫁的。浙江一帶，嫁妝中有一種叫做「子孫桶」的（大桶上有一大蓋，為新娘生育時用），桶中盛有紅蛋、喜果、謂之「送子」，有祝福之意。紹興一帶，還有送「女兒酒」作為嫁妝的，即在女兒滿月或數歲後，即釀酒數罈埋入地下，待女兒出嫁的那一天，將之前釀製的美酒取出來送到男方家。

鋪房則是女方家派人到男方家打點、整理新房的儀式，鋪房人必須是福壽雙全、家境富裕的「好命婆」，以為新人帶來吉祥。

婚禮進行曲——歡天喜地新人樂

新娘坐轎頭一遭

親迎，是指新郎親自帶領自家的人馬前往女方家娶新娘的儀式，是「六禮」中的最後一道程序。古代，漢民族娶新娘似乎普遍用花轎抬。而事實上，最早的花轎迎親僅限於皇宮貴族，民間娶婦嫁女「坐花轎」則始於宋代。

轎子在古代是達官貴人的代步工具，古代社會建立科舉制度後，為彰顯對人才的重視，對考中的舉人、進士都要以轎迎接。因為結婚是人生的大喜事，人們便把結婚稱為「小登科」，認為和考取功名一樣光彩。因此，就是普通老百姓，也要讓新媳婦坐上花轎「隆重」一下。

花轎迎親講究頗多，迎娶新娘前一日下午，轎夫要把花轎抬至男方家，晚上轎中百燭齊燃，叫做「亮轎」，即紅燭高照，驅鬼祈福之意；花轎到女方家後還要「照轎」，即先停於廳上，女方家請一老婦，用鏡子向轎中來回照一照。

新娘大都由新娘的父兄或抱或背進花轎。有的地區則是新娘穿著自己的紅繡鞋，然後套著父兄大鞋，走著上轎，上轎之後再將大鞋脫掉。這其中的規矩是，女子出嫁之時，雙腳不能踏地，否則會沖犯地神，當然這屬於迷信說法。新娘上轎後，轎夫要討吉利錢，女方給了以後方可「起轎」。眾所周知，現在一般都是用轎車迎娶新娘了。

新娘「紅蓋頭」遮羞

舊時舉行婚禮時，新娘頭上會被蒙上一塊鮮紅而別致的大塊綢緞，被稱為「紅蓋頭」，入洞房時由新郎揭

令人理解不能的婚俗

突破想像的婚嫁趣事

開。關於這一風俗的由來，有的說是新娘嫁與新人，難免不好意思，故蒙頭遮羞；有的認為是用紅布避邪。其實這裡也有原始掠奪婚的痕跡，在搶奪新娘時，為了不讓其大喊大叫和看清來人，搶到手後，都要把她的頭蒙起來，後來人們舉行婚禮時就把它延續了下來。

撒穀揚豆 吃穿不愁

在新娘將要上轎時，要請一位福壽雙全的老太太拿盛有穀豆的簸箕在花轎四周、裡外、新娘周圍拋撒。迎親隊伍回到男方家，伴隨著新娘下轎、進男方家門，都要拋撒穀豆。俗信拋穀豆能辟邪，免除三煞（即青羊、烏雞、青牛三神）等邪魔的危害。還有一層涵義就是，女方希望女兒出嫁後吃穿不愁，享受清福；男方則希望娶新婦後帶來好運，五穀豐登！很像現今婚禮中的撒花瓣等儀式。

最隆重的大禮——拜堂成親

拜堂成親是指新人來到花堂三拜九叩，也叫「拜天地」，這是婚禮過程中最重要的大禮。因為男女結合延續了人類，所以要先拜天地；從結婚開始，女人成了男方家族的正式成員，所以要拜高堂；結婚之後，男女結合為一個共同體，所以還要夫妻交拜。

關於拜天地，有這樣一個有趣的傳說：女媧造人的時候，開始只生下一個男子。這個男子雖然不愁吃穿，逍遙自在，卻感到很孤單，於是請求月亮老人為他找個知心人。月亮老人就又求女媧造了一個女子，讓他們結為伴侶。在結婚的時候，月亮領著兩個白髮長者對二人說，「這是天公和地母，你們以後的生活全都離不開她倆，首先得向養育了你們的天公地母拜三拜。」此後，「拜天地」的習俗便流傳了下來。

撒喜床早得貴子

撒喜床也叫撒帳，不同地區有不同的叫法。這一儀式一般由新郎的嫂嫂來擔當主角。進行撒喜床儀式時，新郎的嫂嫂一邊唱歌一邊舞蹈。即在新婚夫婦進入洞房之前手執托盤，裡面裝滿棗、栗子、桂圓、花生等，走進洞房，一邊抓起這些果子撒向寢帳，一邊吟誦：「撒個棗、領個小（兒子），撒個栗、領個妮（女兒），一把栗子，一把棗，小的跟著大的跑。」

據說撒帳這一婚俗始於漢武帝時期。據記載，漢武帝迎娶李夫人時，將其迎入帳中共坐，帝令宮人將準備好的五色花果撒入帳中，坐在帳中的漢武帝和李夫人爭相牽起衣角相接，以為得果多則意味著婚後得子多。從此，撒帳既是婚禮中的笑樂調侃之舉，也成了必不可少的祝福之儀式。棗子諧音「早子」，栗子諧音「利子」或「妮子」，花生意味著花花搭搭生，既生男又養女，祝福新人將來兒女雙全。

婚禮結尾曲——畫上圓滿的句號

新人共飲「交杯酒」

當撒帳的儀式結束後，吉祥婆要替新人將被子鋪好，一邊鋪還要一邊說「百年好合，早生貴子」等吉利話，此謂「安床」。安床完結後，要請新人坐到一起，先是由新郎將新娘的蓋頭揭下來，稱為脫纓；然後新人共飲「交杯酒」，用紅線把兩個酒杯拴在一起，飲後將酒杯放於床下。若酒杯一仰一合是為大吉，象徵天履地載，男俯女仰，婚姻生活幸福美滿。

新人喝完交杯酒後，要將各自的一縷頭髮合在一起，叫做「合髻」，也稱結髮。據考證，禮上的結髮習俗來源於一個古代的愛情巫術。古人認為，頭髮是身體的一部分，裡面藏有人的靈魂，假若對頭髮施展法術，就會對頭髮的主人產生直接影響。儘管這種巫術帶有強烈的迷信色彩，但這種美好願望一旦移植到婚禮這麼莊重的事情上來，就被剝除了那種巫術的成分，繼之而來的則是象徵彼此忠誠的美好婚姻。喝完交杯酒、結完髮之後，還要把新郎的右衣襟壓在新娘的左衣襟上，據說是男人應該壓倒女人的意思。以上儀式統稱為坐帳。

「鬧房」與「聽房」

「鬧房」就是我們所知道的「鬧洞房」，是婚禮的最後程序也是婚禮的高潮。民間「新婚三日無大小」、「鬧喜鬧喜，越鬧越喜」的說法，指的就是「鬧房」的習俗。以新娘為主要逗趣對象，故又稱「鬧新娘」、「耍新娘」，舊時還稱為「戲婦」。各地雖有不同，但通常是要求新郎新娘玩各種遊戲，如咬蘋果、咬喜糖、走獨木橋等。

關於鬧洞房婚俗的由來，民間流傳著兩種說法。一說源於驅邪避災。相傳，很早以前紫微星一日下凡，在路上遇到一個披麻戴孝的女子，尾隨在一列迎親隊伍之後，他看出這是魔鬼在伺機作惡，於是就跟蹤到新郎家，只見那女人已先到了，並躲進洞房。當新郎、新娘拜完天地要進入洞房時，紫微星守著門不讓進，說裡面藏著魔鬼。眾人請他指點除魔辦法，他建議道：「魔鬼最怕人多，人多勢眾，魔鬼就不敢行兇作惡了。」於是，新郎請客人在洞房裡嬉戲說笑，用笑聲驅走邪鬼；果然，到了五更時分，魔鬼終於逃走了。可見，鬧洞房從開始時就被賦予驅魔避鬼的色彩。

除了鬧洞房，還有一種「聽房」的婚俗也非常有趣。夜深下來，一些愛湊熱鬧的人們，不約而同的聚集在新娘的窗戶下，沾著唾液戳破窗紙，側耳傾聽著裡面的動靜，窺探裡面的情形。家裡人對於這些事並不干涉，因為聽房的越多，新人的日子越會興旺，越顯得這家人緣好。反過來說，聽房若是聽不到聲音，對聽房者來說是不吉利的，意味著未來的生活會不順利。

㉑多樣的「歸寧」

漢族的歸寧是在成婚後三、六、七、九、十日或滿月，女婿陪同新娘返回娘家，拜見妻子的父母及親屬，俗稱「歸寧」。自親迎始的成婿之禮，至此完成。此俗起於上古時期，泛稱「回門」，為婚後回家探視父母之意。後世各地名稱不一，中國河北某些地區稱「喚姑爺」，杭州稱「回郎」。現今漢族的歸寧婚俗是在成婚三天後。

漢族的歸寧這一儀式是婚事的最後一項儀式，有女兒不忘父母養育之恩賜，女婿感謝岳父母及新婚夫婦恩愛和美等意義，一般女方家皆設宴款待，新女婿入席上座，由女族尊長陪飲。新婚夫婦或當天返回，或在新娘的娘家滯留數天，但留住時，新郎新娘不同住一室。

離婚．再婚——勞燕分飛各覓幸福

封建社會，離婚習俗受到社會意識形態和法律的嚴格限制，形成了一套不平等的、對婦女幾乎是殘忍的離婚習俗和規定，這就是「七出三不去」。其中，七出是解除的具體條件，三不去則是對七出的限制。

所謂七出，是指一是無子，二是淫，三是不順父母，四是口多言，五是盜竊，六是妒忌，七是惡疾。但是，無子是在妻子五十歲以後才有效，即過了生育期，而此時男方一般有妾生的子女，休妻很難出現，況且還有三不去的限制條件。口多言指撥弄是非，離間親屬。妒忌實際是指自己不生育又不許丈夫納妾的那種妒忌。惡疾是指眼瞎、耳聾、口生毒瘡等疾病。

而「三不去」是針對「七出」提出的，是對「七出」的限制。「三不去」一是有所取無所歸，二是與更三年喪，三是前貧賤後富貴。第一是指結婚時女方父母健在，休妻時已去世，原來的大家庭已不存在，休妻等於是無家可歸。二是和丈夫一起為父親或母親守孝三年的不能被休。三是結婚當時貧窮困難，以後富貴發達的。

令人理解不能的婚俗

突破想像的婚嫁趣事

基於以上所述，古代社會才有「嫁雞隨雞，嫁狗隨狗，嫁個木頭抱著走」的說法，因為一不能自己作主，二不能在結婚前見面，只聽媒人說對方情況。婚姻的決定權在於父母，結婚、離婚都由父母作主，當事人沒有決定的權力。

「七出三不去」直到民國才逐漸有所改變，但婦女仍受著傳統的影響，仍處於被動地位。至現代才有了根本的改變。現在，基本上按照法律的規定來辦理。舊社會，女喪夫要孀居守寡。但孀婦無子可依的，得經夫家翁姑和親戚同意，與媒人議好身價，交亡夫家，才得再嫁。但不得從正門出去，只能後門或邊門走出，步行一段路，事先備辦一頓較豐盛的「酒菜」飯，排於路邊燒楮紙，向葬亡夫方向訴說「哀情」（俗叫燒路頭紙），用筧梳（織布機上的用具）卡在路中（意已為其盡紡織之責），不敢回頭，扭轉彎路，續步行一小段，再乘轎或乘車到續娶家去。如今，再婚已不受封建陋俗的限制，當事人有充分的自由。

壯族婚俗

在中國的少數民族中，壯族是其中人口最多的一個民族，主要分布於雲南省文山壯族苗族自治州、紅河哈尼族彝族自治州和曲靖地區，廣西、廣東連山、貴州從江、湖南江華等地也有分布。壯族人口數為一千六百一十七萬八千八百一十一。壯族以農業為主，馳名中外的三七、蛤蚧和茴油是壯族地區素負盛名的特產。甘蔗產量居中國首位。

壯族有自己的語言，專家將其歸屬為漢藏語系壯侗語族壯傣語支，部分外國學者根據壯語同源詞的情況，將壯語劃入澳泰語系。一九五五創制了以拉丁字母為基礎的壯文，結束了壯族人民沒有自己合法文字的歷史。壯族也通用漢語。

民族婚俗——各有各的說法和講究

壯族的婚姻制度是一夫一妻制。各支系都普遍實行氏族外婚，但同姓不同宗可以通婚。「土人」家族在四代以外即認為沒有宗親關係，可以通婚。舅表姨表可婚，姑表不婚。「依人」氏族外婚多行單線姑舅表婚，姑姑之子與舅舅之女可婚，但禁止舅舅之子與姑姑之女通婚。

風俗遺留的產物——「不落夫家」

在壯族的婚俗中普遍保留著結婚後、生育前「不落夫家」的婚姻習俗。女子婚後第三天即回娘家長住，丈夫可以十天半個月的帶著禮物去岳父岳母家與妻子小住兩三天後再返回。女子待懷孕後才正式到夫家生活，此時即稱「坐家」或「落夫家」。其實，這是母權制向父權制過渡的一種風俗遺留。已婚女子在「不坐家」期間，社會觀念仍認為是單身，有權與青年男子對唱山歌和進行其他自由社交。但若與其他男子發生性關係以致懷孕，如被發現，須由「寨老」調處，對通姦男子進行處罰，處罰方法通常是以五尺紅布掛於門上，表示為原夫「接紅」；同時賠償原夫部分禮銀，以示歉意。此種情況，多不離婚，甚而原夫父母競為其子解嘲，勸子毋須介意。如通姦男子將女子拐去，原夫有權邀親友追究，拐騙者必須向原夫退賠全部禮金。已婚女子「不落夫家」時間一般以是否懷孕生子為限，若三五年仍不孕，而且弟妹已長大結婚，這時即便沒有懷孕也得「落夫家」，不落夫家的話也要改嫁。

⊙別樣的招贅

壯族招贅的婚俗是這樣的：招贅的女方家一般要派媒人到男方家說媒，男子被招贅後要從妻居，男子改與女方家姓。夫死妻子可以改嫁，也可以轉房。但轉房僅限於兄死，弟無妻，而嫂轉為弟妻。其結婚儀式比較簡單，一般是由媒人介紹，也有的是雙方在某個場合中相識。雙方相中後，男方常到女方家，一旦女方家父母認可同意，即可成婚。結婚日須選擇吉日。屆時新娘和幾個女性友人到男方家接回新郎，設幾桌酒席請舅舅和家族鄰居的人吃喜酒。女方家總是把入贅女婿當做親生兒子看待，可繼承女方家財產，不受社會的歧視。入贅男子負有贍養女方家老人和撫養弟妹的義務。如果涉及離婚，作為男方只能隨身帶走自己的一些衣物和生活用品等。

婚禮前奏曲——「忙」並快樂的事

唱著山歌尋情人

在壯族的社會傳統中，一直以青年男女透過公開聚唱來選擇婚配為主。每到歌圩日，青年男女便盛裝豔服，三五成群的來到歌圩場，透過歌唱顯示才能，披露心聲，交流思想，找尋自己的意中人。歌圩上，對唱是主要的活動方式。對唱是一對一對進行的，當一對男女青年對唱的時候，雙方的朋友都圍在身旁相助，甚至還有歌師在旁出謀劃策。

雖然唱山歌擇偶很浪漫，但唱山歌地點有著嚴格的規定，無論在僻靜的山村，或於街頭鬧市，都必須是大家所公認或任何人都能看見的地方。時間則根據當地農業生產季節而定。各地每年舉行次數不一。「沙人」每年多在正月第一個大街日和二、三月舉行。「依人」於每年栽秧前收割後舉行。屆期，未婚男女和已婚但未「坐家」女子各攜帶米香、花糯米飯以及小手巾、小鏡子等物品，在固定場地對唱山歌。倘若某一男子愛上某一女子，集體對唱階段便可竭力向她投送秋波，若女子也有愛慕之意，雙方即以山歌一問一答自成一對。對唱完畢，可坐下互相宴請，互贈隨身攜帶的小件物品以示信物，以後逢節日就可邀約訂期相會。

對唱的程序可以說非常複雜和嚴格。一般來說，從初步交往到初步確定戀愛關係，要經過下列對唱階段：引歌、初會歌、大話歌、初問歌、盤歌、讚美歌、追求歌、初戀歌、結交歌、定情歌、贈禮歌、囑別歌等等。各個環節相對獨立，又環環相扣，緊密相連。每個環節的歌都很長，很豐富，好的歌手可以唱幾天幾夜。

合八字後帶上米酒豬肉去定親

透過唱山歌認識的異性，此後即使是情投意合，男方也要聘請媒人作形式上的求親。當男女雙方認識中意和互訪後，雙方家庭認可這門親事，男方家父母就請媒人到女方家去取其女子的「生辰」（即出生的年、月、日、時、刻）。男方家即把女方連同自己兒子的生辰拿給算命先生，看其屬相和生辰是否相合抑或相剋，如屬相剋，婚事往往會告吹。如屬相相配，男方就擇日（提前告知女方家，以做準備）攜禮物前往女方家，禮物包括米酒、豬肉、雞、糍粑、布料（過去還有檳榔）等，作為正式訂婚禮。

女方家一般則以男方帶來的物品備辦酒席，請族中各家老人代表來喝「定親酒」。女方家也回贈男方糍粑、鞋、毛巾和一塊布料等物。男方母親把女方家所送的糍粑分給本族和鄰里各族（每戶一塊），以通報其兒子訂婚之事。此後，其女子便成為男方家的成員，常來常往，農忙季節，前來幫忙。按傳統習俗，訂婚後如女方因種種原因單方中斷其婚事，則要退賠訂婚之物及其費用；若男方主動中斷其婚事，女方可不須退還。

婚禮進行曲——歡天喜地新人樂

甜蜜蜜而耐人尋味的婚禮四部曲

壯族的婚禮程序一般可分為四部曲：接親、送親、成親和歸寧。他們的婚禮也像他們招待賓客的糖茶一樣，甜蜜蜜而又耐人尋味。

結婚當日，男方家會請媒人等去女方家接親。接親的隊伍中，一般要有一位經驗豐富的婦女，一名小女孩和一名背娃娃的婦女。寓意是：原來的小女孩出嫁後就要生兒育女，帶有祝福新娘的意味。新郎一般不去接親，而是在家門口迎候。迎親的隊伍到了女方家，女方家要設宴盛情款待。席間，新娘的姑姑要向接親者敬酒，接親者要給女方家「六六」數目的「奶水錢」。等所有的宴客都宴請完畢後，迎親者才能迎走新娘。新娘的嫁妝和男方事先送來的結婚禮物也同時背、挑、抬到男方家。這些東西包括箱櫃、衣服、被褥、腳踏車、電視機以及米、酒、雞、鴨、魚等。

新娘身穿壯族人的盛裝，戴著各種銀飾，用大紅布蒙著頭，在眾多送親者的簇擁下，告別家人前往新郎家。廣西南部一帶的女子出嫁時要痛哭一場，並唱〈哭嫁歌〉離開家門，其他地方的新娘則不哭。送親的隊伍多數為步行，也有騎馬和乘汽車、馬車和曳引機的。一路上要吹奏嗩吶。鳴放鞭炮，遇有橋和溝，都要給「走路錢（就是扔錢到橋上和溝邊）」。在送親的隊伍中，也有很多歌手，他們邊走邊唱，增加婚日的歡樂氣氛。

到了男方家門口時，還不能直接進去，一般要等到臨天黑前才讓新娘跨進男方家門檻，時間不到不能進。屆時，男方家點燈上香，庭院和堂屋燈火輝煌，新娘才款款邁進男方家門檻。新娘進屋後，按習俗，送親者要把新娘的嫁妝和結婚用品一一陳列展示，有的地方還一一過秤，以顯示嫁妝的豐富和娘家的闊氣。之後，舉行拜堂成親儀式。

在一對新人拜堂時，長輩坐廳堂居中位置，下方坐親戚，新郎新娘在衣袖上綁紅繡球，並肩站在堂屋中央。在主婚人的主持下，新郎新娘先拜天地神靈，再拜長輩鄉親，賓客也紛紛祝福新郎新娘白首偕老，永不分離。拜堂過後，新郎新娘被送入洞房。進洞房時有些地區還有新郎新娘搶先進門的習俗。據說是誰搶先，誰今後就不被對方欺侮。因此，新郎新娘都爭著先進洞房，引得賓客開懷大笑。

當男方家宴請賓客時，這對新人都要前來敬酒，先敬長輩，後敬晚輩。這時候，賓客可以捉弄新郎新娘，或讓他們表演節目。

趣味十足的架蚊帳儀式

在壯族新人結婚的當天，白天時，洞房裡的新床架上是空蕩蕩的。這是怎麼回事呢？原來，他們晚上還要舉行一場熱鬧的架蚊帳儀式呢。新娘要出嫁的頭一天晚上，母親或嫂嫂就炒好幾筒米香和花生，染紅五個熟雞

令人理解不能的婚俗

突破想像的婚嫁趣事

蛋。第一天由伴娘（婚者的妹妹或房族妹）提著，隨送嫁的人群送到男方家親手交給新郎的媽媽，如沒有媽媽就交給嫂嫂或其他女長輩。新郎的媽媽就在本族的婦女中挑選一位雙親健在，且養有兒子女兒的人負責撐蚊帳，以示祝福新婚夫婦像這位撐蚊帳的婦女一樣生男育女。被挑選的婦女是很光榮的，所以，不必擔心這個撐蚊帳的角色無人扮演。

賀婚的親朋都退席走後，晚上八、九點鐘的時候，洞房的撐蚊帳儀式就開始舉行。這時，村裡的婦女和女孩子擠滿了洞房。那個被挑選的婦女就開始撐架新蚊帳了，圍觀者像第一次見到撐蚊帳一樣，靜靜的看著，誰也不敢動手。蚊帳架好了，鋪上墊被再把五個紅蛋分別放在蚊帳垂下的四個角和床鋪的正中心，然後抖開蓋被蓋上。這一切都做好了，這個撐蚊帳的婦女就竄到被子下面去睡。這時洞房裡更是鴉雀無聲。突然，被子下的婦女學了幾聲孩子的啼哭聲，洞房裡就爆發一陣經久不息的朗笑聲。不管這是孩子的啼哭聲學得像不像，大家都說，新婚夫婦養了一個胖娃娃。讓剛出世的孩子好好休息吧，洞房裡又肅靜下來了。那個撐蚊帳的婦女又繼續她的下一個行為。被子下傳出了第一遍雞叫聲。稍停一下，又傳出第二遍雞叫聲，這時，圍觀者都躍躍欲試，各人都要占據有利位置。第三遍雞叫聲傳出來了，被子下的那個婦女一躍而起，同時高喊一聲「天亮了」！就把米花、花生撒遍洞房各處。

於是，一場連喊帶搶的「混戰」開始了。你得一把米花，我得一把花生。目標最集中的要算床上那幾個紅雞蛋了。當然床中心的那幾個紅蛋，大家都並不抱著多大幻想。那個撐蚊帳的婦女是近水樓台先得月啊。不過，搶到雞蛋的人也還要當心別人從你手中搶去。壯族法規鼓勵在這樣的場合搶得最多最光榮嘛。撐蚊帳的婦女宣布儀式結束了，人們就紛紛退場。這時，這洞房就交給新郎新娘使用了。

婚禮結尾曲——畫上圓滿的句號

中國很多民族都有鬧洞房的風俗，壯族也不例外。婚宴結束後，晚上，壯族青年男女可以來鬧洞房，還可以請歌手唱歌，還可以拿新郎新娘逗趣取樂。洞房裡、堂房中、庭院內，到處是歡笑聲和甜美的歌聲！

新娘的敬意——奉茶

當婚宴都結束後，新郎的外家（即新郎的母親家一方）客人、叔伯兄弟姐妹就排排坐在堂屋中，準備歡送新郎和新娘「歸寧」。這時候，奉茶就開始了。新娘從洞房裡捧著張木茶盤，上面放著若干個空茶杯；新郎提著一壺糖茶走在新娘後面，向在座的人一一奉茶。每走到一個人面前，新郎就對新娘介紹，新娘則熱情稱呼對方，然後奉上一杯糖茶。順次是先奉給外祖父、外祖母和外家的所有客人，然後再奉給父親、母親和叔伯兄弟嫂姐妹。這是新娘的敬意，誰也不能推辭。新娘有情，大家當然不能無意。各人在喝茶之後都在茶盤上放些零錢作回謝，幾角、一元、兩元、五元不等。要是你不放，新娘當然也不責怪。不過，在這樣的場合，誰都想表現得體面點。所以，新娘新郎奉茶時，往往是親人互相表現慷慨的時候。

日落前必須返回新郎家的「歸寧」

在「奉茶」之後，接下來就是「歸寧」了。如果娘家離得太遠，當天不能往返，那就第三天再歸寧。歸寧時，新郎家裡備辦一擔米，上面放有豬肉或雞鴨還有乾粉條、麵條、糖果之類的東西，由新郎家族的一男青年和一女青年挑著，陪著新郎和新娘歸寧。回到新娘家，就把一份禮品分別送給新娘的叔伯兄弟。新娘家就做一頓豐盛的中餐接待新郎，並且請所有的族中兄弟一起來用餐。桌上，新娘或新娘的母親就把所有在場的人向大家一一介紹，以便日後大家互相認識。

中餐完畢，大家就贈送禮物給新郎，這就算承認了新郎，希望他今後常常回來探親，這些禮物中，有的送幾塊錢，有的給漂亮的布匹。禮物最厚的當然是新娘的母親送的。一般來說，至少也送一套衣服布料給新郎，擔米也一定會重過新郎送來的那一擔。新娘家如果有講究體面的叔伯，還會多送上幾擔呢。要是這樣，新娘家就得多幾個人幫忙送到新郎家。反正，新郎新娘今天是不用挑擔的。新郎和新娘要回程了，大家並不執意挽留，因為他們一定要趕在太陽下山之前回到新郎家，壯族人認為：太陽下山之前是他們的吉日，太陽下山後走路就不吉利。

離婚．再婚——勞燕分飛各覓幸福

如果女方的丈夫去世，則允許寡婦改嫁，但儀式淒涼，因為人們會認為這是女方為丈夫帶來的霉運。中年以後的寡婦，一般不改嫁，否則會受社會輿論恥笑。寡婦可以和男方見面，自己敲定。女子改嫁的婚禮極簡單，男方派一老婦去接即可。如子女年幼，可以帶走，但必須改從夫姓。也有個別的改嫁是招贅男人上門。

如果是男子喪妻，一般都進行續娶，但也有不續娶的，不續娶的，多是貧苦之家。被續娶的女方，多為接喪夫的中年人，往往有一兩個孩子。若孩子年幼，可以隨母到男方家生活。續娶的禮儀也很簡單，男方家派兩個婦女送去兩套新衣服給女方，便能把她接回來。女方離開去世的丈夫時只能走後門。

蒙古族婚俗

蒙古族人大多生活在中國北方，其主要分布在內蒙古自治區和新疆、青海、甘肅、黑龍江、吉林、遼寧等省區的蒙古族自治州、縣；其餘散居於寧夏、河北、四川、雲南、北京等省、市、區。蒙古族總人口為五百八十一萬三千九百人。畜牧業是蒙古族人民長期賴以生存發展的主要經濟。此外還從事加工業、農業和工業等。現以農耕為主。

蒙古族的語言為蒙古語，屬阿爾泰語系蒙古語族，分內蒙古、衛拉特、布里亞特三種方言。現在通用的文字是十三世紀初用回鶻字母創制的，經過本民族語言學家多次改革，已經規範化的蒙古文。「蒙古」，是蒙古人的自稱。意思是「永恆之火」。

民族婚俗——各有各的說法和講究

蒙古族的婚姻形式是一夫一妻制，且有同姓不婚的習俗。過去婚姻多由父母包辦，普遍送彩禮、陪嫁。現在在個別地區還存在著兄終弟繼、招婚入贅、名義夫婦、姐妹倆同嫁兄弟倆的風俗。蒙古族的家庭，一般以夫妻和未婚子女組成，兒子成家後，通常另立蒙古包，住在父母的蒙古包附近，共同走「敖特爾」（游牧）。現在的蒙古族的青年男女自由戀愛的較多。但還要經過履行聘婚這個主要形式，才能組成家庭。蒙古族的婚姻一般要經過提親、定親、送聘禮、搭新房、姑娘宴、婚禮、揭圍帳和歸寧等程序。

在過去，蒙古族人在婚姻上還有很多禁忌呢！如鰥寡孤獨、喇嘛、尼姑不能當媒人，他們認為這些人做媒人會為婚姻帶來不吉利。選擇配偶時忌諱生辰八字相剋的人，如果相剋則不能成婚。婚娶時還講究黃道吉日。

這主要是說過去，現在一些蒙古族聚居地區的婚俗已沒有統一的規定了。

婚禮前奏曲——「忙」並快樂的事

自家人不出面，請媒人帶著酒去提親

蒙古族人對婚事十分慎重，婚事要按照一定的程序逐步進行。第一步是提親。男孩子到了十五六歲，家長便開始為他挑選對象，他們除了要了解女子的長相、人品和家裡的經濟條件外，還有一個重要條件，就是要了解女子的生辰八字。了解到生辰八字後，要請算命先生算一算，看他兒子的屬相和這位女子的屬相是相剋還是相合？有的還要到喇嘛廟請喇嘛誦經來確定。如果命相和，則準備去提親，若命相剋，那麼則另選對象。男方家在準備提親時，要請媒人去說親，自家人並不出面。媒人第一次代表男方到女方家提親時，要帶酒和一些食品去。當媒人說明來意後，女方一般不會表態，只說一些推託的話，如女兒年紀還小，我們還沒有考慮好，我們需要研究一下等等，把媒人打發走。沒有完全拒絕，說明有一定希望。

過一段時間後，媒人要第二次去女方家，這次去不是她一個人，而是和男方的幾個親戚一起去，除了帶酒和食品之外，還要帶上哈達。蒙古族人把這次提親叫「玉格阿布胡」，是得到回音的意思。到了女方家之後，男方家的親戚要向女方的家長施禮問好，並獻哈達、敬酒，正式說明來意，懇求女方家長答應這門親事。其實，女方家早已有了準備，第一次媒人來過之後，他們已商量過此事，並徵求了女兒的意見。若不同意，他們就會拒絕喝男方家親戚敬的酒，並讓他們把東西帶回去，這表示女方拒絕了這門親事。在一般的情況下，男方在提親之前，對事態的發展，心中也是有數的，故不會貿然去提親。另一方面，有人到女方家去提親，女方的家長會感到很榮幸，一般不會拒絕，只是在答應這門親事時，言詞都非常婉轉，而不是直來直去，但雙方都能領會

◆蒙古族婚俗

婚禮前奏曲——「忙」並快樂的事

到其中的意思。提親成功後，兩家人成了親戚，逢年過節，男方的父母要帶上禮物去女方家拜訪、相互之間增進了解，加深感情，為後面的婚事做準備。

㉔帶著塗有膠水的哈達去定親

提親成功後，接下來就是定親。蒙古人因部落的不同，定親的方式也不盡相同。有的地區蒙古人把定親的過程叫「祖蘇哈德格」，意為帶膠的哈達，又稱「哈德格泰布胡」，獻哈達的意思。定親，在蒙古族的婚姻中有非常重要的地位，只要舉行了定親的儀式，那麼，男女雙方就不會有改變，步入了婚姻的正式階段。定親的日期由男方選定，並通知女方，若女方沒有意見，就按男方選定的日子進行，若女方有不同的意見，也會立即通知男方，雙方另選時間。時間選定後，到那天早上，男方家就會讓媒人和十幾個親戚帶上哈達、酥油、酒和半熟的羊尾骨肉去女方家定親。女萬家得到通知後，也及早做了準備，邀請了親友和鄰居來參加定親的儀式。

男方家的人來到女方家之後，要向女方的長輩和親友一一施禮問候，將帶來的禮物放在女方長輩的面前。接著，男方家的一位長輩拿出塗有膠水的哈達（在哈達上塗黃膠水表示兩家的關係像膠水一樣牢固，永不分離），用雙手捧在胸前，對著女方的長輩高聲誦說祝詞，其大意是希望兩家的關係像魚水那樣不分離，希望兩家的孩子永遠相愛等等，然後用雙手先為女方的長輩獻哈達，接著為女方的長輩敬上一大碗酒。如果女方的長輩接過酒就表示同意了這門親事。這時男方將帶來的羊肉盛在盤中獻給女方，斟滿一碗碗的美酒，唱著古老的定親的歌曲，依次向女方的親友敬酒。期間，男方的長輩會唱起傳統的蒙古族長調，悠揚而動聽，歌詞因人而異，變化多端，氣氛顯得十分熱烈。男方向女方所有的親友敬完酒之後，才能入席坐下。接著，女方開始向男方來的客人倒茶、斟酒，或做飯招待，然後大家唱歌跳舞，娛樂一天。男方告辭時，雙方女眷互贈禮品包，裡面有糖果、茶葉等。同時女方還要向男方的每一位客人敬一杯送行酒，這樣定親儀式才算結束。

令人理解不能的婚俗

突破想像的婚嫁趣事

有的地區的蒙古人在定親的儀式上，男方還有精彩的祝詞：

肋骨離了脊椎，它就無法生存。
前腿依靠肋骨，它才可以支撐。
我們世代同頂一片藍天，同飲一條山泉，
兩家的羊群、氈房同在一個草原上。
悲哀喜樂從來與共，患難之際也能協力同心。
我今將愚子託付給你家千金，
使這匹不羈的劣馬變得良馴。
願他倆永遠情意不斷，
像樹木的根莖相互依存。
女方聽完男方的來意之後，也會回敬：
願我的女兒在長輩的眼裡是賢慧的媳婦，
在丈夫的心目中是溫順的妻子，
在兒女面前是位慈祥的母親。
祝他們長命百歲，白頭偕老，人財兩旺，終身幸福。

訂婚後，女方的家長要向男方提供一張主要親戚的名單，名單中要包括母舅家的人。新疆的蒙古族十分重視母舅家的人在婚姻中的作用，許多婚姻上的事情要徵求母舅的意見，有的還要他們作主。女方指定的這些親戚，男方都要一一拜訪，表示對他們的尊重，從此兩家人正式成為親家，要相互走動，相互關心。

㊉以「九」為吉祥數和不能為偶數的聘禮

送聘禮是蒙古族婚姻中的一件大事，也是男方顯示身分和財富的象徵。有的蒙古族聚居地區把送彩禮稱之為「奧日德布斯格爾」，意為「床被褥」。有的部落稱之為「哈達格塔拉」和「賽魯格」。「哈達格塔拉」就是在寬三十公分，長九十公分的哈達裡放一些麥子，麥子象徵著兩家的感情像麥子能生根發芽，成為永恆的情誼：「賽魯格」就是男方送給女方或是新娘的衣物、家庭用品及牲畜，也有送錢和其他財物的。

聘禮的多少一般由男方視家庭情況而定。農區多以金銀首飾、櫃子、衣物為聘禮；牧區常以牛、馬、羊等牲畜為聘禮。牧民視「九」為吉祥數，聘禮以「九」為起點，從「十九」到「九九」，最多不得超過八十一頭，取「九九」為長壽的意思。如貧困牧戶不具備九數牲畜的聘禮，也可以擇小於九的奇數，以三、五、七頭牲畜為聘禮，但絕不能擇偶數。蒙古族非常講究陪送嫁妝。男方送多少聘禮，女方就要陪送相應數量的嫁妝。通常，女方陪嫁的東西會比男方送給女方家的東西多。因此，蒙古族有一句俗語：「娶得起媳婦（老婆），聘不起姑娘。」

送彩禮的時間大都在舉行婚禮的前一兩個月，具體的日期由男方選定。到了這一天，女方的家長邀請姑舅等近親在家裡設宴招待男方來的客人。男方攜帶一隻煮熟的整羊和酒、茶以及聘禮一併送往女方家，講清來意，將聘禮當眾點交新娘的母親，徵求女方的意見。然後由長輩、老人對這些衣物、用具一一祝詞。但是女方的家長對送來的聘禮往往加以挑剔，如提出品質不行、顏色不對、分量不夠等等。其原因有二，一是為了提高女兒的身價；二是這個女子長得很漂亮，村裡的許多男子沒有追上，卻要被外村的有錢人娶走，因而非常生氣，就替女方家的人出主意，狠狠的要聘禮，以此報復。所以在看聘禮時常出現層層加碼和糾纏不休等情況。遇到這種情況，媒人便出來調解，讓雙方做些讓步，使矛盾得到化解。如果雙方都是本村的或是關係不錯的，就不會出現那種刁難的局面。

女方看過聘禮後，由男方的長者唱祝詞，並將繫有「哈達格達拉」的酒囊放在桌子上，然後女方的長者念祝詞，表示祝福，並在上面放些錢，以示今後兩家的關係更加密切。返回時，男方將「哈達格塔拉」原樣帶回。女方也要將自己的親友的姓名寫下來交給男方。男方在舉行婚禮前要按名單一一拜訪，不能遺漏。「哈達格塔拉」在蒙古族的婚俗中具有重要意義，舉行這種儀式之後，雙方都不得退親。另外，在舉行定親和送聘禮的過程中，女方家都不准女兒參加，而是讓女兒到親戚家，予以迴避。

為新人搭建充滿祝福的新氈房

婚禮前夕，男方要舉行搭新氈房的儀式，設宴招待男女雙方的近親。這天非常熱鬧，來賓騎上馬，帶上酒、哈達、毯子、毛繩，趕著牛羊等禮物來向新人祝賀。儀式開始時，一位長者將一條包有麥子或有金、銀、錢的絲質哈達掛在氈房天窗的中央，以示將來榮華富貴，並用奶酒、酥油等塗抹在蒙古包內的側壁等處，以示吉祥，有的還用酥油塗抹在絲質的哈達上，表示祝福。同時還要用酒祭天、祭地、祭火灶。這些儀式結束後，也由一位長者致一些祝詞。除了對蒙古包進行一些祝頌外，也對蒙古包內的主要的東西進行祝頌，這些都表達了人們對新婚夫婦未來的美好生活的祝願。說完祝詞，大家一起將新房布置好，接著，主人請大家入席，用羊肉、奶酒等款待所有的客人，大家相互祝酒、說祝詞，祝草原人民興旺發達，祝新人幸福美滿。有的還唱起了古老的蒙古族民歌，為新人的蒙古包的落成喝彩、祝福。

為準備出嫁的女子舉行姑娘宴

有些地區的蒙古族人在女子出嫁之前，還要舉行各種宴會，為女子餞行。如土爾扈特部習慣在婚禮舉行的前十到十五天，由女方舉行「歐庫萊勒呼」的儀式，意思就是招待出嫁的女子。察哈爾蒙古族也有這個習俗。不過，為女子舉行這種宴會的不是女子的父母，而是父母的兄弟姐妹，即女子的伯伯、叔叔、姑姑、阿姨、舅舅等近親長輩。女子每到一家，除了受到熱情的款待外，每一位近親長輩都要贈送她貴重的禮品，如地毯、花氈、毛毯、被褥、皮箱、木箱、櫃子等，現在還有送電器作為嫁妝的。

土爾扈特蒙古人則習慣送給女子一件衣服的布料、一個碗和一條頭巾。在婚禮的前一天，女方的父母還要為即將出嫁的女兒舉行一個宴會，為女兒餞行。這天，女子的父母要把女子的朋友以及本家的親朋好友的女兒請來，讓女兒同這些同輩人在一起暢談情誼，她們邊吃邊聊，很是親切。吃完飯，來送別的女子唱起了〈姑娘宴歌〉，表達了對即將出嫁的姐妹的囑咐和祝福，同時表達了彼此戀戀不捨的深情。

婚禮進行曲──歡天喜地新人樂

婚禮是整個婚事的高潮階段。經過提親、定親、送彩禮等程序，迎來的是盼望已久的婚禮。蒙古族人把婚禮叫「胡日穆」，婚禮儀式熱烈隆重，所有的親朋好友都要趕來參加、祝賀。

㊁對答風趣並用多種方法拖延帶走新娘的時間

舉行婚禮的這一天，男女雙方家都非常熱鬧，客人來的很多。上午，男方組織了二三十人的迎親隊伍，帶著酒肉食品，陪著新郎去迎親，大家都騎著馬，顯得十分威武，浩浩蕩蕩朝女方家奔去。迎親的隊伍到了離女方家不遠的地方，紛紛下馬，選派兩位精明的人前去通報。女方得知迎親的隊伍已「兵臨城下」，趕緊做迎親的準備工作。新娘的嫂嫂和新娘的舅媽以及其他一些人要在院子的門口迎候。迎親的隊伍到了女方家的大院，大家下馬以後，其中就有一位善於辭令的人代表新郎向女方說明來娶親的目的，新娘的嫂嫂也以女方代表人身

令人理解不能的婚俗

突破想像的婚嫁趣事

分給予回應，兩人一對一答，不依不饒，很有風趣。經過這樣的對答禮俗之後，迎親隊伍的人才能被請入裡屋。進屋後，男方家的人要向女方家的人一一施禮問候，接著，新郎在伴郎的陪同下，向女方的灶神和其他神位叩拜、獻哈達，然後向岳父岳母敬酒，獻上哈達和整隻羊，行磕頭禮。岳母還要親自替女婿繫上腰帶，並向女婿介紹女方的親友。這些禮俗結束後，女方的一位長者出來為婚禮祝詞。祝詞說道：

祝願新郎新娘
相親相愛，形影相隨，
相互關懷，體貼入微，
熱了相互擦汗，
冷了相互加被，
恩恩愛愛一輩子。
祝願新郎新娘：
尊敬老人，愛護弟妹，
勤儉持家，不要浪費。
甜甜蜜蜜過日子，
朝夕相處不分離，
白頭到老，幸福美滿。

說完婚禮詞，新娘的母親送一身新袍新靴給新郎，新娘的父母送一匹馬給新娘。到了中午，接新娘的時刻快到了，這時新娘要向父母及親友一一敬酒辭別，人們唱起了辭別的歌，祝新郎新娘幸福美滿，白頭偕老。即將離開養育自己父母的新娘此時難免會悲傷哭泣，新娘的父母也會依依不捨。但長大的女兒終要嫁人，含著淚水的母親和父親還是同意男方把女兒接走。這時新郎家的一個人，準備抱起新娘往外走，新娘則緊抱著伴娘和

◆蒙古族婚俗

婚禮進行曲——歡天喜地新人樂

一些女子不願離去，新娘的伴娘及同伴也會想出種種辦法加以阻攔，然後才放行。有些新娘家還用棒「打」新郎，或用大蠍子草嚇唬新郎的方法，拖延接走新娘的時間。在離開新娘家時，主婚人還要領著新郎新娘繞著女方的蒙古包走三圈，表示對故土的懷念，之後才能把新娘接走。

接親途中的娛樂活動——奪帽子

接親的馬隊一離開新娘的大院，又是一番歡樂的景象。人們奏樂歡歌，縱馬馳騁，談笑風生，嬉戲追逐，十分熱鬧。途中，女方的人為了拖延新郎接回新娘的時間，乘新郎或是伴郎不備時，將他們的帽子搶到手，或頂到馬鞭子上或是扔在地上，於是雙方開展一場「奪帽」的遊戲，新郎或是伴郎搶到帽子後，再去追趕新娘。這種在迎親途中開展的「奪帽」的遊戲，是女方家的人拖延新郎按時回到家中的一個辦法，目的是戲謔取笑，也是娛樂。有時青年男女還在途中進行賽馬活動，試比高低。按著習俗，新郎必須在迎親的隊伍之前趕到家中迎接新娘，而新娘只能在新郎到達之後趕到。若新郎在新娘之後趕到家中，則會被人認為新郎沒用，如果新娘在新郎之前趕到新郎的家中，也會被人笑話。

迎親的隊伍回來後，男方的父母及親友都要出來迎接，新郎要親自把新娘扶下馬。在新郎的蒙古包前預先鋪一塊白色的毯子，毯子上擺一個矮腳桌子，桌子上放煮熟的羊肉、酥油等食品。這裡要舉行拜天地的儀式。這個儀式一般由喇嘛主持。新郎新娘來到桌前，合握一塊羊的胛骨，新郎握大頭，新娘握小頭，面朝太陽跪拜，一拜天地日月，二拜佛神和喇嘛，三拜父母。這時喇嘛要誦經祈求佛爺保佑他們幸福吉祥。然後，婆婆端出一碗牛奶，讓新娘飲下，以示吉利。在鳴槍聲中，新娘踏著白氈進入新房。

將新郎的幾根頭髮梳入新娘髮中的梳頭禮

進房後要舉行梳頭禮，由婆婆、嫂嫂重新梳理新娘的頭髮，要把新娘的頭髮從中間分開，然後將新郎的幾根頭髮放入新娘的發中，梳成兩根辮子，再戴上頭上的全部首飾，表示新娘從此步入了為人媳婦的新天地。新娘梳妝完畢，在眾嫂嫂的陪同下，正式向公公、婆婆、叔叔、伯伯、舅舅等長輩一一敬酒獻哈達並施磕頭禮。每個接受新媳婦磕頭禮的長輩，都要贈送禮品給新媳婦，表示祝賀。這些禮俗結束後，大家入席用餐，敬酒獻歌，熱烈慶賀。

新娘婚後頭三天不出帷帳不露面，什麼事情都不准做

人們在吃喜酒的同時，在草原上還展開了激烈的拉羊皮、搶羊頭等娛樂活動，為婚禮增添歡樂的氣氛。喜宴結束後，除了新娘的嫂嫂和新娘的伴娘留下外，其他送親的人都要返回。在返回時，男方要向主要的親友每人贈送一件禮物，土爾扈特部落的習俗是送每人一套衣服。若是新娘的兄弟也來送行，那麼禮物更貴重，一般要送一匹馬。新娘在婚後頭三天，不出帷帳不露面，什麼事情都不准做，白天由伴娘陪著，飯食由婆家的女子或媳婦專門送到，因此這期間一般人很難見到新媳婦的芳容。

婚禮結尾曲——畫上圓滿的句號

得見新娘芳容的揭帷帳儀式

新媳婦在帷帳裡「躲」過三天之後，就可以舉行揭帷帳的儀式。蒙古人稱這種儀式為「霍西格泰勒」。這一天，新娘的父母和一些親友要帶上一隻整羊、酒、哈達等禮物來到新房，跟男方的父母及親友一起舉行揭帷

◆蒙古族婚俗

婚禮結尾曲——畫上圓滿的句號

帳儀式。儀式開始時，新娘躺在帷帳裡，婆婆站在新娘的頭部位置，母親站在腳部的地方，接著主持人開始吟誦揭帷帳的祝詞。祝詞的內容很重要，如果內容不合乎女方的要求，女方會不讓揭帷帳，所以在這之前，男方就要挑選有水準的祝詞人，並提出要求，免得出現尷尬的局面。儀式開始，一位善於辭令的長者，手執一杆把槍，在槍管上繫上白布條，站在那裡口誦祝詞：

端正的五官，
苗條的身段，
穿上婚裝更加好看。
打扮得花一般的新娘，
好幾天來從不露面。
要問她是誰家的新娘，
她是巴特爾的終身伴侶。
現在我把帷帳揭開，
新娘喲，
妳要出來和大家見面。

念到這裡，誦詞人就會問大家：「重不重」或是「輕不輕」，意思是同意不同意，「重」表示不同意，「輕」表示同意。若大家喊：「重一重」，他就繼續吟誦，直到大家異口同聲喊「輕一輕」時，他才一下子揭開帷帳。有的地方也有新娘的母親和婆婆親手替新娘揭開帷帳的習俗。帷帳揭開後，穿著華麗婚服，佩戴耀眼首飾，面帶笑容的新娘從帷帳裡走出來，拿起新勺和一個個新碗，盛滿奶茶和奶酒，逐一敬奉給公公、婆婆和在座的長輩、客人。同時，婆婆當著大家的面把鍋、碗、瓢、盆等廚房用具交給兒媳，表示從此新娘要善理家務，擔當起媳婦的職責。接著，大家入席，暢飲喜酒，唱歌跳舞，為新郎新娘頻頻祝福。

新娘帶著新郎和婆婆回娘家

「新娘歸寧」是蒙古族婚禮中的最後一道程序。在揭帷帳儀式的第二天，新娘在新郎和婆婆的帶領下，帶上哈達、整隻羊、酒等禮物去女方家，一是新娘回娘家看望父母、親人，二是男方家到女方家施親家禮。這天，女方家也做了充分的準備，通知了親朋好友和左鄰右舍一起來家中做客。客人到齊後，為親家準備的宴席就開始了。新娘要向父母、公婆和長輩獻哈達、敬酒，新郎也要向父母、岳父母和長輩獻哈達、敬酒。接著，便開始吃肉喝酒，唱歌奏樂為大家助興，氣氛十分活躍。酒足飯飽後，新郎和新娘要回去了，客人要為他們送行，新娘的母親要替這對新人和親家贈送衣料、頭巾等禮物。

離婚．再婚——勞燕分飛各覓幸福

蒙古族人結婚後可以離婚，但貧窮人家的女子成婚後，一般不得離婚和改嫁。但有錢家的女子則可以離婚和改嫁。如果丈夫提出離婚，要賠償一部分財產，女方提出離婚則不必賠償，女方也無法帶走家中的財產，子女大都歸男方所有。但整體來說，蒙古族的離婚率是很低的。

滿族婚俗

滿族是歷史影響尤為顯赫，人數眾多的中國少數民族之一。主要分布在中國的東三省，以遼寧省最多。另外，在內蒙古、河北、山東、新疆等省、自治區以及北京、成都、蘭州、福州、銀川、西安等大中城市均有少數散居滿族。人口達一千零六十八萬。在中國五十五個少數民族中僅次於壯族，居第二位。滿族主要從事農業，兼營漁牧業。

滿族原來是有自己的語言文字的，滿文創制於十六世紀末，是借用蒙古文字母創制的。一六四〇年代，滿族大量入關後，普遍開始慣用漢語文。現只有黑龍江省黑河市璦琿鎮和富裕縣還有人能講滿語。

民族婚俗——各有各的說法和講究

說到滿族的婚俗，就不得不說一段滿族的神話故事。故事是這樣的：長白聖母佛庫侖，有一天在天池沐浴，見到一隻嘴含紅果的五彩靈鳥飛來，她上前去抱，不料朱果恰巧落入她的口中，因此懷揣有孕，生下始祖布庫里雍順。這是母系氏族社會的真實寫照，也說明滿族的婚俗開始時也是像其他一些民族婚俗一樣，是從群婚制到對偶婚制，逐漸發展成為一夫一妻制的。

據史料記載，滿族曾流行過夜婚制。清代時滿族的夜婚制還很盛行，現在多數已廢棄了。滿族夜婚制的改革，有一段有趣的民間傳說。相傳，某王爺午夜娶親，出乎意料的娶回一位「男」福晉，於是下令今後再不許夜間娶親，以免再發生類似現象。從此，滿族便將夜婚制廢止了。

滿族自誕生至今，從來不提倡早婚，沒有類似什麼「指腹婚」、「娃娃婚」等婚制。男女青年的婚姻由父母包辦。清代滿族結婚注重門第，但對男方家的貧富不很講究，甚至有的家族作為族規規定：女子婚嫁時不許講究財富。

婚禮前奏曲——「忙」並快樂的事

「成不成，三瓶酒」

滿族男女的婚事，一般是從媒人轉交雙方的「門戶貼」開始的，即雙方父母開具子女的旗佐、履歷、姓氏、三代。此外，還要互相檢驗生辰八字，謂之「問門戶」。

問過門戶以後，男方家人帶領男方謁見女方的父母，並要饋贈禮物給女方家，這既是正式的聘禮，也是男方給女方的定情信物，謂之「認親」。認親時送給女方家的禮物中必須有一瓶酒，規矩多的人家還要把男方所送的禮物陳列於祖先神案，兩家親翁並跪在神案前，酌酒二盅，互遞醮祭，名曰「換盅」。

在滿族的訂婚過程中，男方家送給女方家三瓶酒表示提親，如果三瓶酒女方家都收下了，婚姻就成了。故俗語有云：「成不成，三瓶酒。」還說：「媒人是桿秤，全靠兩頭硬。」「認親」時送的是第一瓶酒，如果女方家接受了，那麼婚事就算定了下來。在遼河流域的滿族，「認親」時只以簪珥等作定禮，稱之為「放定」或「放小定」。這一天，女子盛裝出席，男方家尊長贈以錢幣，叫做「裝菸錢」。

婚禮舉行的前一個月，男方還要把準備好的藍布和金銀釵環交給媒人送到女方家，謂之「裁衣」。最重要的是在「裁衣」的禮物中必須有一瓶酒，這是第二瓶酒。到婚禮前三天，男方要向女方家送彩禮，彩禮一般比較豐厚，有衣服，首飾，器皿和現金等，同時要再送第三瓶酒，叫做「過大禮」或「放大定」，俗稱「下大茶」。

◆滿族婚俗

婚禮進行曲——歡天喜地新人樂

新娘婚前「演轎」

「演轎」是指新郎帶著人抬著彩轎，沿街擊鼓奏樂，到女方家行謝收禮。這一天要殺豬、跑油、擺桌。滿族的習俗是新郎騎馬，新娘坐轎。新郎和娶親人在這一天要跟隨鼓樂沿街演走。第二天，女方家親屬到男方家送梳妝鏡。經過這些程序後，新郎就可以迎娶新娘了。

要完成上述所說的這些程序，在中國歷史上的女真時代要經過二到三年，在此期間，已經確定婚姻關係的男女平時可以來往，培養和增進感情。後來時間的長短就根據不同情況靈活掌握了。至於現在的滿族，訂婚程序已經大大簡化，只有在一些邊遠的滿族聚居地區，還存留有一部分滿族的傳統婚俗。

婚禮進行曲——歡天喜地新人樂

在滿族的婚俗中，最重要的環節是迎娶。雖然滿族傳統婚禮一般是「三日婚」，頭一天「響棚」（男方家為參加婚禮的親友備宴要動鼓樂，因要搭灶、劈柴，故稱「響棚」），第二天「演轎」，但只有第三天才是真正的迎娶日，也就是人們平時所說的正日子。

新娘「打下處」住親友家

在迎娶日的前一天，按照滿族風俗，新娘要向自家祖先行禮辭別，並叩拜「佛多媽媽」求她降福。然後由送親婦女陪同，親哥哥護送，乘坐彩車，將女子送到事先選好的某親友家住宿。叫「打下處」。俗定母親不能送親。下處一般選擇離男方家較近的親友家，以看不見男方家房屋為標準。「打下處」是八旗軍中的古老遺風。當年八旗兵駐守邊陲幾年不歸，遠在故鄉的滿族女子信守婚約，千里來完婚，先要在軍營附近借房子住下。久而久之，便成一俗，現在這一風俗已發生了變化，改為在女方家舉行迎娶儀式。

令人理解不能的婚俗

突破想像的婚嫁趣事

新娘和送親隊伍在迎娶這一天的早晨從「下處」出發，臨行前要留一些錢給房主人，表示感謝借宿之意，俗稱「壓炕錢」。當送親隊伍和迎親隊伍在途中相遇時，車、轎相錯停下，由新娘哥哥將新娘從自家的車上抱到新郎迎親的花轎上。此後迎送親隊伍會合向男方家行進。這種習俗叫「插車」。迎送親隊伍來到男方家的大門前，暫不讓新娘下喜轎，意思是挫一挫新娘出嫁前的脾氣，使婚後的生活更美滿，俗稱「憋性」。「憋性」的時間一般不會很長。

箭射新娘除「紅煞」

按照滿族婚俗，新娘在下喜轎前要換上帶來的「踩堂鞋」，踩著紅板凳走下喜轎。新郎在新娘下喜轎時，須向新娘連射三箭，意為除新娘之「紅煞」，但為虛射，箭只射至轎前而已。接著新郎還要向喜房內之四角虛射四箭。射完後，才許新娘下轎。

當新郎新娘拜完天地後，新郎要用所射之箭挑去新娘蓋頭。箭射新娘帶有滿族先人——女真人搶婚舊俗的痕跡。要象徵性的向新娘虛射三箭，以驅逐跟新娘而來的邪氣。新娘順著鋪好的紅氈走進院內時，要跨過路上的一個火盆，寓意婚後的日子幸福美滿。

在以上這兩項儀式舉行完後，接下來舉行「坐帳」儀式，也稱「坐福」。所謂「帳」是在正房窗前臨時搭的，富裕人家用氈布，一般人家用席子。按照一些滿族老人的說法，早年滿族男子隨八旗軍外出作戰，舉行婚禮時，多把新娘送到軍營裡去成親，因此傳下這個習俗。舊時坐帳時間較長，一般要坐一天，現在只需坐一兩個小時即可。

「坐帳」儀式結束前，舉行由女性長輩為新娘「開臉」的儀式，就是用細線將新娘臉上汗毛挽掉，標誌她已經成為已婚婦女。並且將新娘的少女髮式改梳成滿族已婚婦女的「兩把頭」或「大拉翅」。

唱「阿察布密歌」祝福新人

中午時，新郎需面向南跪在擺有豬肘、酒、香碟的神桌前。在桌子的左邊一長者手執酒杯，單腿下跪，用滿語祝誦阿察布密歌。歌分三節，漢意是：「選擇良辰吉日，迎來新娘的喜慶新婚，殺了養肥的豬，敬貢在天諸神，請天神保佑你們夫妻幸福美滿。六十歲無病，七十歲不顯老，八十歲子孫繞膝間，九十歲童顏鶴髮，百歲仍健康如前。子孫盡孝道，兄弟親無間，父仁子孝，日後發財做官。你夫妻二人一生榮華富貴，安度晚年。」

下午四五點時新郎新娘喝完合歡酒後，新郎新娘在娶、送親太太的陪伴下出洞房拜堂：先拜天地，二拜高堂，最後夫妻對拜。拜完天地新娘入洞房前，由兩女孩用銅鏡對新娘照一下，然後將兩面銅鏡掛在新娘肩上以辟邪。新郎、新娘入門時，還要接過柴火和寶瓶，寓意「懷抱財寶」。

婚禮結尾曲——畫上圓滿的句號

新婚晚上，年輕人自然要鬧洞房。參加婚禮的親友一起高唱喜歌〈拉空齊〉，其大意是：美麗的女子結婚了，祝願你們白頭到老，生活美滿幸福。儐相把果盤所盛棗、花生、栗子撒向帳中，並唸叨一些祝福語：

一撒榮華並富貴，二撒金玉滿池塘，
三撒三元及第早，四撒龍鳳配成祥，
五撒五子拜宰相，六撒六合同春長，
七撒夫妻同攜志，八撒八馬轉回鄉，
九撒九九多長壽，十撒十金大吉祥。

在洞房內新郎新娘要喝「交杯酒」，吃喜麵，嘗子孫餑餑。子孫餑餑需煮雙數，半生不熟即可，新郎、新娘分別由娶親太太和送親太太執子孫筷、子孫碗餵食，旁有小童高聲連問「生不生」，新郎新娘須答「生」，眾人並幫以和之，寓意新娘新郎多生子女。

次日清晨，新娘要拜公婆和男方家的叔伯輩，敬菸問安，叫做「分大小」；婚後三天、七天和一個月歸寧。走之前，婆婆要替媳婦準備「四色禮」。一個月後，新媳婦要回娘家住一個月，叫做「住對月」，就是在婆家、娘家各住一個月。有些地方的滿族則有「回九」的婚俗。婚後第九天五更時，由娘家把新娘接去歸寧。

離婚．再婚——勞燕分飛各覓幸福

滿族人的愛情觀、婚姻觀非常純潔，他們稱婚姻為納雁，因為大雁是忠貞之鳥，雙雁結合後，終日雙飛雙宿，不離不棄，公雁若死，母雁絕不再嫁；母雁若亡，公雁也絕不再娶。這種婚姻觀念現在依然影響著滿族人的社會。有資料顯示，滿族家庭的離婚率是五十六個民族中最低的，家庭社會最為穩定。但如果出現夫妻不合的情況也可以離婚，再婚也很自由。

藏族婚俗

藏族是中國最古老的民族之一，主要分布在西藏自治區，以及青海省的玉樹、海南、黃南、海北、果洛五個藏族自治州和海西蒙古族藏族自治州，四川省的甘孜藏族自治州、阿壩藏族羌族自治州，甘肅省的甘南藏族自治州和雲南省的迪慶藏族自治州等。藏族人口數約為五百四十二萬。生產多以牧業為主。

藏族有自己的語言和文字，屬漢藏語系藏緬語族藏語支。藏族信仰佛教。

民族婚俗——各有各的說法和講究

舊時，藏族的婚姻制度可以說既有一夫一妻制，也有一夫多妻制、一妻多夫制。一夫多妻多限於富有人家，也有因為財產的繼承和分配等經濟原因而存在的，現在則大多採用一夫一妻制，只有偏遠的游牧地區由於生活艱辛，少一房妻子可以減少開銷，而保留有幾個兄弟共娶一房妻子的風俗。有的藏區還有招贅女婿上門的婚姻制度和「舅權」至上的婚俗規定。

在過去，藏族人婚娶實行嚴格的階級內婚制。各聚居區通婚範圍很不一致，有的地區父系親族間或母系親族近親間禁婚，有的地區則父系親族幾代之後可通婚，而母系親族間不禁。婚姻多數是包辦。而現在戀愛結婚基本上父母不包辦代替，多為自由婚姻。僧人除黃教嚴禁娶妻外，其餘各教派允許結婚。僧人結婚要在本派寺院舉行宗教儀式，婚後在寺外安家生活。

令人理解不能的婚俗

突破想像的婚嫁趣事

先搶婚，後說媒

現在，藏族青年多是自由戀愛，但其中有一點不同的是，松潘以及岷江一帶的藏族男女相愛是先把對象搶了再說。首先，女子、男子利用廟會、轉山會等民間活動尋找自己的心上人，如果男子看上哪個女子，便會去搶女子的頭帕或身上的裝飾品，女子有意，則會和男子約好時間相會，雙方避開家人，在風景優美的草坪以對歌的方式表達愛戀之情，這種約會方式被稱為「浪寨子」。

當男女雙方的愛情發展到一定程度，彼此則會約好「搶婚」日期，女方約上自己的三五好友，悄悄打扮好，在夜間約定的地方等著男方來「搶」。女方有時也捉弄一下男方，把「姐妹」裝扮得和自己一樣，看他搶誰。第二天一早，男方才請村寨裡德高望重的老人到女方家說媒。所謂「搶」，其實也只是一種形式稱謂，被搶的人心甘情願，過後，搶方託人向被搶方父母賠罪稟明，被搶方父母一般也不再反對，這樣，婚事就算是定下來了。

「戴天頭」——女子娶青天為「婿」

在舊時的甘肅青海的藏族聚居區，當女子長到十三四歲時便要舉行隆重的「戴天頭」儀式，不過，舉行「戴天頭」儀式的女子娶的女婿卻不是英俊結實的男子，不是實實在在的男人，而是藍藍的青天，是女子抬頭能望得見卻不可能與之同枕共眠的天。因為娶的對象是藍天，所以又稱「戴天頭」。實際上，這種「戴天頭」是藏族女子的成年禮儀式。

舉行「戴天頭」儀式後，便意味著這個女子已長大成人，從此有了社交的權力，不但可以自由的談情說愛，而且可以把所愛的男子領回家中同眠共宿。生下孩子，對於「戴天頭」後的女子來說，是正當的行為，絕不會招致社會輿論的非難。「戴天頭」後的女子日後可以嫁人，也可以終身住在娘家，靠情人不斷上門過自由的性生活。雖然終生為女子，但卻與知其母而不知其父的兒女組成一個以母親為中心的家庭。

婚禮前奏曲——「忙」並快樂的事

情卦和搶帽子——在歌聲和遊戲中談情說愛

藏族的青年男女談戀愛是公開的，只要雙方一見鍾情，快樂而甜蜜的初戀就開始了。在雲南的藏族中有一種男女青年表達愛情的方式，叫「情卦」。「情卦」雖是占卦的一種方術，對藏族青年男女來說，實際上是以愛情為內容的猜心思遊戲。凡參加「情卦」的男女青年，每人拿出一件最能代表自己心思的小物品放在一人手中。掌管物品的人將所有的小物品在手裡搖晃後，暗中取出一件，讓大家猜。於是其他青年便猜測物品屬誰所有，並針對物主在愛情中的處境用有趣的情歌表達出來。

如果物主心中已選定了心上人，但卻羞於開口，就要用含蓄的歌詞唱出來。如果物主雖然選中了意中人，但是對方早已和別人私訂終身，對此大家可以用含蓄的歌詞來取笑他（她）。歌聲結束後，掌管物品的人將手鬆開，看物品是誰的，之前唱的歌就是誰愛情上的未來處境。

藏族男女青年交往戀愛還有一種形式，叫搶帽子，如果一個男子看上一位女子，他便會找機會接近她，然後趁機將她的帽子搶走。過了幾天，男子會回來找女子，將帽子還給她。如果女子愉快的接過帽子，就說明女子也愛上了男子。如果女子不肯接受帽子，就表示女子不喜歡這個男子。

懷揣青稞酒和圍裙去求親

有些藏族農牧區男女青年的婚姻，一般是以「父母之命，媒妁之言」為主要形式，貧富皆有，較為普遍。

令人理解不能的婚俗

突破想像的婚嫁趣事

提親人到女方家要帶上酥油茶和青稞酒，這兩樣東西關係到這樁婚事能否繼續下去。如果女方父母喝了提親者帶去的酥油茶和青稞酒，就意味著他們同意了這樁婚事，否則，這樁婚事就沒什麼希望了。

如果女方父母同意了婚事，那麼男方要選擇好良辰吉日，親自帶酥油茶和青稞酒到女方家裡為她的父母敬求親酒。這一次，除了帶酥油茶和青稞酒外，任何求親者還必須為女子的母親帶一份固定的禮品——一條圍裙。這條圍裙被稱為「乳禮」，表達的是感謝養育了女兒。這一天，雙方極其神聖的定下了迎親的日子，這個日子一定是黃道吉日，比如藏曆的初八、十五、三十，或星期五、星期六，一定不能是星期天。此後，誰也不能反悔。因為，任何毀約行為，都會嚴重影響自己的名譽。

婚禮進行曲——歡天喜地新人樂

新娘唱著「哭嫁歌」離家

藏族女子臨行要唱哭嫁歌，清晨要戴上狐皮帽，插上孔雀翎，手握嶄新的筷子十雙，每向門外走幾步，便向後丟一雙筷子。新人一上馬，伏在馬鞍上，用袖子捂住嘴，嗚嗚咽咽又哭發起來。送嫁女眷擁在兩邊，有節奏而又合拍的「阿——咿——咿——咿——噢……」哭著唱起送嫁歌。新娘要走向新的生活，是激動也是對娘家的留戀。新娘的鄉鄰在路邊唱起了山歌：「我們送出了姑娘，你們要很好照顧，願你們吉祥如意、一路平安。」來接親的隊伍也以山歌對答：「請你們放心，我們會善待新娘，一切都會美滿如意。」

女子的哭嫁歌要從離開家唱，一直唱到十幾里以外，內容都是感激和祝願，表示臨別依依之情。如拜別父母的歌：

「我親愛的阿爸呀，

你為我到風雪彌漫的西藏跑三趟，
買回美麗的氆氌給我做嫁妝。
……
我親愛的阿媽呀，
妳是我溫暖和光明的日月，
妳是給我乘涼的雲朵，
……」

◆藏族婚俗

婚禮進行曲——歡天喜地新人樂

紅蓋頭下的真假新娘

婚日的那天，男方家要派迎親隊去接新娘，迎娶新娘的隊伍由全身穿白袍、騎白馬、手舉八卦圖的人在前面引導，若是路上遇到背水或挑柴的過路人，表示吉祥之兆，須下馬送哈達；若是撞見倒垃圾或是抬病人的，表示有災，婚後必須請喇嘛念經解除災禍。

在新郎的村寨，寨口早已有許多鄉鄰在翹首盼望，當新娘來到後，新娘的舅舅用柏樹枝蘸著淨水敬天、敬地、敬山神。新娘來到男方家後，一道難題就出現在了新郎面前，因為新娘和伴娘的裝束完全一樣，紅蓋頭蓋著她倆的臉，到底哪個是新娘哪個是伴娘，要由新郎自己來認。新郎頗費思索，可以從自己送給新娘的信物手鐲、戒指認出真正的新娘，於是紅蓋頭揭開，新娘與參加婚禮的人們微笑見面。

大家齊跳鍋莊舞

藏族人的生活充滿著深情、豪放的歌舞，這種歌舞也被延續到了他們的婚禮中。婚禮儀式一般由舅、叔、伯或德高望重的長輩擔任主持，內容主要是對新婚夫妻進行教育，如婚後要勤勞、孝敬父母，相親相愛等。這些教育的內容在藏族的婚禮中都是固定的，被稱為說詞，用演唱的方式進行，實際上，這種說詞是一首長篇倫理道德歌。

在演唱這種說詞前，還要找一個十幾歲的小男孩學天鵝、黃鴨、麻雀的叫聲，意為請喜神也來參加。儀式結束後，不論是主人還是賓客，不管是男方還是女方，大家都聚集在一起跳鍋莊舞（一種不需要任何器樂伴奏的集體圓圈歌舞），盡情歡樂，盡情歌唱，以祝賀婚禮。在藏族婚俗中，沒有鬧洞房的習慣。

在藏族婚事的整個過程中，村寨裡日夜載歌載舞。但是最奇特的是在婚禮的這天，新娘不能和新郎同居，只能由伴娘陪伴著，新郎連與新娘說話的機會都沒有。

婚禮結尾曲——畫上圓滿的句號

婚禮儀式結束後的第二天，新娘要回娘家去，在娘家過上一段日子以後再到婆家，此後，夫妻生活才真正開始。

第二天，新娘舅舅要帶著自己的外甥女離開男方家的村寨，此時，新郎寨子的鄉鄰，特別是青年男女，夾道恭送。道路兩旁，兩位青年牽著一根紅綢，橫攔著回去的道路，這叫「攔紅」，同時有人上前為離去的新娘的家人額頭上抹上白麵粉，讓他們鑽過紅綢。藏族崇尚白色，互相塗抹白麵粉是對親人、鄉鄰和生活的祝福。新婚滿三個月或六個月後，新娘得偕同配偶返回自己家族小住一段時間，時間必須經高僧擇定吉日，並通知女方家族做迎接準備。這樣，整個婚配的全部過程才結束。

離婚．再婚——勞燕分飛各覓幸福

藏族人的離婚很自由，手續也很簡單。一旦雙方感情破裂無法調解時，一是透過內部協商就此分手，所生子女協商分配，雙方均可另找對象；二是經村中的頭人裁決離婚；三是周圍的親朋好友裁決離婚。離婚時，男方或女方可將其結婚時所帶來的一切財產帶走，也可留給子女。同時，對方家庭給予他們適當補償。在財產分割時，提出離婚者和導致離婚主要責任一方，少得財產，甚至不得。離婚的人（無論男女）再婚，不會有非議，一般不再舉行隆重婚禮。寡婦可以與丈夫的兄弟或叔姪結婚，也可另行改嫁他人。

回族婚俗

回族是回回民族的簡稱，人口約九十八萬兩千人，是中國少數民族中人口較多的民族之一。主要聚居於寧夏回族自治區，在甘肅、新疆、青海、河北以及河南、雲南、山東也有不少聚居區。有小集中、大分散的居住特點。回族主要從事農業，有的兼營牧業、手工業，還擅經商，尤以經營飲食業突出，經濟文化較為發達。

回族的通用語言為漢語。回族在日常交往與宗教活動中，保留了大量阿拉伯語和波斯語的詞彙，在邊疆民族地區，回族人民還經常使用當地少數民族的語言。回族人信仰伊斯蘭教。

民族婚俗——各有各的說法和講究

舊時，回族婚姻受伊斯蘭教影響較大，依照伊斯蘭聖典《古蘭經》的規定，女孩九歲，男孩十二歲為「出幼」，即少年時期結束，可以結婚。因此，伊斯蘭教流行地區早婚現象較嚴重。伊斯蘭教還規定，一個男子可娶四個妻子，諸妻平等。在過去，回族地主富商有多妻現象，一般平民多數為一夫一妻。近代多妻制被廢除，實行一夫一妻制。

回族一般不允許同胞兄弟姐妹結婚，同時，實行嚴格的單向民族內婚，即回族男性可娶其他族女子為妻，回族女性絕不能與其他族的男性通婚。如欲締結婚姻的雙方中女方為非穆斯林，回族的通常做法是，首先女方要自願「進教」，通常由阿訇（波斯語音譯，訇，音ㄏㄨㄥ，阿訇是伊斯蘭教教職稱謂，意為「教師」、「學者」。）舉行一個比較莊重的儀式，其次女方要以「從夫居」的形式生活，這是回族締結婚姻中「許進不許出」的原則的重要展現。現代雖不禁止女性與非伊斯蘭教男性通婚，但單向民族內婚現象依然存在。

婚禮前奏曲——「忙」並快樂的事

媒人帶「四色禮」去提親

在回族社會，關於婚娶有句俗語叫：「一家女兒百家奔。」當回族女子長到十六七時，就有人上門提親。提親一般都是男方家透過各種途徑看準女方家的女子後，請媒人去提親。回族還有句俗語：「媳婦（老婆）美不美，全憑媒婆一張嘴。」意思是有了一個好媒人，就能娶到一個聰明賢慧、勤勞善良的好老婆，足可見媒人的重要性。男方家的媒人提親時，一般要帶「四色禮」（茶葉、方糖、紅棗、核桃），又叫「開口禮」。經媒人多次說合，男女雙方有所了解後，媒人和男方主婚人便攜帶簡單禮品到女方家相親。在相親過程中，不但由女方父母相女婿，而且要有意安排一個「偶然」機會，讓男女見面，女方家若肯收下男方所贈的禮品，即表示「相中」。接著，雙方商量聘金、嫁妝、彩禮等事宜。

隨著社會的發展變化，現在有些青年男女互相早已認識，彼此也了解，互有愛慕之心，但還要請媒人替雙方家庭說明情況，走個過場，否則會受到諷刺。

「主麻日」定婚期

按照回族婚俗，訂婚的日子一般選在「主麻日」（星期五聚禮日）。男方的家長在德高望重的長者與親朋好友的陪同下，攜帶「卡賓」（聘禮）前往女方家。回族人認為贈送聘禮一方面是為了防止男子對婚姻不嚴肅，朝三暮四，所以從經濟上有所牽制；另一方面也是保障女子生活的一項措施。如果男子無理提出離婚，所贈的東西不能索回。其間阿訇誦讀《古蘭經》。女方家準備炸油香、宰羊，過「爾麥里」（也稱爾埋里，專指該教的各種宗教功修和善行）。

送完聘禮後，接下來選擇婚期。選擇婚期在當地叫做「開典」。還是由媒人帶領男方家長，及新郎的叔伯等人去女方家裡商議。婚禮多在「爾德節」（即開齋節）或「古爾邦節」（即宰牲節）等穆斯林傳統節日舉行。如不在節日期間，則多半會在每年秋冬季節。回族認為所有的「主麻日」都是吉日，沒有漢族的生辰八字及屬相是否相投等講究，只以兩家方便為宜。婚期一經議定，女方家長即向未來的女婿回贈禮品，一般是贈送一些衣服鞋襪等。

「痛並快樂」的開臉儀式

回族新娘準備出嫁的日子要舉行開臉儀式。原始的開臉儀式，就是俗稱的成年儀式。據說整個過程的核心內涵是「成長的代價」，即證明自己已不是孩子，以後要學會獨立，拋棄孩子般的幼稚單純，做一個真正的成年人。

「開臉」這一儀式對新娘來說是很「痛苦」的。這是因為，首先要用手拔掉新娘臉上的汗毛，這是每位回族女孩出嫁時最痛苦的一項工作。然後用打碎的瓷器碎片的刃口剮臉，再用一根細線繞成十字形，最後用煮熟的熱雞蛋敷一下被剮傷的臉痕。據說這種原始的方法既能保養皮膚又能癒合傷口。最後一道關就是出嫁前的沐浴，回族把這一儀式叫做「離娘水」。

婚禮進行曲——歡天喜地新人樂

路遇水井蓋紅布

在迎親的那天早晨，男方用華麗的轎車迎親，迎親人必須是兩人。迎娶隊伍進門後，女方設筵盛情款待，

◆回族婚俗

婚禮進行曲——歡天喜地新人樂

女兒臨行時，母親要含著眼淚繞轎二圈，默默祝願女兒幸福吉祥；父親則象徵性的護送「百步」，然後由其舅、叔、兄、弟等親人伴行送親。迎娶路線一般講究走大圈，接新娘回去時不走來時走過的路線。

依回族婚俗，新娘被稱為「新姐姐」。新姐姐梳洗打扮完畢，臨行前要大哭一場，即使沒眼淚也得擠幾滴，否則，會被別人笑話。在迎娶的路上，若遇到水井，要用紅布或紅紙覆蓋，表示新人將來不會遇到坎坷。娶親途中，還不能與其他的娶親隊伍相遇，如果相遇，新娘之間要彼此交換褲帶，以避免「沖喜」。

請阿訇來主持婚禮

在婚日的那天，男女雙方家裡非常熱鬧。男方家裡要貼大紅喜字和對聯，堂屋牆正中掛著阿拉伯文寫的一段《古蘭經》，兩邊是阿拉伯文條幅。

清晨，男方的都來到堂屋裡跪下，聽阿訇跪著朗誦《古蘭經》，祈求真主賜福。然後舉行「尼卡亥」儀式（用阿拉伯語念證婚詞），一般是在男方家的院子裡擺一張香桌，也有在女方家舉行的。桌子上放著幾盤核桃、紅棗和糖果，阿訇坐在上方，左右坐證婚人的父母親。新郎新娘來到桌前，向阿訇致「色倆目」（阿拉伯語，意為：願主賜你平安），阿訇問新郎新娘是否願結為夫妻。回答同意後，接著阿訇用阿文念「尼卡亥」。其內容是根據聖訓宣布婚姻合法，最後由阿訇當眾宣布：「從現在起，你們倆正式結為夫妻。」並且告誡一對新人要互敬互愛，白頭偕老。

「尼卡亥」儀式結束後，就證明一對新人已成為伊斯蘭教內認可的合法夫妻。儀式結束後，親家雙方互相握手祝賀，並準備菜餚宴請阿訇和親戚朋友。

深情厚意「撒喜果」

同漢族婚禮上的撒帳儀式相似，回族婚禮中葉要唱「撒喜果歌」，拋果者邊撒邊唱一些熱情洋溢的讚歌，如「棗兒滿炕紅，生子是英雄。核桃滾滿炕，養女是姣娘。」、「撒核桃撒棗子，哥哥娶了個好嫂嫂。」、「雙雙核桃雙雙棗，生男聰明生女巧。」、「雙棗雙核桃，兒子拔萃女窈窕」、「一把花生一把棗，閨女小子滿屋跑」等。這些唱詞內容大多以「早生貴子」、「白頭偕老」、「吉祥幸福」為主題。回族人認為，核桃取其質堅而味美，象徵子女堅強有力；棗子取「早子」的諧音，寓意早生貴子。

在回族社會有這樣一個傳說，相傳真主造化阿丹人祖（即「亞當」）和好娃太太（即「夏娃」），並令他們婚配的時候，就命天堂裡的天仙邊朗誦讚詞，邊撒下從天堂捧來的鮮美的喜果。由此產生了回族婚禮上的「撒喜果」風俗。

結婚三天沒大小，公婆一起鬧

回族婚禮上是最熱鬧的一幕應該算是「鬧公婆」。婚禮上，女子和媳婦可把婆婆抓住，頭上簪上花朵，臉上抹上粉，抹上胭脂，穿上紅襖綠褲，拉著去迎媳婦，引得滿院子裡的人捧腹大笑。這時的婆婆，拿出糖果撒在地上，趁女人爭搶糖果之機，悄悄溜走。男子也把公公抓住，臉上抹上鍋灰或用墨汁點成雀斑，耳朵上掛兩串紅辣椒，頭上戴個破草帽，脖子上掛一個小銅鈴，反穿羊皮襖，倒騎毛驢，由一鄉親手牽毛驢，眾人鞭打吆喝，使驢子亂奔亂跳，逼得公公只好向大家告饒許願，撒糖果，贈禮品，直到大家滿意為止。

「鬧公婆」這個儀式的舉行，圖的是個高興吉利，為婚禮增添喜慶氣氛。即使公公是當官的，也得乖乖由著人們來戲耍，無論怎樣「耍」，公婆都不許生氣，這個俗稱「耍公婆」。晚上開始鬧洞房，使婚禮達到高潮。

婚禮結尾曲——畫上圓滿的句號

新婚次日，新娘新郎要沐浴淨身，早飯後，新郎的祖母或其他長輩帶著新娘認婆家大小。認長輩時，新娘要長長的稱呼一聲，長輩則要響亮的答應一聲，然後給新娘見面禮物或小紅包，以示紀念，俗稱「認大小」。「認大小」結束後，新娘要對房前屋後和鄰近的大街小巷進行打掃，並自己出資買羊或鴨做頓豐盛的飯菜款待全家，有的新娘還把娘家帶來的鞋靴送給新郎的父母兄弟姐妹，表示今後是婆家的人，以求得歡迎與和睦相處。

婚後三天或七天，男方家要備辦禮物陪著新娘回娘家，看望父母及親屬。新娘父母事先做好準備，款待一對新人。而有些地方，新娘必須在當天日落之前趕回夫家，不能留在娘家過夜。萬一有特殊原因以致無法回家，夫妻就要分開睡，以免衝撞了娘家人的福運。

離婚．再婚——勞燕分飛各覓幸福

回族穆斯林把婚姻家庭看做是人生的必然過程，反對單身，支持寡婦再嫁。對離婚比較慎重，一般不隨意離婚。離婚婦女的改嫁或丈夫死後的改嫁都須等待一段時間，這主要是看女方是否懷孕。另外，回族認為重婚是合情合理、合法合教的。重婚須經德高望重的老人說和，由阿訇念「依扎布」（阿拉伯語「婚書」），然後就可以重新結合開始新的生活了。

維吾爾族婚俗

維吾爾族主要聚居在新疆地區，總人口達九百二十三萬五千人，主要分布在新疆維吾爾自治區。其中尤以喀什、和田和阿克蘇地區最為集中。另外，在湖南（桃源縣和常德市）、河南和北京等省市也有部分維吾爾族聚居。「維吾爾」是「團結」、「聯合」之意。維吾爾族的經濟以農業為主，兼營畜牧業，尤其擅長植棉和園藝。

維吾爾族有本民族的語言和文字，屬阿爾泰語系突厥語族。文字是以阿拉伯字母為基礎的拼音文字。近代推廣使用以拉丁字母為基礎的新文字，現兩種文字並用。大多數維吾爾族人信仰伊斯蘭教。

民族婚俗——各有各的說法和講究

維吾爾族也信仰伊斯蘭教，因此，維吾爾族的婚姻制度與回族有些相似。古代回紇人的婚姻制度主要是一夫一妻制，也允許男子娶三四個妻子，但這種現象不多，同時也存在收繼婚制或轉房制。一九五〇年代前，婚姻締結的主要形式是父母包辦，自由戀愛也存在。收繼婚制僅在少數地區留傳，現今已取消不合理的婚姻制度。

維吾爾族的通婚有一定的限制：一是禁止與非伊斯蘭教徒通婚，尤其是婦女，絕對不允許嫁給非穆斯林。如若違反，將會受到宗教法的懲罰；二是父母與親生子女之間及同父或同母兄弟姐妹之間不能結婚；三是門第不相當者絕少通婚。如果女子初婚不是處女，男方可以提出退婚或離婚。

婚禮前奏曲──「忙」並快樂的事

鄭重其事的登門提親

維吾爾族青年男女較為開放，大都是自由戀愛。但他們有這樣一條約定俗成的規矩：青年男女在戀愛階段，雙方都不能把對方領回家去，當雙方都已考慮成熟，才分頭告知各自父母家人。由男方請家人去「提親」。

一般情況下，男方的父母不能單獨去提親，而要請一位德高望重的長者陪同一起去，或是請親屬一起去。這樣女方家才會接待，並認為有人鄭重其事登門提親，感到光彩，會非常高興。提親時，男方要準備一些品質較好的布料給女方，以及一些鹽、方糖和五個饢（有些地區帶七個或九個饢）作為見面禮。女方假若答應了這門親事，則要把這門親事公開，青年男女便可以來往，進行「合法」的戀愛，增進彼此間的了解。維吾爾族將這種提親的程序稱為「拜西饢塔西拉西」（意思是試探）。

定親儀式上彩禮是主角

維吾爾族的定親儀式一般在女方家舉行。彩禮是其中的一項重要內容。男方要在客人面前宣布給女方家的彩禮清單。宣布清單的人是專門聘請的，他以說唱的形式，向眾人介紹每件彩禮的產地、品質、性能、規格等。同時在介紹每件彩禮時，還要把彩禮舉起來，讓大家都看一看。

介紹彩禮的人，一般口才都比較好，因為他可以把一般的東西，說得天花亂墜，討得女方家人歡心、男方家人滿意。因為彩禮的數量和品質關係著女子的身價和男方家的誠意，所以宣布清單的人也特別賣力。事後，男方家人要送禮品給介紹彩禮的人。

然後，女方家陪嫁的物品也要展出，且也要請一位口才好的人向大家介紹。同時，女方家也要替未來的女婿做一套衣服，並從頭到腳「武裝」起來。另外還得替親家和親家母各準備一套衣服的衣料。定親儀式結束後，便商定迎親的婚禮，雙方商定吉日後，就可以正式舉行婚禮了。

婚禮進行曲──歡天喜地新人樂

「吃鹽水烤饢」開始新生活

維吾爾族正式舉行婚禮之前而舉行的一種帶有宗教性質的結婚儀式──「尼卡」。「尼卡」由阿訇主持。「尼卡」是一種嚴肅而有趣的婚俗。儀式開始後，男女兩廂站定。新娘這時要放聲大哭，和自己的母親哭別，表示女子對母親及家人的深厚感情。然後，主持人分別問新郎和新娘，是否願意結為夫妻，是否永遠相愛而互不拋棄等。雙方分別回答「願意」以後，一位女子出來，站在新娘和新郎中間，端出一個精製的托盤，上面擺著一小瓷碗鹽水，裡面泡著兩塊小饢。

一對新人要當眾搶著吃下碗裡蘸滿鹽水的饢。剛剛新娘還低垂著頭，不好意思，扭扭捏捏，但在搶碗裡的饢時，情況卻大不相同，她勇敢而果斷，動作敏捷而迅速。據說，誰先搶到饢，則表示誰最忠於愛情。所以在搶饢時，男女各不示弱，表示他們從此相親相愛，攜手踏上新生活征途的決心。

在維吾爾社會，有一個這樣的傳說：過去有個叫依布拉欣的聖人，為人們找到了維持生命的鹽。有了鹽，人類才得以生存，所以維吾爾族人把鹽視為一種珍品，倍加愛惜。而饢又是維吾爾族生活中不可缺少的。選擇鹽和饢作為「尼卡」的一項內容，有著深刻的意義。它象徵著新生活的開始，同時比喻鹽和饢那樣永不分離，白頭到老。

◆維吾爾族婚俗

婚禮結尾曲——畫上圓滿的句號

㉂繞火三匝，有夫可依

「尼卡」儀式結束後，新郎回家做迎娶新娘的準備。下午，穿戴一新的新郎，在親友的簇擁下去女方家迎娶新娘，一路上迎親的男子打著手鼓、吹著嗩吶、興高采烈的唱著「迎新娘歌」，整個迎親隊伍充滿著歡樂的氣氛。

新娘到了男方家，男方家門口已點了一堆火，新娘到後，其中的客人用一根火把在新娘的頭上繞三圈，然後新娘向每個客人贈送禮物，接著繞火堆幾圈，驅鬼招福，就可以進入新房。這個程序過後，新郎的朋友及賓客就唱起喜歌，享用喜宴上的各式糕點和抓飯，客人吃得越多，主人越高興。

婚宴之後，人們打起手鼓，彈起都塔爾和熱瓦甫（新疆民族樂器），跳起歡樂的舞蹈。新郎新娘會被邀請單獨表演一段舞，喜悅的氣氛達到高潮。

婚禮結尾曲——畫上圓滿的句號

婚後次日早晨，新娘新郎在伴郎、伴娘陪同下，分別去向岳父母、公婆行禮問安。婚後一週之內，雙方家裡都舉行「其爾拉克」，彼此宴請親友。一個星期以後，新婚夫婦要帶著禮物歸寧探親，娘家為小倆口準備甜醬和美味的抓飯，祝福新人。

離婚．再婚——勞燕分飛各覓幸福

過去在維吾爾族社會裡，丈夫有提出離婚的特權，只要對妻子說了「塔拉克」（維吾爾語譯音，意為「休妻」），就算斷絕夫妻關係。婦女雖然一般沒有離婚的自由，但在下述兩種情況下也可以提出離婚。一是丈夫出外多年，音訊杳無。二是丈夫半年沒有和妻子居住，不管衣食。

離婚的男女雙方如果願意復合，需要重新舉行簡單的結婚儀式，可請宣禮員或會誦經的人誦經和解即可恢復夫妻關係。如果雙方或一方不願復合，女方必須經過一百天的等候期才能改嫁再婚。如在等候期內女方有身孕，所生子女仍歸原夫。如果丈夫在離婚前說過三次「塔拉克」，一般就不可能復合了。

在維吾爾族人正式離婚時，男女雙方彼此平分家產。如果雙方在財產、後代問題上發生爭執，就請宗教法庭裁決。現在隨著人們教育程度的提高和法律的貫徹實施，維吾爾族中的離婚、重婚、再婚都按法律規定進行。

苗族婚俗

苗族，總人口八百九十四萬零一百人，主要分布在貴州、湖南、雲南、湖北、海南、廣西等省（區）。苗族地區以農業為主，以狩獵為輔。

苗族有自己本民族的語言，屬漢藏語系苗瑤語族苗語支。分三大方言：湘西、黔東和川黔滇。苗族原先無民族文字，一九五〇年代後期創制了拉丁化拼音文字。由於苗族與漢族長期交流，有很大一部分苗族兼通漢語並用漢文。

民族婚俗——各有各的說法和講究

苗族古代婚姻曾經歷過血緣婚、「普那路亞婚」（即外婚制），對偶婚和一夫一妻制等形態。苗族社會嚴格恪守著一夫一妻制和宗支之內、血族之外的婚制。同姓不戀不婚。同姓，指的是苗姓。如果漢姓不同，苗姓相同，也在禁止之列。姨表親禁止通婚，姑舅表優先婚。親戚間不同輩分不能通婚。目前，中國已立法禁止了不合理的婚姻形態和習俗，但在一些偏遠地區仍有部分保留。

婚禮前奏曲——「忙」並快樂的事

有趣的雞卜婚姻

在大多數苗族地區，在婚姻上，婚姻自主與父母包辦並存，青年人談好了，男方徵求父母的意見後請媒人到女方家說親。正常情況，女方父母不會反對，還有的家庭用雞卜來決定婚姻是否可行。

雞卜的儀式過程是這樣的：選定吉日後，女方家殺公雞一隻，煮熟後，雙方共同觀看雞眼，入夜時舉行。這時，女方家堂屋正中擺著一張長條桌，其上端正的放著盛在碗裡被煮熟的雄雞。舅舅坐在上位，兩邊各就坐著賓主。女方家長說完吉利話後，便畢恭畢敬的端雞給男方證婚人和提親人觀看雞眼，然後讓在座的每個人看。

如果雞的雙眼全睜或全閉就表示吉利，同意結親。雞眼左閉右睜不一致者，則預示剋男方；右閉左睜則預示剋女方，認為不吉利。一方或雙方表示解除婚約，男方即把提親時所收的彩禮退還女方家。如果雙方家長執意包辦到底，則不計雞眼好壞，照樣結親。當一屋人專心看雞眼時，女方家女子是很關心的，悄悄以耳朵貼著牆壁竊聽，若她喜歡這門親事，當聽到老人稱讚雞眼時，心中就感到無比的高興。若女子不同意父母包辦的親事，聽到雞眼不好時，也是無比的高興。有些女子不同意父母包辦自己的婚事，在煮雞時，就悄悄用木棍或筷子把雞眼戳爛，讓老人無法分辨吉凶，讓他們包辦不成。

隨著社會的發展，現在很多地方的雞卜婚姻已消失。

在浪漫「遊方」中對唱情歌

苗族男女青年戀愛整體而言比較自由，他們還在十五六歲的時候，多數就開始為戀愛做些準備，如學吹木葉，學吹口琴，學唱山歌等。遊方是苗族青年男女戀愛和擇偶的主要手段。

每逢節日或趕場的日子，苗族青年男女便利用聚會的時機對唱情歌、談情說愛、互訴衷情。遊方活動不是隨處可以進行，而必須在特定的地點，苗語稱「嘎打良庚」，通稱為「遊方場」。若離開這個場所去「遊方」，就會被人視為傷風敗俗，而受到懲罰。黔西北未婚男女多在白天「跳花」結識後，晚上再唱歌、密談，所以又叫「踩月亮」，或叫「跳月」。湘西地區則叫做「趕邊邊場」或「會姑娘」。

◆苗族婚俗

婚禮前奏曲——「忙」並快樂的事

青年男女「遊方」時所唱的歌，稱為「遊方歌」。大部分歌詞是世代相傳下來的，也有即興編成的。按交流情感的順序可分為〈探問歌〉、〈青春歌〉、〈想念歌〉、〈成婚歌〉等。

因為苗族有同姓不婚不戀的習俗，所以，確定姓氏和有對象與否，顯得較為重要。從苗族男女「遊方」時對唱〈探問歌〉的情形，可以了解到這一點。

男：

小妹妳我各一方，
從來未曾相會，
在別人的婚禮上我倆見面，
我想與妳唱歌表心意，
但不知小妹妳貴姓？
若妳有心又有情，
請告訴我妳的名字。

女：

阿哥你我不相識，
為我倆趕街不共一地，
當然不知你尊姓大名；
清清河水好洗線，
我是劉家小妹子，
有心與你談情義，
你該告訴我你來自哪裡？

透過女方這一委婉的唱答，男方從中知道了女方的姓，也就可以決定是否可以唱談下去。如果不與自己同姓，就要繼續問明其他情況。這時，雙方又會接著對唱。

男：
隼追燕子無處飛，
落腳棲息在樹枝，
因為有別人的婚禮，
我倆得以相遇相識，
知道妳是何姓阿妹，
告訴妳我來自山上的苗族村。
鳥兒喜叫在山林，
唱起山歌表真情，
不知阿妹是否已有自己人？

女：
春暖花開蟲蟬忙，
我仍是父母的小姑娘，
才有時間來到別人的婚禮上；
春天到來燕聲聲，
告訴我你是不是別人的心上人；
山歌唱給大家聽，
大家面前你一定要真心。

◆苗族婚俗

婚禮進行曲——歡天喜地新人樂

在這裡，從女方的唱段中，男方可以知道女方還沒有對象，而對於男方的情況，女方也正在追問。只有弄清這些，雙方才可以進一步深談，將山歌轉入抒情表意階段。要是唱談得合心合意，互相還會討要信物，以作紀念。

花草密碼表情意

男女青年互送信物定情後，以後便是邀約相會、互訴衷腸了。他們用樹枝、樹葉、野草和野花編成樣式不同的標記，以說明心境，表示約見的地點和時間。草標代表約見，花結代表幽會，花草合編則表示要定終身。

首次約會用茅草編的蜜蜂表示：「我等你，能來嗎？」再次約會則用香草編的蜻蜓表示：「地點依舊，請你快來。」不能赴約用茅草穿過樹葉編成的蚱蜢表示「因有要事，不能抽身，特表歉意！」紅花結表示熱情，渴望盡興交談；藍花結表示願想見，但必須有月光明媚的夜晚；如果是白花和茅草編結的「白白雷公」，那就是「多次無故失約，今生不願見你」的意思。

婚禮進行曲——歡天喜地新人樂

出嫁路上新娘撐「遮羞傘」

苗族新娘出嫁時間是在婚禮前夜裡大約兩三點鐘左右，在風水先生算好的一個良辰裡，在舉行完畢女兒婚嫁出門的儀式後（儀式中有姐妹哭嫁、拜別父母、族人祝福等環節），新娘出門了。

前面的人打著兩把火把，照亮大路，象徵著風風光光、吉祥如意。伴娘則為新娘撐著一把半開的「遮羞傘」，其用意是為新娘擋災避難。為新娘帶路的還有新郎方派來的一個多子多福的女性，為其提著一盞長明燈籠，預祝新婚夫婦的生活美滿，情意永存。同時，前面的火把一把留給娘家，一把帶到婆家，把光明和希望一半留給自己的父母，一半帶給以後的子女。接親的男子，送親的女子，一路上互相對唱祝願的苗歌，有說有笑，感情真摯純樸。

「挑喜水」逗趣新娘

當新娘來到新郎家，婚禮結束後，由小姑（新郎的妹妹）帶新娘到寨邊最遠的水井去挑「喜水」。新郎家的房族女子和送親女伴一同前往。來到水井邊，拿瓢舀水的是小姑。一般五瓢為準。意為：一瓢舀吉祥；二瓢舀富貴；三瓢舀子孫；四瓢舀平安；五瓢舀家當。

水桶裝滿後，新娘要起肩挑水，大家看著她那起肩艱難的樣子，發出一陣陣笑聲，一齊注視著她，看她是不是會換肩；腰身是不是有勁？腳步邁得是不是輕巧？姿勢是不是優美？讚嘆聲、逗趣聲此起彼落。

這種挑「喜水」的儀式，只需新娘挑一次。挑完後，新娘作象徵性的舂碓，以示她今後能操持家務。舂碓結束，新郎家才請新娘進新房。進入新房，寨上的婦女兒童來鬧洞房，堂屋中，新郎家把糯米糰子撒給看熱鬧的孩子吃，糯米飯白，黏得又緊，寓意百事順遂，婚姻白頭到老。

婚禮結尾曲——畫上圓滿的句號

中國很多地區的苗族有「不落夫家」的習俗，結婚當日，新郎與新娘不「拜堂」，不同房，新娘由小姑陪宿，若無小姑，就與婆婆同宿。新娘三天歸寧後即長住娘家，僅在逢年過節或農忙時經召喚才回夫家小住，直到懷孕後才長住夫家。坐家時間長達一兩年至四五年不等。不過，隨著社會的進步與發展，這一「不落夫家」的習俗正在逐漸改變。現今，有些苗族青年男女結婚後，妻子就長期住在夫家了。

離婚．再婚——勞燕分飛各覓幸福

苗族男女結婚後離婚者不多。如果離婚，手續也極其簡便。離婚雙方在女方家村寨和男方家村寨的路途之間「喝酒發誓」，以示從此不相來往；或雙方各請一「鄉老」作證即可。寡婦受到社會同情，並可改嫁。也有地方有轉房（兄亡弟娶其嫂）習俗，一般是同輩轉房，但沒有強制性。

彝族婚俗

中國的彝族在少數民族中人數較多、分布較廣，有七百七十六萬兩千三百人，主要分布在雲南、四川、貴州三省和廣西壯族自治區的西北部。以大分散、小聚居為特點，與其他民族交錯而居。彝族屬山地民族，農業是廣大彝族地區的主要經濟部門。

彝族有自己的語言文字，屬漢藏語系藏緬語族彝語支，有六種方言。

民族婚俗——各有各的說法和講究

婚姻制度主要為一夫一妻制、雖然過去有少許一夫多妻的，但只限於極少部分貴族統治階級和富裕者，或因原配妻子不能生育或者只生育女孩以及轉房等特殊情形。

彝族社會有這樣一條諺語：「父欠子債，給兒擇偶婚配；子欠父債，為雙親送靈」之說。彝族人普遍重視婚姻，盡可能提早為孩子訂婚，有的甚至指腹為婚，預定婚約，遵照「父母之命、媒妁之言，嚴格實行等級內婚，家支外婚，姨表不婚，姑表優先」的古老傳統。另外，勞役婚、轉房制和不落夫家等婚俗也有部分遺留。

勞役婚一般是因為男方出身貧窮，無力出聘金，便在幼年時到女方家替其工作，時間大約兩年起至十年止。在此期間，男女同食同寢，一起做事，一同玩樂。以此建立感情，而後由家長認可，再由女方家選擇吉日，然後將選定的日子告知男方家迎親。

婚禮前奏曲——「忙」並快樂的事

由於彝族分布地區和支系的不同，而且社會和經濟形態的差異，以致在其婚俗中地域性表現得特別突出。

彝族香堂人「無字的情書」充滿了生活的趣味。男女雙方往往用實物來表情達意，傳遞愛的資訊。

無字的情書

當男女第一次見面認識後，如果女子對男子的追求表示同意，就用芭蕉葉包一些鹽巴捎給遠方的情人。男子接到女子愛的信物後，就可以帶上訂婚禮物去女方家「吃訂婚酒」。芭蕉葉表示他倆年輕的生命和青春，鹽巴表示他們有緣分，有感情，父母對他們的婚事也很喜歡。不同意則用芭蕉葉包一隻蒼蠅捎給男方。

當男子第一次到女方家見面時，女子若煎荷包蛋或做燉蛋招待，說明女子對男子的冷淡，表示彼此沒有緣分，若用蔥、蒜炒菜招待，則說明女子不喜歡男子，男子不必再提出戀愛婚姻的事，也不必託媒人來多費口舌。若女子煮茴香招待，則說明女子不同意這樁婚事，這是一種非常明確的表態。

彝族香堂人的無字情書還有奇特的表達方式：就是用堂屋門關閉程度來表示對求婚者的態度。

男女雙方經媒人介紹後，男子首次去女方家登門說親時，如女方家堂屋門兩扇都大大的敞開著，則表示女子及其父母對婚事都很贊成、喜歡。男子可以大膽的提出親事。如門只開一扇，說明女子及其父母一方同意，一方不同意。左邊的門開著表示父母同意，女子不同意；右邊的門開著表示女子同意，父母不同意。男子可視情況說服女子或女子的父母。如兩扇門都嚴嚴實實的關著，則說明女子全家老小都不同意，男子趁早向後轉，另擇他人。這種表達方式只在未確定戀愛關係前有效。

令人理解不能的婚俗

突破想像的婚嫁趣事

花腰帶送情郎

在彝族火把節上，有些男子要把潔白的襯衣塞進藍靛染成的青布褲子裡，繫上一條花腰帶，就表示自己有了理想的情人。

花腰帶一般是女子送給心中的情人的信物，沒有情人的男子是繫不上的。在有些地方的彝家村寨的青年，用花腰帶傳情，別有一番風趣。當女子在工作時或透過媒人的撮合，和男子相愛以後，就要利用閒暇之時，用各種有色的絲線，精心繡製有花朵、蝴蝶、小鳥等圖案的花腰帶。腰帶繡成之後，利用約會的時間，把腰帶送給男子。男子得到腰帶，心裡踏實了，也替女子戴上懷裡的手鐲或耳環，表示真誠相愛。

勾尖繡花鞋送祝福

當彝族女子出嫁時，家人或朋友都要為新娘準備一雙精心繡製的鞋頭勾尖向上的繡花鞋，以祝福新娘一路平安，婚後生活幸福美滿。這一習俗的起源是：彝族一位叫基妞的女子，結婚後，在由娘家去婆家的路上，被一條樹椿一般粗的大蟒吞進了肚子裡。由於基妞腳上穿著一雙勾尖繡花鞋，巨蟒未能全部吞下，被焦急趕來找尋的新郎和村民及時發現了。於是大家一起動手殺死了巨蟒，救出了新娘。從此後就形成了彝族女子結婚穿勾尖繡花鞋的習俗。

新娘禁食迎婚期

在婚前的幾天時間裡，新娘盡量減少飲食，每天只吃一兩顆蛋，喝幾口水，或吃一小片蕎餅，出嫁那天還要禁水。根據彝族風俗，新娘減食的時間越長，便越顯得懂禮節，有毅力，如果哪一位女子在出嫁前還顯得歡天喜地、無憂無慮，不知節制飲食，那麼她就會受到恥笑和非議。彝族女子出嫁禁食源於一個傳說：

◆彝族婚俗

婚禮進行曲——歡天喜地新人樂

據說在很久以前，有個女子遠嫁他方，半路下來上廁所，被老虎吃了，老虎變成新娘的樣子回來了。喜宴過後，小姑和新娘外出打水，小姑看到美麗的景物和動物讚不絕口，新娘說：「那有什麼漂亮的，我變給妳看！」說著「呼」一下打個轉，變成了一隻純色的黃毛老虎，小姑嚇得連忙讓嫂嫂變回來，老虎又變回了嫂嫂。小姑把這意外的發現告訴哥哥，哥哥從山上砍了許多野竹子，編成了內外九層的籬笆。哥哥藉口去外面請人翻修屋頂，讓妹妹住在最裡層，讓虎妻住在最外層，等他回來時老虎已拆了籬笆，把他的妹妹給吃了。後來新郎用計把虎妻灌醉，乘機把虎尾巴拴在木樁上，活活燒死了老虎。從此，就有了新娘出嫁前禁食的風俗。

婚禮進行曲——歡天喜地新人樂

❷「潑水為媒」的搶婚

彝族的婚期一般在秋收後那段日子或冬閒時節，這是因為春夏農忙人不得閒，且過去一般人民生計維艱，春夏正是青黃不接的時候，大多數人家缺糧少食，甚至斷炊，很少有能力舉辦婚事。

彝族的搶婚常常以「潑水為媒」。因為彝族認為，清水能驅惡除邪，送走妖魔，帶來幸福。去迎親時，先由男方家從本家支的同輩兄弟中選派青年男子數人至十幾人（取奇數）組成迎親隊伍，帶隊者稱為「線木」。帶上酒、羊或豬到女方家背親。女方家已儲水以待，當迎親者到達，女子用竹水槍、瓢盆、木碗等盛水澆潑，迎親者則表現得十分勇武。頭蒙「擦爾瓦」衝進屋裡。當他們與女方長輩圍火閒談時，女子又乘其不防，用鍋灰抹他們的臉，以致他們個個成了花臉，然後，眾女子唱道：

為了養大女兒，
媽媽脫了九十九層皮，

不潑九十九瓢水，
不抹九十九把鍋灰，
哪能讓你們背走姑娘？
背親的小伙子則答道：
我們翻過了九十九座山，
趟過了九十九道水，
不背回新娘哪能行？

在這之後，又開始水戰，直至夜晚。經過一晚上的水潑，當早晨來臨時，「搶親」便開始了。這時，女子擁著新娘，男子前去「爭搶」，女子防守嚴格，男子必須機靈多變，乘一瞬間出現的漏洞，搶走新娘便跑，直跑出一、兩里山路才改為行走。可見，把新娘「搶」到婆家是多麼的不容易！但彝族卻認為，婚禮中的這一潑一搶能驅除邪祟，保證日後生活不受侵擾，順遂美滿。

婚禮上的摔跤比賽

西南邊疆的某些彝族支系，舉行婚禮時往往要進行摔跤比賽。結婚的前一天，男方派到婦家的迎親人員裡，必須有摔跤隊。這支隊伍到新娘家吃完酒飯以後，第一個儀式就是摔跤對抗賽。婦家的摔跤手作為主方，先站出來說聲「請」，男方便隨即走出一個摔跤手，比賽就開始了。到雙方約定的人數賽完，再由勝方出兩名摔跤手表演一場，比賽即告結束。這種比賽不用裁判，一對摔跤手只摔一次，不管哪方都不能全勝，以示友誼為重。

彝家婚禮中的摔跤比賽源於這樣一個傳說：相傳過去在彝族聚居的德希洛抹山上，有個魔鬼常吃嬰兒。後來，彝家出了一位大力士，為了解救彝家的危難，他不顧個人安危，找到魔鬼，和它摔了三天三夜，最後在彝族人民的幫助下，終於把魔鬼打死了。從此，人們為了紀念這位大力士，表示自家或親友為摔跤英雄，便在婚禮中舉行摔跤比賽。

阿細人簡樸清新的婚禮

阿細人屬於彝族支系，居住在雲南省彌勒縣，他們的婚事非常儉樸。他們選擇對象的條件不是相貌，而是勤勞。阿細青年自由戀愛。婚姻程序，一般是女的先到男方家工作兩天，以此向男方父母認親，男方家不擺酒席，不請客。

這樣往返幾次，共同做事，以示情投意合，同甘共苦。這時，雙方中若有一方心有悔意，婚事可以就此甘休；若都表示滿意，婚事就算完畢了。以勤勞取人，奠定了阿細人婚姻幸福美滿的基礎，所以，在阿細人中，因草率成婚而釀成不幸結局的為數很少。

婚禮結尾曲——畫上圓滿的句號

在新婚的夜晚，送親的人們圍坐在新娘身邊，不管新郎心情如何，總不讓他接近。第二天早上，送親客又把新娘帶回娘家居住。婚後七天或九天，新娘由其兄弟或其他男性親友護送回到婆家。

新婚的晚上，新郎新娘不同房，大多是在這第一次回婆家時才初次同房。同房第一夜，新娘必須盡力拒絕，征服妻子不是一件容易的事情。新郎要在夜深人靜時悄悄摸索到妻子床邊，妻子便起身反抗，雙方抓扯，廝打起來，丈夫則用武力和智慧制服她，將其占有，這在男方表示勇武，在女方表示貞潔。從此以後妻子便自然歸順丈夫了。

另外，彝族女子出嫁時不能帶嫁妝，而要等到有了孩子在婆家根基穩固後，才為她送去嫁妝。

離婚．再婚——勞燕分飛各覓幸福

彝族婚姻有「祖靈可戲，婚姻不可戲」的說法，婚約一旦締結，便不能隨意反悔或更改，否則會引起婚姻糾紛，甚至引起冤家械鬥，因此，離婚必須考慮清楚，要謹慎再謹慎。

但如果雙方感情不合，勸解無效，可以離婚。彝族的傳統離婚，用一節約三寸長，五分粗的松木，中間刻上「×」號，從中均勻的剖成兩片，將這兩片松木同時丟在地上，要丟成陰陽兩相，然後陰相的一片交給男方，陽相的一片交給女方。各自保存，以為憑證，不得反悔。

布依族婚俗

布依族主要聚居在貴州省黔南布依族苗族自治州、黔西南布依族苗族自治州及安順地區和貴陽市，其餘分布在黔東南、銅仁、遵義、畢節、六盤水及雲南的羅平等地。布依族總人口為兩百九十七萬一千五百人。布依族以農業為主，種植水稻的歷史較為悠久。素有「水稻民族」之稱。紅水河流域還是中國最重要的林區之一。布依族的語言為布依語，屬漢藏語系壯侗語族壯傣語支，與壯族有密切的親緣。布依族過去沒有文字，使用漢字。近代有設計以拉丁字母為基礎的布依族文字方案。

民族婚俗——各有各的說法和講究

布依族的婚姻實行一夫一妻制，同宗同姓不能通婚，異姓親戚中不同輩分也不能通婚。過去，布依族一般不與外族通婚。「背帶親」（即幼年定親）較普遍，常常是十幾歲就舉行婚禮。也存在姑舅表和姨表婚制。婦女有不落夫家的習俗。

戀愛雖然自由，但婚姻卻由父母包辦。雙方擇親條件，首先要家境相當，門當戶對；二是要年齡差距不大，並且生辰「八字」不相剋；三是男女為人忠誠，勤勞能幹；四是外觀長相沒有缺陷。

婚禮前奏曲——「忙」並快樂的事

「浪哨」與甩糖包

布依族青年男女的戀愛富於浪漫色彩，主要是以情歌的方式表達愛慕之情。布依族的「浪哨」是會朋友的意思。這個社交活動不只限於未婚男女，已婚者也可參加。這與布依族古老的婚姻制度有關，因為早婚「不落夫家」，實際上只是訂婚。所以參加「浪哨」活動，對未婚者來說是初戀，對「已婚」青年來說，如果他（她）對父母包辦的婚事滿意，那只是來炫耀唱歌的才能，反之，則表示對包辦婚姻的反抗。

浪哨分為兩種形式，一種是在家中進行，一種是在寨邊或路旁進行，無論什麼形式，多半是男子主動到女子的寨上去約會。浪哨中，男女青年常用木葉聲、姐妹簫、月琴來傳情。浪哨歌內容多樣，有初識、試探、讚美、密戀、起誓、相戀、送郎、苦情和逃婚九種，視情況選擇歌唱。

甩糖包也叫丟花包布。依族青年男女為尋找意中人，在浪哨中有甩糖包的習俗。「糖包」是一種五顏六色內裝穀糠的小袋。甩糖包時，女方拿著糖包站成一排，向站在對面十公尺距離的男子甩去。哪個男子接到了糖包，就和甩糖包的這個女子結成一對浪哨的伴侶。早就情投意合的男女，女方就有意的甩給她所喜歡的那個男子。男子若接不住女方甩來的糖包，女方便唱起歌來向男子索取禮物。雙方如果都有意，就會雙雙離開，到偏僻的地方去談情說愛。

「雙媒」送「走路糖」

布依族青年男女訂婚較早。訂婚的第一步是說親，說親時，男方要請兩個媒人到女方家提親，這就是通常所說的「雙媒」。媒人不分性別，大都是中年以上，配偶健在，兒女雙全的親戚朋友。布依族人認為，為人做媒等於修橋補路，因此都熱心奔走而不接受金錢報酬。

媒人說親的主要禮物是蔗糖。第一次到女方家，帶三至五斤蔗糖。女方家不管是否同意結親，都不能輕易動用說親的蔗糖。要等媒人走後，第二天或找個有空的時候，將糖託人轉還男方家。過幾天或幾個月，男方家又託媒人再把此糖帶到女方家。如此三回五轉，最後女方家把糖收下，這叫「吃走路糖」。往返次數越多，越表示女兒珍貴。

「吃開口飯」與「背八字」

說親成功之後，男方家於吉日良辰正式請媒人將事先備辦的禮物送往女方家，舉行「吃開口飯」。女方家熱情接待，邀請家族長老陪同媒人進餐。從此雙方婚姻關係正式認可，結成親家，往還逐漸密切。「吃開口飯」後，時隔一年半載，就舉行較為體面的定親儀式。

訂婚後還要舉行一次「背八字」儀式，在做「背八字」那天，女方家用兩尺紅、藍色布將寫有女兒生辰八字的紙包好，放在神座前，然後由男方家選一伶俐兒童到女方家去取「八字」。女方家要用水潑他，兒童被潑得渾身溼透，引得在場的人捧腹大笑，而這兒童卻乘人不備，將「八字」拿到手，女方父母高興的當眾賞他幾塊錢和一斤米，以誇獎其能幹。接著雙方家長和媒人一起「過禮」。

婚禮進行曲——歡天喜地新人樂

奇特的接親——追打「鮑鼓」

所謂追打「鮑鼓」，就是追打男方到女方接親的人，在布依族，伴郎被稱為「鮑鼓」，伴娘則被稱為「婭鼓」。

結婚當天，新郎家派「鮑鼓」和「婭鼓」挑著糯米、酒內等前去迎接新娘。女方村寨中的女子、男子和孩子們，這時候可以舉行打接親儀式：用鍋灰去抹接親人，往接親人身上灑水……同時高聲叫喊：「把最好的穀種、菜種送給你們！」接親者面對「襲擊」反而興高采烈，因為「種子」預示著新郎新娘婚後會「早生貴子」，且暗示著將來會豐衣足食。這種熱鬧的場面要到接親者來到新娘家的門口才告結束。

搶硬幣分吉祥

第二天清晨，新娘打扮一新，由未婚的弟弟背上轎，到男方家後便拜堂成親。拜堂時席子鋪地，席下放著數十枚硬幣。拜畢，大家便一擁而上，爭先恐後的去搶席下被視為吉祥的硬幣。這時，群情鼎沸，熱鬧非凡，把婚禮的歡騰場面，推向高潮。然後新娘由伴娘陪伴入新房，晚上十點鐘左右開始鬧洞房。

婚禮結尾曲——畫上圓滿的句號

布依族新娘有坐家習俗，坐家的時間長短，主要看夫妻的感情而定，少則一兩年，多則三四年。隨著時代的變遷，現在坐娘家的時間已越來越短，有的乾脆婚後就生活在夫家。

「坐娘家」結束後，新娘就要常住夫家了，此時需要舉行戴假殼的儀式。假殼是形如畚箕的女帽，以竹殼為架，用青布包裹製成。由新郎的母親或嫂嫂抱住新娘，強行把假殼戴在新娘頭上，從此新娘就要常住在丈夫家裡了。

離婚．再婚——勞燕分飛各覓幸福

舊時布依族婦女沒有離婚自由，沒有財產繼承權。近代這種習俗已被廢除。

朝鮮族婚俗

朝鮮族是中國少數民族中教育程度較高、經濟發展較快、人民物質生活較好的一個民族。在中國的朝鮮族人，主要是十九世紀中葉由朝鮮半島陸續遷入的。主要分布在吉林省，其次在黑龍江省、遼寧省，還有些散居於內蒙古自治區。朝鮮族總人口為一百九十二萬三千八百人，吉林省延邊朝鮮族自治州是最大的聚居區。朝鮮族聚居的地區，特別是延邊地區，農、林、牧、副、漁業生產全面發展，以擅長在寒冷的北方種植水稻著稱，被譽為「北方水稻之鄉」。

朝鮮族有自己的語言文字：韓語（朝鮮語），一般認為屬阿爾泰語系。韓文屬音位文字類型。

民族婚俗——各有各的說法和講究

朝鮮族的婚姻制度是一夫一妻制。按照朝鮮族的傳統習慣，同宗、同姓不婚，表親之間不能通婚。這種禁止近親通婚的規定，是朝鮮族美德善俗之一，沿襲至今不變。過去婚姻都由父母包辦，早婚較普遍，也有招婿、童養媳等現象。並且婚禮通常分兩段進行，第一段在新娘家舉行，第二段在新郎家舉行。

朝鮮族傳統婚姻的程序一般包括議婚、納采、納幣、親迎等環節。議婚，相當於提親。納彩，就是訂婚。納幣，是指新郎家向新娘家送彩禮。隨後就要親迎，也就是舉行婚禮了。

婚禮前奏曲——「忙」並快樂的事

跟許多民族一樣，朝鮮族男女的接觸傳話，需要一個「媒人」。朝鮮族過去正式充當媒人的均為男子。媒人要衣冠整齊，言行合禮，能說會道。媒人要向女方家長介紹男方的年齡、學識、職業、家教等主要情況。女方若也同意，男方家就往女方送「四柱」。四柱就是在一張紙上寫著姓名和星辰宿象（出生的年月日時）女方再拿女子的四柱與之對「穹合」，所謂「穹合」就是指男女的屬相是否相順而不相剋。如二人生肖相合，女方就經媒人通知男方家，說兩個人的「穹合」相對，男方可「擇日」確定舉行婚禮的日期並送彩禮到女方家，一般要有「青緞」、「紅緞」等。

現代朝鮮族的婚姻，主要是古今合璧式。雖然以男女雙方情投意合為基礎，但還必須請有威望的親友去正式求婚。許婚了，要帶領新郎去女方家，從女方父母開始，按輩分行叩頭禮認親。這算正式訂婚。男方帶來菸酒糖果，女方擺上定親的飯菜，這叫喝訂婚酒。過一段時間，男方主婚人準備好禮品，帶領主要親戚去女方家認親，女方請來親友作陪。酒宴進入高潮，唱歌跳舞，祝賀訂婚成功。

婚禮進行曲——歡天喜地新人樂

㉂遞「婚函」吃「大桌」

當今，朝鮮族操辦婚事，一般是「女嫁」和「男娶」同時進行的，是一種中式的迎親形式和韓式傳統婚俗儀式相結合的混合體。在結婚這一天，新郎穿著禮服，戴著禮帽，帶著「婚函」由儐相陪同前往新娘家迎娶。新郎一行到新娘家以後，由岳母接受「婚函」。然後，新郎在新娘家男性親戚的陪同下接受「大桌」。

新郎在接受「大桌」前，首先要進行「遞單子」遊戲，新娘家的親友在一張紙上寫簡短的詩句和字謎，藉以試探新郎的才智。

「大桌」上除各種佳餚外，最顯眼而有特色的是嘴裡叼著紅色辣椒的一隻昂首而臥的公雞。雞象徵婚姻之喜，紅色辣椒表示吉利，籽多表示多子多孫，新郎新娘紅顏常駐。另一樣是埋著三顆雞蛋的一大碗米飯。飯中蛋寄託著祝願生兒育女、生活美滿之意。一般埋三顆蛋，新郎吃掉一半，另一半要留給新娘吃。「大桌」上的食品在大家共用之前，每樣都揀出來一些單獨包起來送給新郎的父母親眷，讓他們知道新娘家是如何款待新郎的。

踩麻袋和推木雁

朝鮮族婚禮上，最有趣的古俗當屬踩麻袋和推木雁。女方在新郎下馬的地方放一條麻袋，麻袋裡裝的稻穀之類的糧食，新郎下馬時第一腳必須踩在這個麻袋上，意味著將來新郎新娘婚後稻穀滿倉，生活富裕。

新郎來到新娘家後，被人領到「新郎房」前院，地上鋪有席或者毯子。當伴娘把繫有白綢布墜子的扇子交給新郎，把木製雁放在新郎面前時，新郎要行一次禮，然後跪下來用右手握扇，用扇推雁，一直將雁推到「新郎房」台階結束。

推雁時如果不小心，沒注意，而把雁推翻，說明新郎不靈巧、笨拙。新娘家鋪席時往往有人在席子暗處弄些名堂，想讓新郎把雁推翻。所以新郎推雁時往往假裝用扇子推，實際用手推，以避免推倒，但不能讓別人看出來。

對於新郎推木雁這種儀式，歷來有很多說法，有一種說法很流行。據說，雁一生只配偶一次，以後形影不離，不管是雄還是雌，如一方先死，另一方不再配偶。在婚禮上推木雁，比喻今後要像大雁一樣比翼雙飛、永不分離。象徵著愛情忠貞不渝，白頭到老。推完雁，進「新郎房」就坐。吃過飯，新娘和新郎一起向父母與親戚行禮告別，新郎騎馬回轉，新娘坐轎跟著。

交拜禮與合巹禮

當新娘到新郎家時，新郎的親朋好友往新郎和新娘坐的轎子上撒鹽或者撒豆，防止新娘把「邪氣」帶進家裡。

新娘由女方家男性長輩攙扶到新郎家正廳，廳內交拜桌上陳設青松翠竹和栗子、紅棗等果品，還要放上一對活雞。大紅棗是生活美滿之意，栗子是多生兒女之意。母雞和公雞是和睦相處恩恩愛愛之意。新郎朝南，新娘朝北跪下洗手，取一生過得心身乾淨的意思。一同起立。這時新郎揭開新娘的蒙頭紅紗並向新娘作揖。新郎新娘互拜一次，之後新娘向新郎拜兩次，新郎回拜一次。

接下來進行的是合巹（ㄐㄧㄣˇ）禮，也就是喝合巹酒。巹是把蘋果大小的葫蘆剖成的小瓢。合巹酒要飲兩次，一次是「行砂杯酒」，再次是「行瓢杯酒」。用瓢喝酒是象徵兩人從此一體一心。

特殊的婚禮——歸婚禮

朝鮮族有一種特殊的婚禮，如果一對夫妻結婚六十週年依然健在，且子女中無人夭折，同時擁有孫子、孫女，就可舉行歸婚禮。

歸婚禮比普通婚禮盛大很多。這一天老兩口穿著結婚時穿過的禮服，接受擺滿山珍海味的婚席。老人的子女、親戚按輩分遠近，年齡大小依次向老兩口敬酒並跪拜以示祝福。隨後，幸福的兩位老人坐上一輛婚車，繞村一周，左鄰右舍、男女老幼紛紛前來祝福，祝福他們健康長壽。大家縱情歌唱舞蹈，十分熱鬧。

婚禮結尾曲——畫上圓滿的句號

禮後舉行婚宴。新人的親友會在舞台上邊歌邊舞《阿里郎》，將愉悅心情帶給每個來賓。現代婚姻，入洞房前要舉行娛樂晚會，盡情玩鬧、唱歌跳舞。入洞房後，按傳統習俗要送來用篩子裝的食品，夫妻共餐。頑皮的年輕女子多會湊在門縫邊偷看、偷聽他們怎麼吃，說些什麼。上炕前新郎必須為新婦解開襖帶。因此朝鮮族婦女慣以「解襖帶人」稱呼白頭偕老的丈夫。

婚後第二天，新娘要在夫家做早飯，秀一秀廚藝。早飯後要行「舅姑禮」。新娘把預先準備好的禮物（也叫禮緞）拿出來，一一贈給公公婆婆和小叔、小姑及近親。最後，把禮物贈給新郎，然後兩人互相對拜。

第三天，新娘伴著新郎，帶上豐美的食品，雙雙回娘家。

離婚．再婚——勞燕分飛各覓幸福

朝鮮族結婚後一般都不離婚，他們在婚禮中舉行獻木雁的儀式，象徵夫妻白頭到老的願望。現在離婚按法律程序進行。

侗族婚俗

侗族，民間多稱「侗家」。人口數為兩百九十六萬零兩百九十三。分布在貴州省、湖南省和廣西壯族自治區毗鄰的地區，其中貴州省黔東南苗族侗族自治州是主要聚居地。侗族喜歡聚族而居，大的村寨五六百戶，小的村寨也有三五十戶。主要從事農業，兼營林木。

侗族的語言為侗語，屬漢藏語系壯侗語族侗水語支。有南北兩個方言。侗族原無本民族的文字，使用漢字。一九五八年以侗語南部方言為基礎，以貴州省榕江話為標準音，採用拉丁字母創設了侗文。現在大部分通用漢文。

民族婚俗——各有各的說法和講究

侗族婚姻都是一夫一妻制。婚姻有三種形式：父母包辦、自由結合、搶婚。近代搶婚現象已絕跡，包辦婚姻在邊遠地區仍有發生。從婚偶的選擇看，侗族婚姻一般以自願為基礎，大多數地方都不講究年庚八字，對財產、門第、貞操等也不看重，考慮較多的是勤勞與否，有無親族等情況。跟苗族一樣，歷史上侗族地區「養女還舅」之習俗，舅爺對姑表姪女，有優先娶為兒媳之權。女子婚後有不落夫家的習俗。一九五四年以後，由於法律的宣傳和貫徹，這些習俗有了很大改變。

婚禮前奏曲——「忙」並快樂的事

「行歌坐月」唱情歌

侗族男女青年的戀愛是自由的。他們一定年齡就開始社交「行歌坐月」（談情說愛），一般都是農閒季節盛行。很多侗寨有專門的「月堂」，所謂「月堂」，那就是寨子的公房，它的建築形式，一般是不經過什麼裝飾的一幢低矮的吊腳木樓。

當傍晚來臨時，寨子裡的男子有的拿著自製的琵琶，有的提著牛腿琴朝月堂方向走來。晚上，他們踏著從竹林裡或榕樹上篩落下來的斑斑點點月光，一面彈著和拉著琴弦，一邊哼著邀約歌，從他們喜愛的女子吊樓下走過。

琴聲歌聲如果打動了女子的心，她們便急忙放下手邊的工作，推開窗子往吊樓下窺視，若是自己喜歡的人，就比手勢，示意他可上樓。否則就急忙將窗戶關起來不去搭理。假若那男子不肯離開她的吊樓、吹口哨、呼喊，或用竹竿敲打她家的窗子和牆壁。脾氣好的女子雖然不作聲，但家裡的老人卻要出來替女兒干涉了；如果連父母都勸不走他們，女子一是關門不理睬，二是舀一瓢冷水從窗子上潑下來，意思是叫你快走開。

「行歌坐月」父母是不會對其阻攔的。因為他們覺得兒女談情說愛是有人看得起，臉上光彩。他們所唱的情歌都是即興而編，脫口而出的，歌裡充滿著謙虛、禮貌和真誠。透過這種「行歌坐月」的活動來了解彼此，不斷增進感情，如果男女雙方都對對方很滿意了，接下來就可以訂婚了。

踩後腳跟試情意

「踩後腳跟」表達愛情的傳統習俗在貴州東南一帶侗族流行。男子若是看上了哪位女子，他就會在趕場的時候，悄悄的跟在對方身後，故意踩一下對方的後腳跟。對方被踩了，回過頭來覺得這個男子不錯，便會跟著對方走，一直到走出場外，兩人悄悄細談。如果自己不中意，便裝做不知道的樣子不予理睬。

一般情況下，男子踩了女子後腳跟之後轉身就走，走到場口時再回過頭來，看那被踩的女子是不是跟著來了，要是跟著來了，自然是有了情意，便高高興興的去講日子；如果被踩的人沒有跟著來，就說明對方另有心上人，不可勉強，於是便重新返回場壩去，另覓可以踩後腳跟的人。

㉔「搶雞頭」公平競爭

「搶雞頭」是對千百年來「女還舅家」習俗的折中辦法。如果姑家的女兒不願嫁到舅家，便可依據老規矩，由女子的父母出面，抬出家裡最好的米酒，擺上糯米粑粑，把母舅兩寨的「嘎佬」（最受尊敬的長老）請來當仲裁人，在女方寨子的鼓樓前、坪地上或蘆笙堂等節日活動場所擺開陣勢，女子舉起一隻活公雞，等著舅家的表兄弟和其他想娶她的男青年一塊來搶雞頭。若某位男青年能夠用嘴把女子手上那隻大活公雞的頭咬下來，或咬出鮮血、咬死，他就可以娶到這位女子。

每當這時，寨子的鄰里鄉親像過節似的都來助威、看熱鬧，平常與女子玩得來、又想與女子結為秦晉之好的男青年，無不抓住這個難得的機會，從四面八方趕來搏一把。

現在，「搶雞頭」作為一個約定俗成的節目，在婚禮中起到調節氣氛的作用。無論結果怎樣，舅家的人都無話可說。這種以節日為形式，以娛樂為內容的調解婚姻矛盾的辦法，實在是侗民族的一個獨特的民俗。

婚禮進行曲——歡天喜地新人樂

十二碗「離娘粑」

侗族男女互相喜歡後，女子會背著父親到土地婆（女子的嫂嫂或嬸嬸）家裡去做粑粑。幽會時，女子唱完優美的情歌後，將十二對雪白的粑粑送給男友，以表達她一年十二個月對男友的相思之情。男友吃了女子的粑粑後，到下一次幽會時就要回送給女子十二包糖作為酬謝。

侗族人結婚多數選在春節期間舉行。春節前後，許多新婚夫婦雙方家庭都要舉行隆重的婚慶活動。

在婚禮開始的前一天晚上，寨上的女子和年輕婦女要連夜趕做十二對碗口大的「離娘粑」，以表示新娘新郎年年十二個月生活美滿，並不忘父母的養育之恩。離娘粑被接親人帶到婆家，切成細片和油茶拌在一起，在婚禮的酒宴上吃，以讓人們感受快樂和幸福。

火把迎親與新娘擔水

部分地區的侗家有「夜娶」、「夜嫁」的習慣，這跟苗族婚俗有些相似。娶親一般都是深夜。迎親的男子每人舉著一個火炬，吹鼓手奏起嗩吶敲響鑼鼓，每經一道「歌卡」，都要對歌。迎親時新娘右手要舉一把桐油紙傘（據聞可避邪），在鼓手熱烈歡快的吹奏下上路。

新娘被接進村子後，最有趣的情景是新娘擔水。新娘擔水非常詼諧喜鬧，往往有個半大女子作陪（帶路），新娘剛剛過去，身後便傳來男子的歡呼聲，羞得新娘臉頰飛紅。其實，新娘喜歡這樣，如果新娘擔水沒有人來看，那對新娘來說是非常尷尬的事。

此外，陪同新娘的女子還要為新娘卸桶舀水，而且象徵性只舀兩半桶，然後幫新娘提水上肩，這除了表示盛情外，新娘確實穿戴太多，更重要的是，水擔多了，礙新娘抬腳擺手，損模損樣。因之其故，也招來一些黃口小兒，遠一聲近一聲，如唸如喝的：「二村妹嫁阿哥，酸魚糯飯吃得多，擔水不滿桶。講給阿哥聽，下次你敢不擔多……」大人佯裝嗔怪那些孩子：「嘴上無油鹽貨（瞎說的意思）……」有的拿著竹梢去趕他們，他們像不怕生的小鳥，這邊趕，那邊又唱起來，這些都為婚禮增添歡樂的氣氛。

鬧新娘油茶給「針線錢」

鬧新娘油茶是婚禮晚上的節目，非常有趣。村裡的後生一走進火塘，知趣的公公婆婆悄悄溜走了，新娘也藉故躲進了新房。這時，後生互相擠眉弄眼，暗送「秋波」，一會兒，說的說，嚷的嚷：「不打油茶，『響雷』了！」於是，一陣陣腳步聲，木樓板被跺得「嘭嘭」的響，跺累了，又放鞭炮，鞭炮未停響聲又起：「我們想吃油茶啦，新娘快出來打油茶呀！」

如果新娘這時候還不出來，男子就燒起旺旺的大火，架上鐵鍋，不放水，不放油，把鐵鍋燒得紅紅的，有人勸有人嚷：「不要添柴加火了，鍋頭裂啦！」這一招真靈，許是新娘怕燒壞婆家的鐵鍋，便打開房門，假裝又氣又無奈的走出來。眾男子見到新娘，個個雙手抱膝，端正而坐，表現出憨厚老實的模樣。

飯豆、糯米糰、豬肝、粉腸等食材早已經準備好了，新娘不費多大工夫就將一碗碗香噴噴的油茶捧到客人面前。新娘油茶，人吃三碗，吃完最後一碗，後生悄悄掏錢，錢不在乎多少，而在乎誠意。於是，喝茶人將這份小禮或放碗裡，或壓碗底，或架在筷子上。叫做新娘「針線錢」。

婚禮結尾曲——畫上圓滿的句號

吃完喜酒，鬧畢油茶，或三天，或五夜，新娘就要歸寧了。新娘歸寧前還要打一次油茶，謂之歸寧油茶，亦稱女子油茶，婆家幾乎把全村寨的婦女請來。這次油茶由新娘掌鍋把勺，誰能吃上，都視為婆家看得起自己，讓自己分享到一份幸福。

送新娘歸寧時，新郎不得隨行，而由新郎家的兄弟姐妹和親朋好友挑著彩禮，不論颳風下雨，按時從新郎家出發，少則四、五十人，多則七、八十人，組成浩浩蕩蕩的送親隊伍，送親的隊伍越長，表示新郎家的家業越興旺。

當天夜晚，送親的人們和女方的族內兄弟、親戚朋友同喝「歸寧酒」，舉杯同賀。共慶新郎新娘結秦晉之好。貴州侗族的一些地區還有「三歸寧」的習俗，即婚禮後新娘在夫家和娘家之間來回三次（第一次來只住一夜，第二天清早就跑回娘家）才能常住夫家。

離婚．再婚——勞燕分飛各覓幸福

婚後，如果夫妻感情不合，雙方均可提出離婚要求。黎平、從江一帶有些村寨，女方提出離婚，只要挑一擔水到夫家，對其父母說句「我今後不能來服侍您老人家了」之類的話，就算離婚了；男方要求離婚，則砍一批柴到女方家說句「望妹另找好人家」等語，從此算離婚。

在侗族的一些村寨裡，離婚手續是象徵性的，媒人用男方家的破飯簍裝飯和魚給女方吃後，將飯簍扔掉，表示各奔東西，不再往來了。但由女子提出離婚的，一般還得賠償男方的彩禮錢。鰥夫可以續弦，寡婦可以再嫁，也可以轉房給丈夫的弟弟等。

瑤族婚俗

瑤族，主要分布在廣西壯族自治區，湖南、雲南、廣東、貴州等省也有分布，居住形式為大分散、小聚居。瑤族人口數為兩百六十三萬七千四百二十一。主要從事山地農業。

瑤族有本民族語言，屬漢藏語系苗瑤語族瑤語支。瑤語是三種語言的總稱，包括勉語、布努語、拉珈語。各地瑤族人的語言差別很大，往往不能互相通話。沒有本民族的文字，一般通用漢文。瑤族人通常能用壯語和漢語。

民族婚俗——各有各的說法和講究

瑤族的婚姻形式為一夫一妻制。重舅權，有姑舅表婚的習俗。過去普遍實行族內婚，嚴格禁止血緣內婚，通婚的範圍較窄，如排瑤（瑤族的支系）只在八大排內通婚，也少與過山瑤（瑤族的支系）通婚。近代族內通婚解禁，與漢、壯民族或瑤族不同地域，不同支系之間相互通婚者逐漸增多。

男子入贅的婚俗比較常見。沒有男孩的家庭，常招婿上門，有的家庭雖有男孩也要招婿上門，有的瑤族地區，甚至把男子全部「外嫁」，而把女兒留在家裡招婿上門。直到現在，瑤族地區招婿上門的情況仍然相當普遍，上門女婿受到社會尊重，女兒有家庭財產繼承權。

瑤族還有男子入贅從妻居的婚俗。如果男方從妻居，則婚禮有所不同，但婚禮中含有大量的歌唱、答對等，則是相同的。從妻居的時間分為三種：終身——需要改姓；十二年——不改姓，但有權分享妻家財產；六年——無權享受妻家財產。

婚禮前奏曲——「忙」並快樂的事

鮮血代表愛情

瑤族支系眾多，各地區的婚戀習俗不盡相同。在雲南綠春瑤族的居住區，定情時，按照祖上傳下的規矩，男女雙方一定要在對方的手上咬一口。

這咬一口還有很多講究，咬重了說是狗咬；咬輕了，表達不了對情人的愛。這一口還必須往手背上，咬手背又不得咬著凸起的骨節處。假若咬的規模位置都合規定、入情理，使對方流出了鮮血，表示戀人的情意已經溶入對方的肌體和血液裡。再加上互往手上拴了紅、藍絲線（男為女拴藍或黑絲線，女為男拴紅絲線），這樣，男女雙方就等待良辰吉日，締結婚約。

茶山瑤的「爬樓」

茶山瑤的位置一般都依山傍水，較大而集中，其住宅均為兩層木樓。清靜的吊樓是成年女子交往活動的場所。

「爬樓」是一種饒有風趣的戀愛方式。每當吊樓披上了朦朧的月光，女子便在一起繡花織帶。有心的男子在巷道裡以歌代話，表達自己的愛意。如果來者是女子的意中人，吊樓的門就會在歌聲中悄悄打開，這時勇敢機智的男子就會靈活的攀木而上。當然，熱心的女子少不了在樓上助男子一臂之力。但也有吃閉門羹的，但他們不惱不怒，而是自我解嘲的唱道：「我想妳多麼辛苦，阿香哩！我想妳吃不下飯喲，一餐三大碗；我愛妳睡不著覺喲！一覺睡到天大亮……」。吊樓裡的女子被這善意的歌聲逗的大笑。然而，吊樓裡的男子也不一定十拿九穩，還得靠其他女子的幫忙和自己的努力。

如果男女雙方情投意合，吊樓裡便只剩下一對情侶，相依一起，互吐情愫。日後男子再來「爬樓」，便帶著女子的彩線，而女子則會把用心編製的草鞋送給男子，作為愛情的信物。

青褲瑤「鑿壁探婚」

貴州荔波縣青褲瑤男女戀愛頗為奇特，實行「鑿壁探婚」。當女兒長到十四、五歲時，父母就將其安置到「探婚房」裡獨自居住。「探婚房」一般建在臨近道路或田野的地方。在「探婚房」牆壁的中央，鑿有一個小手指頭大小的洞，叫做「探婚洞」。洞口的高低，正好與女子的床鋪平行，對著女子的枕頭。

若是哪個男子看上這家女子，便在夜深人靜之時，溜到「探婚洞」外，用一根鉛筆大小，兩尺左右長的小竹竿或圓形小木棍——「探婚棒」，摸索著伸入「探婚洞」內，輕輕攪動，將已經入睡女子喚醒。然後就傳遞情話。如果女子對男子有好感，便點燃油燈，打開大門，將男子請進屋來，輕聲細語，互敘衷腸。情投意合則會通宵達旦，並定下終身。告知雙方父母，男方家便託媒人去女方求婚。若獲准，女子的「探婚洞」也就堵上了。

有意思的是，如果女子不理，男子就一個洞一個洞的探，有的一夜連探幾個洞都毫無結果。而有的女子「探婚房」牆上的「探婚洞」也因男子的頻繁光臨，被逐漸摩擦而變得越來越大了。

婚禮進行曲——歡天喜地新人樂

新郎遭「打」挨煙熏

瑤族的婚禮非常熱鬧和具有民族特色。按習俗，男女雙方均擺酒席，請親朋好友來喝喜酒，去接新娘時，男方去的人不多，一般只有三人，新郎、媒人和撐傘人。這天，新郎新娘都得打扮，穿上本民族的婚典衣服。

新娘的打扮尤其講究，既要莊重，又要顯示富有，披銀帶花，十分漂亮。

當接親的新郎來到新娘家門時，新娘家組織多名能歌善舞的女青年，拉著彩帶攔住新郎對歌，這叫「對婚歌」。對歌的當下，全村人都來看熱鬧。歌對好了，還不能通過，要由媒人分給攔路對歌人一定的「吉慶」錢。這樣才能讓新郎一行過去，此時看熱鬧的人團團圍住新郎，爭相用手去拍打新郎的肩頭，撐傘人即用傘擋護新郎，不讓人們拍打著新郎。據說要是誰拍打著新郎的肩頭，預示未來會有好運，事事順心。

新郎進到新娘家後，就要向新娘父母行禮拜堂，之後又被人帶到廚房裡進行「暈煙」考驗。此時新郎得在燒得煙火繚繞的火灶邊站上幾分鐘，這樣意味著增強新郎的意志，好讓婚後夫婦能經得住任何艱難困苦的磨煉，共同創造美滿幸福的生活。

接下來，新郎要帶新娘回自己家，此時新娘要去屋中向父母行拜禮，以謝父母的養育之恩。然後由哥哥背出家門，這就是瑤族婚禮的「哥哥背妹妹出嫁」。哥哥把妹妹背到回頭望不見家門的地方才放下。據說，這表示著全家人祝願閨女出嫁後能與新郎恩愛一生，白頭偕老。

吃門板飯、流水席

瑤族的婚宴也別有特色，通常是用門板一塊接一塊搭成長龍式的飯桌，客人先來先吃，有酒量的人要陪著剛來的客人不下席。瑤族群眾的婚禮格外重視雙方的主要親戚，就餐時需要按輩排序。新郎新娘和新娘的父母在婚禮上有特定的用餐。在拜堂時，茶盤上擺著的那四塊豆腐就只能由新郎新娘享用，新娘父母吃的則是一塊約有半斤重的精豬肉。

瑤族的拜禮也很有特點，可以不拜父母，但必須要拜先祖和媒人。傳統中，新郎新娘在婚禮當夜對所有客人都要有三十六拜，客人接受了新郎新娘的這三十六拜才會入座。

之後，年輕男女翩翩起舞，縱情歌唱，祝賀新郎新娘美滿幸福。

婚禮結尾曲——畫上圓滿的句號

婚禮的第二天早上，新娘邀請全寨同姓的女子及年輕太太到家來吃一頓家常便飯。下午，全寨的女子太太又分別請新娘吃一餐粗茶淡飯，表示從此互相結識，和睦共處。

在婚禮的三天以後，新娘由男方寨裡的幾個年輕女子陪著回娘家。娘家由母親磨豆腐款待。新娘回到娘家，她的父親和家中所有的男人都要迴避，不能和新娘見面。飯後，新娘又與陪同來的女子一道回新郎家。新娘回到新郎家稍作休息後，又獨自一人回娘家住宿。新娘在娘家住過這一宿後，就到夫家長住了。

再過十天後，娘家兄弟（或者嫂妹）挑著五、六斤重的糯米飯，一大塊圓形的糯米粑，幾斤酒、幾斤肉，到男方家去認親，男方家熱情接待。當客人離開時，男方家要回贈多於女方挑來數量的同樣禮品。三天後，新娘新郎兩人一道去女方家歸寧，拜望岳父、岳母，整個婚禮到此便宣告結束。

離婚．再婚——勞燕分飛各覓幸福

過去，離婚被瑤族視為嚴重的事情，雙方實在不能和解時，需請族中年長父老裁決，否則會受到寨民的譴責。雙方自願離婚者，離婚時，當事雙方各攜砍柴刀一把，竹簡一節（或蒲木片一節），遠離村寨，到山上把竹筒砍成兩半，各執一半，立即向相反的方向走開，表示各走各的路，永不回頭；或以絲線一節，用刀裁斷，各執一截，表示一刀兩斷。

如果一方主動提出離婚，而另一方不同意，則主動提出離婚一方須退賠另一方結婚時的部分禮金。瑤族夫婦一經離婚，雙方都有再婚的自由，男女任何一方不得干涉。寡婦在瑤族觀念中受到同情，如寡婦要改嫁，一

令人理解不能的婚俗

突破想像的婚嫁趣事

般沒有非議。

白族婚俗

白族，主要聚居在雲南省大理白族自治州，其餘分布於雲南各地、貴州省畢節地區及四川涼山州。白族人口數為一百八十五萬八千零六十三。有九成以上的人口從事農業生產，善種水稻。手工業較為發達。

白族使用白語，屬漢藏語系藏緬語族。絕大部分居民說本族語言，通用漢語文。歷史上的白族深受佛教與道教的影響，至今白族民間仍信仰佛教、道教。

民族婚俗——各有各的說法和講究

白族婚姻形式基本上是一夫一妻制，除同姓同宗不得結婚外，本民族內部或與其他民族之間都可通婚。過去各地婚姻多為父母包辦，媒人說合。婚姻一般由父母包辦，要門當戶對。訂婚要測算生辰八字，彩禮較厚重。從前盛行早婚，也有童養媳的習慣。現在雖隨時代的發展有很大的改進，但至今還保留有傳統的古老的風情習俗。

白族的婚姻形式除了嫁女和招贅，還有一種叫做「捲帳歸寧」。男女雙方結婚後七日，妻子帶著丈夫攜帳子、被褥回女方家居住。因為女方家雖有兄弟，但年齡太小，父母年邁，只好「捲帳歸寧」來贍養老人和照顧年幼的弟妹。等弟弟長大結婚後，男方這才帶著妻子回到男方家生活。

婚禮前奏曲——「忙」並快樂的事

燭燈和樹枝探姻緣

每年農曆八月十五，住在劍湖附近的青年都會在黃昏時分划著小船來到劍湖湖心，尋找意中人對唱調子。唱到一定時候，男子會將預先準備好的燭燈點燃後放到湖面上，任其隨風飄蕩。燭燈漂到哪個女子的船頭，如果女子把燈澆滅，說明女子不願接受男子的追求。如果女子高高興興的接住燭燈，男子就可以把自己的船和女子的船靠攏，並跳上女子的船，與其對唱「搭橋」調。接下來兩人可以透過對歌進一步發展。

白族支系的那馬人青年一般從十六七歲開始談戀愛。那馬男子要是看中了一位女子，他就會千方百計探尋該女子經常走的山路。等女子出來時，男子就躲在岔道口，摘一把樹枝，放在岔道正中，頭朝著自己要走的方向。當女子走近時，男子一邊向前走，一邊不時向後觀察女子的行為。

如果女子在看到岔道口的樹枝和前方的男子之後，朝樹枝的方向走，則表示她同意男子的求婚。如果女子不朝樹枝所指方向走，說明她不接受男子。男子在前面看著，對女子的態度也就非常清楚了。

四鼻子草鞋心連心

「要想知道十八歲的男子有沒有對象，就看他的腳上有沒有穿著四鼻子草鞋。」這是在那馬人當中還流傳的一句話。由此可知，在那馬人的戀愛婚姻中，四鼻子草鞋起著重要的作用。舊時，由於經濟條件所限，一般那馬人穿著很簡單，身穿麻布衣，腳蹬草鞋。女子到了一定年齡，自然會向意中人表達心中的愛。由於沒有像樣的禮物贈送，他們就充分發揮聰明才智，憑藉勤勞的雙手，暗中編起草鞋送給心上人。

那馬人還流傳著這樣的民歌：「爹媽生我就是窮，沒有錢米送情郎。情哥不嫌小妹醜，送你四鼻子心連心。」女子到了十四五歲，就會學著編草鞋，如果編不出像樣的草鞋，不但男子看不起她，就連父母也罵她沒出息。因此，每當女子有了心上人，就開始編起精巧別致的四鼻子草鞋，然後送給心愛的人。

草鞋分兩種，一種是送給兄弟姐妹、親戚朋友的，這種草鞋鼻子只有兩支，繫在腳尖那一段。一種是專門送給情人的，在原來的兩支鼻子上再加上兩支，變成四腳落地四支鼻，象徵兩個人結合，四腳落地，四支鼻子連成一顆心。

婚禮進行曲——歡天喜地新人樂

◎放響炮與搶枕頭

居住不同地域的白族，其婚禮也有很大差異。但是都辦得十分隆重而熱鬧。大理白族的婚禮。實際上在結婚的前一天就已經開始了。這天晚上，男方家的天井裡燃起火光，屋裡屋外擠滿了人。白族的民間藝人被邀請到婚禮上演唱「大本曲」和「吹吹腔」。三弦聲嗩吶聲響成一片，裡裡外外充滿了歡樂氣氛。藝人更是施展渾身解數，使氣氛更加熱烈，這被稱為「婚前踩棚」。

當第二天迎親日期來到時，新郎會在嗩吶和鑼鼓聲伴奏下來到新娘家門口。這時，新郎會摸出三顆蠟丸，一個接一個的向新娘家門口的石墩上砸去，發出三聲巨大的炮響。原來這是他們自製的土炸彈。炸彈的硝煙未散，男子端著裝有香菸、酒、茶、糖的大茶盤，向客人一鞠躬，把客人迎進去。在新郎接了新娘回到自己家後，一進男方家門，新郎新娘就搶著往洞房中跑，看誰先強搶到洞房中的枕頭，預示誰就是將來當家說了算的人。

令人理解不能的婚俗

突破想像的婚嫁趣事

新娘被才吉利

按照白族的風俗，新娘來到新郎家時，參加婚禮的一些小孩子會圍攻她。他們往往會蜂擁而上。一邊朝新娘撒米花，一邊爭著用手去掐新娘。這是為了吉利。但只能掐三次，否則是失禮。「掐一把喜洋洋，掐兩把幸福長，掐掐扭扭鬧洞房」，直到把新娘子的臉掐紅掐紫，掐得越狠表示對新人祝福越深。即便是掐痛了，新娘也不能生氣。不過新娘也早已做好了準備。緊急時，她會拿出一把剪刀來自衛。膽小的孩子還真不敢上前。這是保證相對安全進入洞房的一個辦法。

酒加辣椒親上加親

新郎新娘進入洞房後，首先要喝辣椒酒。辣椒酒非常難下嚥。在白族語言裡，「辣」與「親」的發音相近，酒加辣椒意味著親上加親。新郎新娘共飲辣椒酒，表示親親熱熱。有的地方還將辣椒末撒進火盆裡，辣煙四起，嗆得人們喘不過氣來。新郎新娘吃喜麵時，按照白族風俗也要放很多辣椒。

白族婚禮上有一項特別的婚俗，吃「東坡肉」。肉是用紅麴米染的。事先用麻稈串好，放在碗裡讓新娘吃。新娘用筷子去夾，一夾就是一串，根本無從下嘴。這是又是新娘早已預備好的剪刀發揮作用。新娘乘人不備，迅速拿出剪刀遞給新郎。新郎將麻繩剪斷，使鬧新房的人的陰謀失敗而終。

先苦後甜三道茶

三道茶是雲南大理地區白族招待賓客的一種獨特的飲茶方式。在大理蒼山下、洱海邊，茶樹遍地可見，人們講究喝烤茶，年輕的女子都有一手烤茶的好技藝；在婚嫁禮儀中，新郎新娘更有敬烤茶、敬三道茶的傳統習俗。

首先，新婚的兒媳一進門就要向公婆敬上一杯冒出繡球一般的沫花的烤茶，這是評價新人的重要標準之一。其次，便是向客人敬三道茶。參加鬧洞房的人不論是新郎的同輩以及長輩或晚輩，在這裡都一視同仁，毫無顧忌的鬧，「越鬧越熱」，「越鬧越發」。按照本民族的規矩，新郎新娘向客人敬三道茶時，第一道是苦茶；第二道才是加了紅糖、果仁的甜茶；第三道則是用揉碎的牛乳片和紅糖的乳茶。即所謂「一苦、二甜、三回味」，在敬三道茶中充滿著人生哲理的內涵。

婚禮結尾曲——畫上圓滿的句號

白族新人婚後第一個街天，新娘則要去趕新街，一買柴火，取招財進寶之意；二買鮮魚，取年年有餘之意。趕新街買菜的錢由新娘私房錢支出，晚飯則由新娘下廚做「謝客飯」，三親六戚吃了晚飯才各自回家。

在第三天「歸寧日」這一天，新娘的父母要接女兒女婿回家吃頓飯；到了婚後第七天，新郎新娘還得去本村本主廟拜祭本主，祈願闔家平安、早生貴子，這叫「頌平安子」。

離婚．再婚——勞燕分飛各覓幸福

按照白族的婚俗，如果丈夫去世，妻子可以一生守寡，也可以改嫁，但改嫁時不得帶走前夫的家產。在個別地區，還有轉房的習俗，兄死後，嫂嫂可以嫁給弟弟，稱為叔就嫂，但這種現象現在已很少了。

土家族婚俗

土家族自稱「畢茲卡」，意為「土生土長的人」。主要聚居在湖南湘西土家族苗族自治州，湖北恩施土家族苗族自治州。此外，四川省的石柱、秀山、酉陽、黔江等縣也有分布。土家族人口數為八百零二萬八千一百三十三人。土家族主要從事農業。織繡藝術是土家族婦女的傳統工藝。土家族在經濟、文化的發展上受漢族影響較多，但也保留有自己的特點。

土家族使用土家語，土家語屬漢藏語系藏緬語族中的一種獨立語言。但目前只有幾個地區還保留著土家語。土家族沒有本民族文字，通用漢文。

民族婚俗——各有各的說法和講究

土家族的婚姻為一夫一妻制，過去有姑舅表婚和填房婚的風俗。姑舅表婚也叫「還骨種」，在土家族中比較普遍，有「姑家女伸手取，舅家要隔河叫」之說。土家族在歷史上還有同姓為婚的風俗。土家族在同姓為婚的問題上十分謹慎，僅限於同姓不同宗或五服以外的通婚，嚴禁五服以內通婚，否則會被視為大逆不道。

土家族人的婚姻是比較自由的，男女原多對歌戀愛結婚。在恩施石窯、大山頂等地，有「女兒會」的習俗，即每年農曆七月十二日，青年男女透過「女兒會」，自由戀愛，結為夫妻。

婚禮前奏曲──「忙」並快樂的事

繡個香袋送情郎

湘西土家族有一首情歌是這樣唱的：「一更裡兒等郎來，土家姑娘繡香袋，香袋繡起妹心意，揣在郎腰掛在懷。」

由此可見，香袋是土家族青年男女的愛情信物。過去土家族男青年得到女子送的香袋，就等於得到了女子的心，男方請媒人去求親就十拿九穩了。香袋又叫鴛鴦荷包，通常上面繡有鴛鴦戲水、鯉魚跳龍門等，表達著土家族女子渴望幸福、渴望自由的美好心願。

織「打花鋪蓋」迎嫁期

在土家族習俗中，土家女子從十一二歲起就開始學習彩織。女子結婚時必須有自己織出的打花鋪蓋作嫁妝。因而，土家女子在婚前的日子裡總是起早貪黑，精心製作她心愛的打花鋪蓋。「打花鋪蓋」又稱「西蘭卡普」，是一種土家錦。以其獨特的工藝和美妙的構圖被列為中國五大織錦之列。

關於打花鋪蓋，在土家族社會裡流傳著這樣一個傳說：遠古時代，有一位心靈手巧，穿針引線，織了有一百種花朵圖案的西蘭卡普。後來，受到了嫂嫂的嫉妒，誣陷她夜裡出門私會，敗壞門風，挑唆其哥，將她殘害了。噩耗傳出，土家族女子非常思念她，把她織的彩錦取名為打花鋪蓋，並成了土家女子的嫁妝。現在打花鋪蓋一般用三塊西蘭卡普連綴而成。

在湘西地區的土家族青年男女中，香袋是他們的定情的信物。一般由漂白絲布作為袋面，紅布作為袋裡，上面繡著「鴛鴦戲水」等圖案。如果男子得到女子的香袋，就等於得到了女子的心，男方去提親胸有成竹。

豬腿傳遞婚期

土家族青年在訂婚期間，女子一般會仔細查看情郎帶來的背簍，看裡面豬腿傳遞的資訊。因為那結為良緣的豬腿，是巧傳婚期的暗號。

這裡面有一些說法。豬腿若光亮無暇，表示男方尚未擇定他們的婚期；若靠腳處有一吹氣的窟窿（土家殺年豬，在肥豬的後腳上用尖刀割一小口，吹氣鼓脹，用以褪毛），則暗示男方來催（吹）親來了，要女方做好出嫁的準備；若豬腿上帶有豬尾巴，則表示今年的農事忙得差不多了，豐收後這門婚事就要了結收尾了；若女方家來不及辦理出嫁的事或一時捨不得女兒離開，就把那條生豬腿上的尾巴砍下來，放在回贈的禮物中，男方看到後心裡就明白了。

婚禮進行曲——歡天喜地新人樂

迎親的小夥成「包公」

湘西地區的土家族女子在出嫁的那天晚上，有鍋灰塗抹「摸米」（代替新郎迎親的男青年）的風俗。接親隊吃過酒飯，天將黑時，女方的一些年輕女子便三三兩兩的找「摸米」要哭嫁粑粑，並藉口哭嫁粑粑少了，紛紛往「摸米」臉上抹鍋煙。「摸米」怕被抹黑臉，只好設法躲藏。男女戲謔，鬧成一片。據說，被摸黑的男青年越多，被女方女子愛上的青年就越多，新郎新娘就會更加相親相愛，幸福偕老。

「十姐妹歌」傷離別

一般情況下，土家女子在十一二歲時就開始學哭嫁。在出嫁半月之前，由「伴嫁」相陪哭嫁。地域不同，

◆土家族婚俗

婚禮進行曲——歡天喜地新人樂

哭嫁內容也各有特色，一般有「女哭娘」、「娘哭女」、「姐哭妹」、「妹哭姐」、「罵媒人」等幾個部分。「開哭」時，是在輕歌微吟中吐露悲傷。後來，離婚期愈近，其詞愈惻，其聲愈悲，哭得口乾舌燥，嗓子嘶啞，兩眼紅腫，如瘋如痴。

陪十姐妹是土家族婚俗中非常隆重的禮節。特點是規模大、內容多、形式活、氣氛濃。娶親的前一天，女方家請鄰居少女九人，加上新娘共十人，待新娘拜完祖先後，在堂屋圍席而坐，置酒席相陪而哭，稱之為「陪十姐妹」。席間互歌，傾述別離之情、父母養育之恩等。歌聲通宵達旦，直到新娘出嫁前一個時辰才降下帷幕。

如今，在一些偏遠的山寨還存留著這種風俗，但也不興哭嫁，即便哭，也往往是哭個三聲五聲，歌伴插科逗趣，新娘忍不住笑了，這也算是一種「哭」。

新娘出門把筷甩

新娘在去新郎家之前，要站在事先放置在堂屋中間的一個方斗上，踩上一雙腳印，叫做「踩斗」。「踩斗」寓意著把富貴留給娘家，祝福娘家年年五穀豐登。「踩斗」之後，要手拿兩把筷子，在跨過大門時使勁向身前身後撒去。據說，撒筷子是祝福兄弟姐妹與自己過上豐衣足食的生活，也表示新娘從此走上自立之路。有首童謠生動描述了土家人的迎親場面：「腳踩金斗四角方，手拿金筷十六雙。前頭八雙跟我去，我自拿來我自吃。後頭八雙給兄弟，多多進些錢和米。」

聰明的新娘搶坐床中央

在新娘邁進婆家的大門前，要用腳踏一下大門的門檻，以示自己來到婆家。按照土家族婚俗，新娘跪拜天地後，新郎新娘要盡快站起來，直入新房，搶先坐在床上，叫「奪床」。其坐床習慣通常是男左女右，以床的中線為界。

聰慧的新娘常搶坐在床的中線上，以象徵未來在家庭中地位。新郎亦不甘示弱，盡量把新娘擠到線外，彼此互不相讓，推推擠擠，若假若真。就在這推推擠擠中，新郎會猛然揭開新娘的蓋頭巾，新娘不由嫣然一笑，「坐床」便隨之告終，然後夫妻共飲交杯酒。

婚禮結尾曲——畫上圓滿的句號

在婚後第二天，新郎新娘端著茶盤向前來賀喜的長輩和親友敬茶，長輩還要送茶錢。婚後三天，新娘即偕同夫婿回娘家省親，叫做「歸寧」，不論路途遠近，都要當天趕回。

離婚·再婚——勞燕分飛各覓幸福

土家族離婚並不十分困難，也不受歧視。在土家族的歷史上，過去婦女再婚不太自由，但現在可遵循法律，已經很自由了。

哈尼族婚俗

哈尼族是中國西南地區的民族之一，現主要分布在雲南西南部哀牢山和蒙樂山之間地區的新平、鎮源、墨江、元江、紅河等縣。人口一百四十三萬九千七百人。哈尼族大多居住在海拔八百至兩千五百公尺的山區，主要從事農業，善開梯田，還善於種茶。

哈尼族有自己的語言，屬漢藏語系藏緬語族彝語支，並有三種方言，彼此差異很大，不能互相通話。哈尼族過去一直沒有文字，直到一九五七年才創制了以拉丁字母為基礎的拼音文字，但尚未普及。

民族婚俗——各有各的說法和講究

哈尼族的婚姻制度是一夫一妻。奉行「同姓不婚配」的原則，同一血緣關係的兄弟姐妹嚴禁婚配。男女青年婚前社交、戀愛自由。兩人相愛不受父母或他人的干涉，但禁止同胞兄妹、姐弟或堂兄妹、姐弟同時參加一項社交活動。

過去，哈尼族實行姑表、姨表優先婚配，有的地區尚存叔配嫂的轉房婚。有的哈尼人還沿襲著古代遺留下來的「搶婚」、「哭婚」及婚後不落夫家的婚俗。

婚禮前奏曲——「忙」並快樂的事

配對就宴擇戀人

生活在紅河沿岸的葉車人（哈尼族支系）的青年男女在豐年往往以配對就宴的方式選擇戀人，一般在配對就宴前，男方在徵得女方應諾後，由男子湊錢，請烹調師傅主廚，準備殺公雞、煮肥肉、炒菜、買酒、泡糯米。晚上十點鐘左右開宴，參加者約十到三十人，圍觀者熙熙攘攘。屆時燈火通明，桌上擺滿各式菜餚。先將煮熟的大公雞頭朝上擺上餐桌，並把兩顆雞睪丸和一隻活螃蟹懸掛在雞身上，由帶頭的男女從首席坐起，其餘男女依次配對入座，隨後舉杯祝酒對歌，盡興方散。這時男子用芭蕉葉包上糯米飯和菜送給女子在回家的路上吃。如男女雙方情意合，可相約下次會面的時間。當地人稱這種求愛方式為「阿巴多」，一般常在農閒時舉行。

女子戴帽等情郎

帽子在雲南墨江哈尼族有著特殊的意義。當地女子必須戴帽子，如果不戴，就被視為對老人的不尊重，因此碧約人（哈尼族的支系）的婚俗通常展現在帽子上。女子在未成年時期，每人頭上要戴一頂十分漂亮的六角花邊小帽，成年後，就要加戴一頂，原因是若多情的男子把帽子搶去，還能留一頂在頭上，這樣回到家裡就不至於受父母的訓斥。這頂帽子要一直戴到結婚懷孕之後改為包頭為止。

碧約人包頭時用幾尺長的墨色土布圍在頭上，看似一塊大瓦片。改為包頭的時間一般放在婚後第二年春節回娘家時，由媽媽改裝。這樣外人一看便知女子有喜了。假如婚後未懷孕，就需要繼續戴帽子。

白傘下談情，拋松毛覓偶

哈尼族的葉車人如果男女雙方彼此都很滿意對方，就會在一把白傘下細談。因為他們認為白傘代表白雲，在白傘下談戀愛就預兆著成功。即使雙方沒帶白傘也可借用一下別人的傘。

氣氛最熱鬧的覓偶場景是葉車人傳統節日期間的「拋松毛」活動。參加這一活動的各寨男女到達拋松毛場地後，先是採摘松枝，接著便相互拋投。只見一個個多情的葉車女子將一枝又一枝松毛拋向自己的意中人，而男子也喜形於色的把松毛投回到喜愛的女子手中。按照葉車人的風俗，投給彼此的松毛越多，就說明雙方越中意彼此。

婚禮進行曲——歡天喜地新人樂

跨火斷線入夫門

哈尼族一直很敬畏火。紅河元江一帶的哈尼族，新娘梳妝結束後，要在太陽下山後哭著離開娘家，此時，新郎早已領著一群男子在半路上等候，看見新娘到來，就立即點起三把松明火，並排置於路的左邊、中間和右邊。同時在路的左右兩邊分別插上一根金竹、兩根金竹之間拴一根白絲橫欄在路上。新娘過來，跨過火把，扯斷白線，就表示她正式成為夫家的人了，新郎就可以把新娘迎娶回家。

新郎迎親遭捶打

哈尼族支系卡多人在迎親時，有一幕新娘「捶新郎」的喜劇。新娘在出嫁的日子頭系紅綢、胸前掛滿銀飾，羞澀的緩緩出現在迎親隊前。然而當她走到新郎面前時，突然惱怒於色，舉起雙手向新郎劈頭蓋臉的捶去。這時，大家起哄助興。只見新娘又哭又捶，新郎則東躲西閃，毫不還手。當新娘捶夠了，突然破涕為笑時，新郎這才說「現在該走了吧」。「捶新郎」的本意是為了考驗新郎對愛情的忠貞，不還手就表示：妳到了我家，我會好好待妳，妳看，妳打了我這麼久，我都能忍耐，我是實心愛你的。如果一還手，就意味著失敗。

而在雲南紅河一帶，男方要請一對父母兒女都健在的中年男女去迎娶新娘。出了新娘家門後，迎親者要遭到村寨中男女的鞭打，只准挨打，不准還手，直到出了村寨門才停止。

牛糞抹衣送祝福

西雙版納的哈尼族在婚禮上要請老人唱調子祝福，祝福新娘第一胎生女兒，第二胎生男孩。在婚禮上，村寨中的孩子還要將牛糞、豬食、灶灰拌成的稀泥抹到新郎新娘的身上，以示對他們的祝福。到婚禮結束，還要將本寨年紀最大而又未婚的男子找來，強迫他將特意留下的豬尾巴吃掉，最少也要舔一下，勉勵他不要做情場上的落伍者，趕緊尋找對象婚配。

婚禮結尾曲——畫上圓滿的句號

婚禮當天晚上，新娘與伴娘在新郎的「公房」裡住宿，一般不與新郎同居。據說，新婚之夜新郎新娘同居者，今後的愛情生活會不長久。

回娘家糯米飯送鄉親

當第二天清晨雞啼頭遍時，新娘手握一把白米，在新郎姐妹的陪同下，到村外井裡背一背泉水。到了井邊，將白米撒進井水中，表示新娘已成了喝這座井水的人。全家老少喝上新娘背回的泉水，感到無比甘美。等到日頭高升，新娘隨同伴娘背著用芭蕉葉包的摻著雞蛋的糯米飯回娘家去。糯米飯的包數必須與女方村裡的戶數相等，以便分送給村寨裡的各家，表示對祖先的確認和孝敬。

在這一天的黃昏時分，新娘要獨自返回夫家，方可與夫同居。即使是情投意合的夫妻，初婚期間，新娘每輪（十二天）也只在夫家住兩到三天，日後每輪逐次增多，過一兩年後就不再每輪一定回娘家了。

回夫家晌午飯送弟妹

哈尼族女子每人都有一個精巧別致的細篾笆（竹編）盒，可容一斤飯。每當妻子回夫家的時候，就用這個繫有彩帶的小篾盒，盛滿白花花的大米飯和火熏豬肉乾巴、醃鴨蛋等佳品回去。這小盒飯當地人稱「合嘎拖」，意即包晌午。據說，凡當母親的都怕自己的女兒在夫家不習慣，拘謹而餓著肚子，包晌午表示生母的一副慈善心腸。當然，晌午飯帶到夫家，妻子並不自己獨食，有時是小夫妻一同享受，而更多的時候是送給丈夫的弟弟妹妹吃。

公公領著媳婦歸寧

第三天早上，新娘親自到寨外砍回三棵野芭蕉，用芭蕉心做菜招待前來送禮的客人。婚後三個月，新娘在公公的陪同下行歸寧禮。新娘在娘家只住一夜，回來時帶回砍刀、鐮刀各一把，還有雨帽和背簍。此後，女婿才能去岳父家。

離婚．再婚——勞燕分飛各覓幸福

哈尼族離婚也較簡單，夫妻感情一旦破裂，不論誰提出離婚，一般由女方退還聘金即可。有的地區還履行簡單的離婚儀式，請一位中間人主持，男方砍來一木片，木片兩側刻出三道小口，然後將木片劈成兩半，各持

令人理解不能的婚俗

突破想像的婚嫁趣事

一片為憑。夫妻一旦離婚，互不講話，碰到一起也不相看。所生子女一般交由男方撫養。從此，男婚女嫁各不相干。至現代，無論結婚、離婚，都依照法律為準。

哈薩克族婚俗

哈薩克族多數分布在新疆維吾爾自治區伊犁哈薩克自治州、木壘哈薩克自治縣和巴里坤哈薩克自治縣，少數分布於甘肅省阿克賽哈薩克自治縣和青海省海西蒙古族哈薩克族自治州。哈薩克族人口數為一百二十五萬零四百五十八人。主要從事畜牧業。善刺繡。

哈薩克族有自己的語言文字。語言屬阿爾泰語系突厥語族；文字系以阿拉伯字母為基礎的拼音文字。

民族婚俗——各有各的說法和講究

哈薩克族婚姻形式是一夫一妻的氏族外婚制，即同一部落的人不得通婚，如果通婚，必須在七代以上才可以。哈薩克族的婚姻大多由父母包辦。訂婚的年齡沒有具體規定，一般從幼年至十七八歲都可訂婚，但幼年由父母包辦訂婚的現象較為普遍。哈薩克族結婚後的男女在日常生產生活上的分工是十分明確的，屬於典型的「男主外，女主內」。

婚禮前奏曲——「忙」並快樂的事

◎「姑娘追」和啃羊胸骨

「姑娘追」不僅是哈薩克族傳統的遊戲，而且是男子向女子表白的良機。活動開始時，男女騎馬並肩而行，男子可以向女子傾吐愛慕之意、開玩笑，女子無論是否願意，都不能生氣，任由男子說。到了折回時，女子有

令人理解不能的婚俗
突破想像的婚嫁趣事

權用鞭子抽打男子，男子只能逃不能還手。因此一到折回的路程時，男子就策馬逃竄，女子在後面緊追不捨。如果女子對男子有意，鞭子只在空中亂晃而不打男子。如果女子沒看上男子，男子可就慘了。

此外，在哈薩克婚俗中還有一項「登門」儀式，在女方家舉行。登門時，未婚女婿和女兒坐在帳篷中共同啃吃一塊羊胸骨肉，因為骨肉相連，象徵一對新人永遠恩愛。

涉河訂婚不反悔

哈薩克族訂婚的儀式過程很奇特、有趣。公婆第一次見到未來的兒媳，要由婆婆取一塊白色細碎花布料送給媳婦，作為見面禮，然後，上前親一下，把一件帶有幾束貓頭鷹毛的白色三角巾綁在新娘頭上。接著，四五個婦女圍過來爭搶布料，作為定親的喜果，大家都搶一點，為的是沾沾喜氣，討個吉利。

在這個儀式結束後，還要舉行一次「踏水禮」，女方家的年輕男女把男方家的年輕客人誘至附近的小河邊，把他（她）推到河裡戲耍逗樂。如附近無河，則事前在門前挖個坑灌滿水，把男方家來的年輕客人推入水池中，此為「踏水禮」。男方家的客人離開時，女方家的主人必須送給他們衣料等禮品。此後，雙方來往頻繁不斷，並由男方按雙方商定的聘禮，不斷的把聘禮送到女方家。

婚禮進行曲——歡天喜地新人樂

賽歌輸了要懲罰

哈薩克婚禮舉行的時間一般為三天。第一天新郎前去迎親。並邀請本部落及草原上所有能來的人，來新娘家中做客。客人到後，新娘的氈房裡，有四個年輕女子，頂著紗巾，圍坐在新娘身邊，準備向來客提問唱歌，

◆哈薩克族婚俗

婚禮進行曲——歡天喜地新人樂

新郎家來的人，也要選出兩個精明能幹的男歌手，以改歌聲回答女方的提問。

這其中所唱的歌詞多是祝福、勸告、照顧和希望之類的話語。其他的客人，則全部圍坐在氈房跟前，傾聽著雙方的對唱，有的也隨著合聲。

在雙方的對唱中，如果房內的人唱輸了，就要送每位男歌手一條手絹，條件好的家庭要送一丈白布；如果房外的人唱輸了，則由旁邊的人抓住，丟進新娘的氈房裡，任女子打、鬧、笑，罵也不許還手還口，只好抱頭外逃，逗得房內房外的人哈哈大笑，並說「跑了，跑了。」

到第二天時，由新娘家最近的親房，招待新郎家的來客和將要出嫁的女子，以及家族中的長者、權威。第三天正式娶新娘。

攔駱駝、挑紅紗

哈薩克族婚俗中，有一個迎親途中攔駱駝的風俗。許多鄉鄰，男女老少，都圍攏過來，攔住新娘的駱駝，要喜果、要喜糖，甚至要駱駝鼻梁上拴的紅布，以示惜別、留念。娶親的人只好拿出一把糖果或一條毛巾送給眾人，他們才會讓新娘等人離開。

當新娘來到新郎家門前時，新郎家的幾個親戚婦女，便拿著一個鮮紅的帳幃，把新娘圍起來，再蓋上一條紅面紗，然後就是撒喜糖、鳴喜炮迎接。進氈房後，又用包爾薩克（哈薩克傳統小吃）、奶茶，手抓羊肉、好酒，招待所有來客。吃喝結束，就進行叼羊、賽馬、姑娘追等活動。最後，請一位異部落的男子，用繫著紅、白布條的馬鞭子為新娘挑面紗，目的是讓新娘一生平安無恙。挑前，還要對新娘進行一番訓誡性的說唱：

噢，新媳婦來啦，新媳婦來啦！

霎時，就可以看到她美麗的容顏，

令人理解不能的婚俗

突破想像的婚嫁趣事

這樣好的新媳婦到了，
應該很快挑去她的面紗。

新媳婦呀，新媳婦，
上面坐著妳公公，
妳要事事處處盡孝心，
問寒問暖多照顧。

婆婆把心掏給了妳，
妳要遲睡又早起，
勤儉持家勤放牧，
全家對妳都歡喜。
妯娌之間要團結，
互敬互愛互體貼，
妳若有事出外去，
她們就會連念妳。
對待丈夫要尊敬，
衣食住行記心中，
遇事詳細作商量，
講話莫吵莫高聲。

每說唱到一個人，新娘就要向其一鞠躬。唱完了「挑面紗歌」，即用鞭竿子輕輕挑開新娘頭上的面紗。於是，人們一齊擁上觀看、喜逗，氣氛頓時活躍起來。

婚禮結尾曲——畫上圓滿的句號

婚禮的當天晚上，親房、鄰居、來客、新郎、新娘等等，都聚集在公婆的氈房裡，進行夜興，即：唱歌、跳舞，盡情歡樂。唱歌中，有的是對唱，有的是問答，全是自想自編，隨心所唱。就這樣唱呀，跳呀，一直到天亮才結束。

離婚·再婚——勞燕分飛各覓幸福

哈薩克族人不能隨便解除，尤其是女方，沒有毀約和離婚的權利。舊時還有「安明格爾」的婚姻制度，這是一種非常古老的遺俗，婦女在丈夫過世後，如果要求改嫁，一定要嫁給亡夫的兄弟或近親，或在本部落中為其選擇一人，若此人不同意娶她，才可以自由改嫁，通常中年婦女喪夫後，大都不再改嫁，不願改嫁的寡婦，被認為是有德行的，受到人們的尊敬和讚頌。

傣族婚俗

傣族主要聚居在雲南省西雙版納傣族自治州、德宏傣族、景頗族自治州和耿馬、孟連等地，其餘散居在新平、元江等三十餘縣。傣族人口數為一百一十五萬八千九百八十九人。主要從事農業，以種植水稻為主，「普洱茶」馳名中外。

使用傣語，屬漢藏語系壯侗語族壯傣語支。本族有拼音文字，各地不盡相同。信仰小乘佛教。

民族婚俗——各有各的說法和講究

舊時，傣族的家庭和婚姻封建色彩較濃厚，他們恪守族內氏外婚和等級對偶婚。土司之間盛行一夫多妻。平民實行父權制的一夫一妻小家庭。青年男女婚前社交活動相當自由，可以自由戀愛。未婚青年在節日裡或盛會場合「串布少」（找未婚女子談情說愛）很盛行。招贅上門的婚姻現象很多。

每年的七月十五至十月十五期間，正值農忙季節，傣族青年一般不談戀愛，也不辦喜事。這一古老的傳統習俗一直保留至今。傣族的婚禮，民間稱為「金欠」，含結婚宴請之意。婚期只能定在每年的「開門節」至「關門節」（傣曆十二月十五日以後至次年九月十五日以前）期間內。

隨著社會的發展，傣族青年已不再恪守舊婚俗，婚姻制度大多與漢族相似。

婚禮前奏曲——「忙」並快樂的事

「趕擺黃燜雞」覓情人

「趕擺黃燜雞」是雲南西雙版納地區的傣族男女青年以食傳言的戀愛方式，即每逢節日到來的時候，傣族女子便把自家的肥雞殺了清燉，做成黃燜雞拿到市場上出售，如果買者恰恰是女子的意中人，女子就會含羞低下頭，躲避男子的目光，並主動拿出凳子，讓其坐在自己身旁，如果男子有意，兩人就端著雞肉，搬起凳子，走進安靜的樹林裡，互相傾吐愛慕之情。如買者不是女子的意中人，女子就會賣力加價。

「吃小酒」三道菜

訂婚時，男方要挑著酒菜去女方家擺宴席請客，當客人散去後，男方由三個男伴陪同和女方及女方的三個女伴共擺一桌共飯，這叫做「吃小酒」。「吃小酒」講究吃三道菜：第一道是熱的；第二道要鹽多；第三道要有甜食。表示火熱、深厚和甜蜜。

婚禮進行曲——歡天喜地新人樂

一個美麗的傳說

相愛定情之後，由男方父母請媒人去女方家裡提親，父母一般不加阻撓。訂婚之後，選擇良辰吉日，舉行婚禮。傣家的婚禮，古老簡樸，按照當地風俗，婚禮必須在女方家竹樓上舉行。

傣族婚禮中有一項重要內容，叫「拴線」。結婚拴線，傣語稱為「樹歡」，意為拴魂。關於拴線的來歷，傳說頗多，其中一種與婚姻有關。據說在很久以前，一位年幼的傣族公主不知為何，找到宮中一個少年奴僕詢

令人理解不能的婚俗

突破想像的婚嫁趣事

問：「你知道我長大以後會嫁給誰嗎？」奴僕張口便答：「我就是妳未來的丈夫。」公主怒起，將手中小刀甩向僕人，割破了僕人的額頭，僕人也因此而被趕出王宮。不知經過多少周折，那僕人終於成為另一個王國的君王，並且和他曾經入宮為奴的那個王國聯姻。在舉行婚禮的那天，公主發現新郎額頭上的傷疤，知道他就是當年被她用刀子劃傷的僕人，悔恨萬分。她當即表示：「願與丈夫心相印、魂相依，永不分離。」並拿起一縷白線將兩人之手掛在一起，表示永不離棄。從此，傣家人便有了結婚拴線的習俗。

手腕拴線，永結同心

這一古老的風俗一直延續至今。婚禮舉行當天，在寬敞的竹樓堂屋擺著一張婚禮桌，桌面上覆蓋著芭蕉葉，上面放著芭蕉葉做成的帽子，下面放著雌雄雞各一隻。桌上還放有紅布、白布、芭蕉葉盒子等。儀式開始時，主婚人坐在婚禮桌上首，親友們靠近主婚人圍桌而坐。新郎新娘跪在主婚人對面，準備接受「拴線」儀式的洗禮。主婚人揭去蓋在食物上的葉帽，先為新郎、新娘祝福：

今天是個美好、吉祥的日子，
現在是一天中最好的時辰，
你倆恩恩愛愛結成夫妻，
金鳳與銅鳳結成一對，
日子會幸福美好，
願生子會得子，
盼生女會得女，
祝福你們幸福美滿，
永不離分……

當主婚人致辭結束後，新郎新娘從桌上抓一把糯米飯，蘸上酒，撣向四周。之後，舉手作揖，以示對祖先的懷念和祭典。接著，主婚人從桌上拿起一根較長的白線（有的地方是紅線）從左至右，繞過新郎新娘的肩，把線的兩端搭在桌子上。然後，又用較短的白線，分別拴在新婚夫妻的手腕上。表示他們的靈魂和心已經拴在一起，相親相愛，永不分離。同時，在座的老人也紛紛拿起白線，重複將線拴在新人的手腕上。並祝福他們婚後幸福快樂。

拴線儀式結束後，要把桌子上的一隻雞獻給唸祝辭的老人，另一隻讓未婚男子拿去分享，預祝他們早日找到鍾情的女子。

在這之後，酒宴開始。席上的菜餚多帶有傣味特色，其中有一碗是生血加料血燉，以象徵著婚姻的吉祥。席間，新郎新娘向客人殷勤敬酒，還要回答客人提出的問題，幽默的問答常引來哄堂大笑，加上贊哈（傣族歌手）美妙的歌聲助興，氣氛非常歡快。

婚禮結尾曲——畫上圓滿的句號

婚禮第二天黎明前，新郎要返回自己家，到晚上才回妻家。第三天，男方母親挑著涼米粉等東西來女方家認親戚，並分別向各親友送涼米粉一塊。婚後第五天，新郎新娘又挑著涼米粉來到男方家認親戚，同時也分別送親友涼米粉一塊，親友也要向新娘贈送禮物。這樣，整個婚事才告結束。

按照傣族婚俗，婚後，男方一般要在女方家住滿三年，然後才能攜妻回到男方家住，在男方家住滿三年後，又可以回到女方家住，即所謂「三年去，三年來」。直到夫婦二人蓋起自己的房屋，經濟能獨立後，才離開雙方父母建立起自己的小家庭。隨著時代的發展，現在新郎新婚結婚後即蓋起自己的房屋，建立夫妻二人幸福的小家庭。

離婚・再婚——勞燕分飛各覓幸福

在傣族社會中，夫妻離婚的極少。舊時傣族離婚，由提出離婚的一方遞給對方一對臘條，或雙方拉一塊白布從中剪斷，從此便恩斷義絕，算離婚了。如夫妻中一方死去，不論年齡多大，也要舉行離婚儀式；生者用一根棉線拴在死者的棺材上，出殯時由一老人用刀將線割斷，生者和死者便沒有了夫妻關係。

黎族婚俗

黎族是中國嶺南民族之一，聚居在海南島通什鎮、保亭、樂東、東方、瓊中、白沙、陵水、昌江、宦縣等地。黎族人口數為一百二十四萬七千八百一十四。黎族以農業為主，也有手工業、飼養業和商業。婦女精於紡織，「黎錦」、「黎單」聞名於世。黎族地區沿海漁業、鹽業資源豐富。也是中國重要橡膠生產基地之一。

黎語有本民族自己的語言，屬於漢藏語系壯侗語族黎語支，不同地區方言不同。也有不少民眾兼通漢語。

民族婚俗——各有各的說法和講究

黎族各地區各方言都有自己的婚俗，同一方言不同地區的婚俗也有差異。一般為一夫一妻制，多在本民族本方言內擇偶。不同方言的黎族通婚很少。過去黎漢之間，多為漢男娶黎女，漢女嫁黎男很少。黎、苗族之間通婚少。禁止近親結婚，姨表及同宗均不得通婚。結婚年齡一般多在十五至十六歲之間，童養媳更早一點。婚後「不落夫家」的現象比較常見。

婚禮前奏曲——「忙」並快樂的事

㉑「放寮」談情

黎族大多數地區都流行「放寮」的談情說愛方式。「放寮」就是青年男女去寮房談情說愛。寮房是一種簡易的草房，每個村落都有一座或幾座。女兒長大了就離開父母，到寮房居住。男女十五六歲之後，便到寮房中居住。如果十五六歲之後還睡在家裡，別人就會笑話他（她），被認為是沒有出息的人。

放寮時，通常情況下是男子採取主動，他們吹簫唱歌向女子表達愛慕之情。如果雙方情投意合，便互贈信物表示定情。未婚青年男女放寮為社會所承認，儘管一對情人可以在寮房中盡情玩樂，但事後雙方都不需要承擔結婚的義務。同血緣、已婚者不能放寮，否則會遭到人們的非議和社會的嚴厲懲罰。

「吃物定親」

放寮後，如果男女雙方願結為夫妻，男方便請兩名媒妁去說親。她們是善於言辭、見縫插針的。媒人戴著嶄新的精製斗笠，帶上酒，盒子裡裝著檳榔前去說親。女方父母若是開盒揀出一枚，便是允婚。因此，女方定親也有「某某檳榔」之說，俗稱「吃物定親」。

嚼檳榔黎族人的古老的嗜好。求親時，以嚼檳榔作定情，已相沿成俗。同時，和女方父母商議禮聘和吉期。談妥之後，媒人再回去告訴男方家。這樣，訂婚就算完成了。

婚禮進行曲——歡天喜地新人樂

巫師驅邪保平安

黎族人的婚禮有請巫師驅邪這一習俗。因為黎族結婚沒有坐轎子的習俗，新娘便跟著迎親的人步行到男方家。在路上如果碰上山豬、蛇或死鳥等，新娘得立即轉回娘家告訴父母。父母就要立即請來巫師，讓他殺雞驅邪。否則黎族人認為這樣會為新郎家帶去災禍。

驅邪儀式結束，大家接著前行。當新娘到達男方家門前時，新郎和他的父母及其親屬站在門口相迎。男方家事先請來的巫師拿著一把剪刀跟在新娘後面，一邊口唸咒語，一邊舞弄手中的剪刀，同時亂撒飯粒，送嫁的人也跟著拿些飯粒，一手拿著鉤刀和盛著生米的雞蛋殼，一手拿著新郎的一件衣服唸唸有詞，最後用鉤刀柄把蛋殼搗碎。這樣做的意思是請一切鬼怪妖魔之類吃飽，以後不要來了，祝福新郎新娘平安，子孫繁衍。最後巫師用剪刀打破一個生雞蛋，認為這樣鬼就不會纏繞新娘，使未來的日子平安順利。

但也有的地方不請巫師，而是請一位上了年紀的老人。還要點起一小堆柴火，新娘進屋時從當中跨過用以驅邪。

E: 春米聲中慶婚禮

在黎族婚禮的宴席上，座位被排列成一字形。然後，按照習俗：男女兩家的親朋好友分坐兩旁，中間一對「正座」是新郎新娘的席位，母親和伴娘、伴郎分別坐在「陪座」上。新娘和伴娘入席後，先是面壁而坐，等到「咕喔咕喔」的春米聲起，才轉過身來，開始飲食。

春米隊伍是由男女兩家的婦女六至八人組成的。各人手持木杵，輪番舂擊木臼。舂一下，又大臼沿上碰一下，發出「咕喔咕喔」的響聲，節奏明快，聲調和諧，象徵雙方的新生活開始。

婚禮結尾曲——畫上圓滿的句號

跟其他很多民族一樣，黎族婚禮拜堂完後就開始鬧洞房，常常是通宵達旦。此晚夫妻兩個不能共度良宵。天一亮，親戚朋友便蜂擁而至。

第二天，新娘一早就得起床，為婆家做第一餐飯，以示勤快；還借這機會顯示顯示一下自己的廚藝。在新娘進入廚房時，伴娘拿著小木棍跟著「保護」，以防男子把鍋底黑塗到新娘臉上，當男子要來抹黑時，伴娘便使用小木棍，冷不防的對勇於來犯者予以迎頭痛擊。有些男子真的被打得鼻青臉腫，也有些女子被抹成花臉。之後，雙方便興高采烈的談論起自己的「戰績」來。經過這場「混戰」之後，新娘方開始做第一餐飯。

吃完飯，約上午十點鐘，夫妻還得回娘家，到女方家問候父母，叫「回路」。婚禮結束。新娘在娘家住兩天後，由新郎的姑姑或弟弟將新娘接回，從此新婚夫婦方可開始過實實在在的夫妻生活。但是，在結婚的第一年，每月初一和十五以及新年新娘都要回娘家住。

離婚．再婚——勞燕分飛各覓幸福

在過去，黎族由於婚前婚後都有較為自由的戀愛生活，因此，婚姻關係很不牢固，離婚很常見。但離婚手續也十分簡單，須由當事者雙方撕斷一塊黑布或折斷竹塊一片，雙方各執一半為憑，彼此即可斷絕關係。

傈僳族婚俗

傈僳族主要聚居在雲南省怒江傈僳族自治州，其餘分布在麗江和迪慶、大理、保山、德宏、楚雄、臨滄等州縣。四川省的鹽源、鹽邊、木里、德昌等縣也有分布。傈僳族人口數為六十三萬四千九百一十二人。主要從事農業。

傈僳族有本民族語言，即傈僳語。傈僳語屬漢藏語系藏緬語族彝語支。傈僳族一共使用過三種文字。一種是西方傳教士創制的拼音文字，一種是維西縣農民創造的音節文字，還有一種是近代新創制的拉丁字母形式的文字。

民族婚俗——各有各的說法和講究

舊時，傈僳族的婚姻和家庭的最基本的形式是一夫一妻制（也有一夫多妻現象），但在婚戀過程中又有其獨特的習俗。一般來講，有姑表舅優先婚、包辦買賣婚姻、轉房婚等，族外婚也很盛行。現時，傈僳族的青年男女基本上是在自由戀愛的基礎上建立家庭。

婚禮前奏曲——「忙」並快樂的事

◎江沙埋情人

「江沙埋情人」是雲南地區怒江傈僳族青年傳統的談情說愛的娛樂活動。「盍什」節（盍什，意為新年）

來臨，福貢一帶的傈僳族青年紛紛來到寬闊的怒江沙灘上，用口簧琴、琵琶、「地裡突」（一種竹製笛子）等樂器伴奏起舞，交流感情。三五成群，無拘無束，尋求配偶。一旦心靈相通（或者平時就已相識，願結為伴侶），男子便在沙灘上挖一坑，約上要好的幾個同性友人，將意中人抬到沙坑裡，用細沙埋在身上。並裝出非常悲傷、痛哭流涕的樣子，唱喪歌，跳喪舞。取鬧過後，才將意中人拉出。他們認為，透過這一活動，一來表示戀人間感情的真摯與深厚，二來可以將附在意中人身上的「死神」埋掉，使情人健康長壽。

奇特的定情信物

傈僳族情侶互贈的信物非常有特色。男子贈的信物有上衣，有紅、黑線，有時也送一些錢。女方不收，則表示拒絕求婚；女方接受，則表示同意。若收下信物，並當即剪下一小縷心愛的髮辮或割下自己衣襟的邊角回贈對方，則表示欣然同意，真誠相愛。到了結婚的時候，男女雙方把割下的衣角和原衫相對合，作為婚事的證物。此外，男女雙方定情後，還有用弓箭桿或在「木刻」上刻劃若干道深深的斜紋，再將箭桿或「木刻」豎劈成兩份，男女各自珍藏其中的一半，以此作為訂婚的信物和憑證。

婚禮進行曲——歡天喜地新人樂

道喜得豬頭

婚禮的前一天，新郎打扮整齊，由媒人陪同來到女方家娶親。到了女方家後，新娘卻躲了起來，要讓新郎到處去找，可找來找去就是找不著。這時，新娘的一個女伴會來告密，新郎總算找到了新娘。找到新娘後，娶親者受到女方家的盛情款待。當晚還要展示新娘的嫁妝，嫁妝中要有一個櫃子，裡面裝著十套花裙子。

當結婚的那天來到時，女子在數十位親友的陪伴下，攜帶新娘平時穿的衣服和織布工具等前往新房。新郎在新房門前的空地上做一個「門」，把一個豬頭和一碗酒分放在門的兩側，新娘和陪伴的人從這道門經過，按照傈僳族人的習俗，陪伴新娘的人中，誰踢翻盛滿酒的碗，誰就有權先向新婚夫婦道喜，並得到放在門旁的豬頭。

迎親要「打鬼」

「打鬼」是傈僳人的婚禮中一個有趣的習俗。當送新娘的隊伍來到新房門前時，埋伏在門裡的男方親友禁閉大門，用小木塊突然向送親的隊伍發起「襲擊」，雨點似的小木塊紛紛落到送親人身上，這就是所謂「打鬼」。打鬼的目的是為了驅趕新娘可能帶來的「鬼」。這時，送親的人為了少挨打，便高呼：「新娘沒有帶鬼來，就是帶來了，也被你們打跑了，快別打了，開門吧！」一面叫喊一面將帶來的粑粑分送給「襲擊」她們的人並向他們求饒，這場戲劇性的「打鬼」才告收場，並把大門打開，將新娘和送親的人們接進屋裡。

婚禮當天，男方家會盛情款待女方家送親的人們，除酒盡量享用外，男方家的人還一波一波的過來敬酒、勸酒，致使不少送親者成了醉翁。送親者喝醉的越多，男方家越高興，甚至會成為美談。晚上寨子裡的人在火塘邊手拉手的邊唱山歌，邊橫步跳舞。

婚禮結尾曲——畫上圓滿的句號

婚後的第二天早上，送親的人要回去了，此時，男方要託他們帶一些酒肉給女方父母。鑑於舉行婚禮的當天新婚夫婦不同房，所以第二天晚上新人同房之前，要請一些老人在火塘邊持酒為新人祝福：「世上一切蟲魚鳥獸都是成雙成對的，但願你們夫婦白頭偕老……」

傈僳族也有「歸寧」這一婚俗。傈僳族的「歸寧」是在婚後數天至十幾天進行。歸寧時，新郎要帶豬肉、包穀粑粑、三腳架等物送給岳父家，同時要在岳父家幫忙工作十幾日才能攜妻返回。返回時，母親會送給做了新娘的女兒一隻雞、一口鍋和鐮刀等物，以祝福新人的家庭吉祥幸福，萬事如意。

離婚．再婚——勞燕分飛各覓幸福

一般來說，傈僳族家庭相對比較穩固，離婚的較少。如離婚，要請中間人，並刻木為證。離婚當日要殺一頭豬，由中間人刻好木刻並灑上豬血和酒，然後男女雙方對天盟誓，就算完成了民族習俗意義上的離婚。木刻上刻有中間人的人數，並由中間人保存，如遇任何一方後悔和否認，就可以出示木刻作為憑證。

佤族婚俗

佤族主要分布在中國雲南省西南部的西盟佤族自治縣和滄源佤族自治縣，其餘分布在瀾滄、孟連、雙江、耿馬、鎮康等縣。佤族人口數為三十九萬六千六百一十。佤族經濟以農業為主。

佤族有自己的語言和文字。佤語屬南亞語系高棉語族，一九七五年創制了拉丁字母的拼音文字。受傣族影響信奉小乘佛教，部分地區傳入了基督教。

民族婚俗——各有各的說法和講究

佤族的婚姻制度是一夫一妻制，幾乎沒有一夫多妻的。過去，佤族的婚姻是自由選擇加父母媒妁之言。佤族擇偶的主要條件是看對方是否身強力壯、勤勞樸實、相貌相當，其次是看家庭經濟條件。佤族同姓不婚，同姓人若發生兩性關係，被認為是大逆不道，會觸怒「社神」，這樣社神對全寨人就要進行嚴懲，加以各種災難，如旱澇、風災、火災、疾病等。同姓人若發生關係，或者同姓人要成婚，全寨人要罰他們進行「掃寨」儀式，這樣社神才會饒恕他們的罪過，村寨的人才會原諒他們。

佤族人結婚前，男子要到女方家工作，工作的時間少則幾個月，多則一兩年，以作為對娶走人家女兒的補償。有的地方結婚時，新郎還要送奶水錢給新娘的母親，因新娘是吃母親的乳汁長大的，如今女兒長大要嫁到別人家去，所以，付一點奶水錢給岳母以表示尊重和孝敬。

婚禮前奏曲——「忙」並快樂的事

背對側臥談戀愛

在雲南滄源一帶的佤族，如果看到誰家院子裡背靠背躺著一對男女青年，千萬不要感到奇怪，因為這是當地一種獨特的男女戀愛方式。

男方向女子贈送東西表示求愛之後，就可以到女子家去和女子約會了。不論什麼時候，是否有人在旁，男子一進女子家，就側躺在院子中間，這等於告訴女子家人，求婚的男子來了。遇到這種情況，女子的家人會無動於衷，繼續做自己的事。而女子無論是否同意，都要從竹樓中走出來，躺在男子身邊，兩人在眾目睽睽下背靠背竊竊私語、情意綿綿。

若女子同意這個男青年的求婚，她會慢慢轉過身來，和男子面對面談話對歌，一直到海誓山盟，才從地上站起來。男子在女子和家中成員的歡送下，高高興興的離去。如果女子無意，那麼她雖然也躺在地上，但對男子的情話會閉口不答，男子講得口乾舌燥，眼見無望，也會知趣的爬起來，另外再找對象。

奪手鐲求婚

雲南滄源一帶的佤族男子如果對哪個女子有意，往往在公共場合找機會搶走女子的項鍊或手鐲等裝飾品。在男子動手搶奪時，女子不論是否同意他的求婚，都要大吵大鬧，故作反抗，這種習俗當地佤族語稱為「獨特然術」。搶奪裝飾品後的三日之內，如果女方不來男方家索取，即表示同意男方的求婚。這時，男方立即託媒人到女方家就聘金彩禮等相關問題進行磋商，並議定結婚的日期。

定親之後，還要經過三次「都帕」，每次都有嚴格要求和標準。第一次要送「百來惹」（氏族酒），要六瓶，給女方父親氏族的男掌家人吃；第二次要送「百來孟」（鄰居酒），也是六瓶，給村寨中人吃；第三次要送「百來拔西歪」（開門酒），只要一瓶，給女子的母親吃。

婚禮進行曲——歡天喜地新人樂

出嫁的女子「借戴」銀飾

一般來說，佤族青年男女結婚大都選擇在農閒季節：一是在農曆四月，即佤族舉行砍牛尾巴祭祀活動到蓋木鼓房前這個月內；二是九月至十二月之間，從修完房屋晒台到祭祀水鬼這段時間內。佤族女子出嫁，父母要為她準備嫁妝。嫁妝主要有衣服、被蓋、紡織工具和生產工具。女子出嫁時所戴的銀器飾品一律不陪嫁，而是採取借戴的形式，借戴一兩年後歸還娘家，否則就要由新郎家用金錢買來。

簡單而質樸的婚禮

佤族的婚禮儀式最顯著的特點就是簡單而質樸。婚期共三天。第一天，男女雙方各自請本寨的鄉親來吃一頓酒飯。第二天，男方送聘禮給女方家，聘禮中含有部分現金、部分結婚用品和送給女方家的禮物。第三天，父母牽著女兒的手歡歡喜喜的跟著迎親隊伍一起送到男方家。新娘來到男方家後，由魔巴（巫師）殺雞看卦，並祝福這對新婚夫婦。這天，歌手要唱〈結婚歌〉：

嘹亮的笛聲吹動了心房，
出嫁的姑娘換好了新裝。
出嫁的姑娘喲，
跟著小伙子去了。

跟著小伙子的姑娘，
像掛在小伙子身上的長刀，
一步也不離郎！

吃飯時，長輩和親朋好友都要唱酒歌來祝賀新郎新娘，新郎新娘也要以歌聲回謝，接受人們的祝福。

婚禮結尾曲——畫上圓滿的句號

按照佤族的風俗，結婚儀式結束後，新婚夫婦要邀約十幾個男女到山上砍柴或下田工作，以示新婚不忘勞動，美好生活來自勤勞。當新婚夫婦忙完歸來後，婚禮才告結束。

婚後，每逢年節時，夫妻倆必須帶上兩掛肉、兩桶酒、兩包菸等回女方家拜年。禮品必須是雙數。三年後再回女方家時，女方家會將禮品揀出一半交由女婿帶回來。

離婚．再婚——勞燕分飛各覓幸福

佤族家庭表面看地位平等。但其實父權思想表現較為突出，婦女一出嫁，必須嚴守婦道，否則將被夫休棄。夫妻感情破裂，可以離婚，無論哪一方先提出離婚，女方只能空手或者帶上娘家陪送的嫁妝歸回。

離婚後，如果夫妻有子女，子女跟著誰，就由誰來撫養，另一方沒有撫養責任。過去，若女方要改嫁時，新夫還得付給前夫當初結婚時所付的聘禮。現在婦女的社會地位有所提高，漸漸和男人一樣享有平等的權利。

畲族婚俗

畲（ㄕㄜ）族在中國少數民族中人口較少，散居在中國東南部福建、浙江、江西、廣東、安徽省境內，呈現典型的散居分布。畲族人口數為七十萬九千五百九十二人。主要以農業為主，畲族居住的山區盛產林木及毛竹，茶葉在海外市場也享有盛譽。畲族使用畲語，屬漢藏語系苗瑤語族。無本民族文字，通用漢文。

民族婚俗——各有各的說法和講究

畲族婚姻基本為一夫一妻制。一般同姓不婚。受漢族的影響，畲族的婚姻多以父母之命、媒妁之言而定，從訂婚到結婚有一套禮俗，如女方要索取聘禮，結婚要坐花轎等等。至近代，畲族的婚嫁又發揚了古代的遺風，男女自由戀愛婚配，結婚不講彩禮，婚禮簡樸。

婚禮前奏曲——「忙」並快樂的事

山歌締結姻緣

畲族男女青年社交比較開放，雙方在工作中、唱歌中找對象，自許終身。自由戀愛常以歌當話，經過對歌比「肚才」，求相悅、探情意、察忠貞、挑選意中人。

畲族青年男女在很多場合都可以以歌傳情，或在趕集的路上，或在清澈的溪邊；或在田間，或在親朋好友家等，互不相識的畲族青年男女相見之後，都會借助情歌，大膽直率的試探對方。有時是男的主動，更多的卻是女子首先發問。畲族人民能歌善唱，有「畲族生來愛唱歌」之說。青年男女除透過父母定親外，更多的是自由戀愛，選擇對象，取得父母同意後，再託媒定親。畲族青年選擇對象的主要特點是「山歌為媒」。所唱的這類民歌，畲民叫情歌，因為談情說愛也就是締結姻緣，所以畲族也把這類民歌叫做「緣歌」。

當男女彼此都對對方滿意後，就私定終身。女方私贈男方銀質手鐲或戒指。男方遞送白色「肚兜」（畲族稱「肚稿袋」）或其他珍貴物品給女方。而男方就主動託媒人，帶上禮物向女方父母求親，女方將禮物點收後，則商議婚娶日期。

做「表姐」與做「親家伯」

定了婚期當年要出嫁的女子，出嫁前都要到親友家走走，或外出遊玩一段時間，叫「做表姐」。出外的時候，女子要穿最漂亮的衣服、圍裙，戴耳環、手鐲，腰間還要繫上結婚時用的長綢帶。她到一個村子，那個村子的青年會主動陪她唱歌，一連唱上好幾個晚上。善於唱歌的女子人人誇獎，不會唱的則會受到譏諷，所以，畲族的女子在出嫁前都得學會唱歌。

迎娶新娘的前兩天，男方要請一個能說會唱的好歌手，與媒人一起將禮物送到新娘家去，將新娘迎回來。這位歌手就是「親家伯」。親家伯來到新娘家裡以後，人們把椅子放在屋子的東座（即上席）讓他坐，親家伯為了表示謙虛，便將椅子放在西頭（即下席）坐。請他抽菸時，他不能先抽，而要先敬新娘村裡的人，連孩子都要敬到。總之，親家伯要處處謙讓有禮，否則，人們會在親家伯坐椅下燃起鞭炮，燒他的衣服。到了晚上，女方家熱情款待親家伯。酒宴結束後開始對歌，直到天明告終。

◆畲族婚俗

婚禮進行曲——歡天喜地新人樂

送彩禮時「考赤郎」

在舉行婚禮的前一天，新郎和赤郎（男方家帶去女方做菜的廚師）送彩禮來到新娘家，女方不但要高高興興的吃一頓男方的喜酒，而且還要對赤郎進行一次富有風趣的考核，也叫「考赤郎」或「赤郎開灶」。

男方送上聘禮後，赤郎要到女方家中廚房做菜，「考赤郎」便開始了。女方將廚房用具全部收掉，廚師在廚房中先唱，唱一樣東西女方給一樣東西，廚師要唱四十幾句才能將所有用具湊齊。接著廚師開始涮鍋，但女方早派人在一旁搗亂，不讓廚師順利完成涮鍋，有的還將東西扔進鍋中，意圖干擾廚師。廚師要想盡辦法，快速將鍋涮好，只要涮好鍋放上肉，女方就不能搗亂了。但他們會很快在燒火上面為廚師設置障礙，將灶堂裡淋上水，塞進溼柴，因此廚師要先準備好煤油、蠟燭等引火之物。只要肉放進了鍋中，火被點燃，「考赤郎」就結束了。

婚禮進行曲——歡天喜地新人樂

出嫁戴鳳冠、吃「千斤飯」

畲族女子在去婆家前，要進行一番特別的打扮。髮髻盤在腦後，頭上戴鳳冠，冠外綁四根用數百顆白色珠子製成的珠帶，還要戴耳環、銀項鍊，尤其是左手無名指上要戴一枚九連環的銀戒指。據說，這九連環戒指，寓意日後會有九子十二孫。

新娘在告別娘家前，還要吃「千斤飯」。大家在桌子上放兩把筷子、一碗飯，新娘一手拿一把筷子，交叉著遞給站在身後的哥哥，哥哥接過筷子，從新娘腋下將筷子放回桌上。新娘接著低頭銜三口飯，將其吐在桌上的手帕中，由哥哥收起放在新娘的口袋裡，讓她帶到夫家去。據說，這三口娘家飯，年年能養一頭千斤重的大肥豬，因此叫「千斤飯」。

宴席上「調新郎」

畬族婚禮一般在夜晚舉行，新郎新娘要舉行拜堂的儀式。拜堂後，新娘由伴娘陪同進入洞房。這時外面酒宴開始。招待客人的宴席一開始是空的，要新郎唱一樣，女方才會端上一樣。大家都在靜靜等待著新郎的歌聲，新郎唱一句，廚師和一句。一唱一和，筷子、酒、菜就會應聲而來。這種娛樂活動叫做「調新郎」。

當酒宴吃到一半時，伴娘會來到新娘身邊，陪同新娘獻禮。新娘手捧方盤，裡面放八隻小杯，杯裡放一顆紅棗並盛滿糖水，先送到主賓席，由新郎的舅舅第一個取杯，其餘七個依次取杯，只喝糖水，不吃紅棗，然後每人拿一個紅包放在杯內。就這樣一桌桌送，直到送完為止。

當人們用餐完後，新郎還要一樣樣唱，唱一樣，廚師就將桌子上的東西收去一樣，直至全部收完。等到客人吃飽喝足以後，新郎由八個人（名日八仙）陪同進入洞房。伴娘開門將新娘推進洞房。最後「八仙」和伴娘都退出，新郎新娘歡度洞房之夜。

婚禮結尾曲——畫上圓滿的句號

婚後三天，新娘和新郎一起回娘家當「頭轉客」。往往選一個酒量較好的人挑「女婿擔」，兩人步行到岳父家。一路鳴炮，村中人聞訊多來夾道歡迎。女婿見了上輩老人，便拱手鞠躬行禮。

新郎來到丈人家後，要住宿一兩日，輪流到親房內叔翁家認親，最後一晚由岳父設請「女婿酒」。宴席間「提壺」者常要請女婿唱令歌、行酒令。三輪酒後，常由挑擔的「姻家伯」代唱令歌二首，代女婿說一些感謝祝福的話。

酒宴後，丈人請女婿吃晚飯，此時岳母捧出滿碗飯給女婿吃，這叫「飯心飯」。按畬族婚俗，碗內放著一包「飯心包」，意思是岳母愛女婿，暗裡贈「私家」。這時桌旁契母（內兄嫂）即歡唱「飯心歌」。使女婿懂得丈母娘養女之恩、嫁女愛婿之意。女婿得到「飯心包」，吃完飯後，得掏回敬的「紅包錢」，安放碗裡，以示酬謝岳父母的恩惠。散席後，女婿送「分花包」給親屬的孩子，以作為見面禮。

小倆口在第二天返回家裡。當晚即在男方家舉行「歸寧會」。設宴請妻子的叔伯等長輩，祝新婚圓滿。

離婚．再婚——勞燕分飛各覓幸福

畬族婚姻允許離婚，由於畬族婦女一直都有工作，在家庭中的地位較高，受到家人的尊重，故離婚時享有與男子同等的權利，若丈夫死了，婦女改嫁也較為自由。

高山族婚俗

高山族主要聚居在臺灣，包括布農族、魯凱族、排灣族、卑南族、邵族、泰雅族、達悟族、鄒族、阿美族、賽夏族等十幾個族群。大多分布在中央山脈和東南部的島嶼上，少數散居在中國福建、上海、北京、武漢等地。高山族現有人口四十幾萬人，大多數從事農業，少數捕魚、狩獵。

高山族有自己的語言，屬南島語系印尼語族。沒有自己的文字。

民族婚俗——各有各的說法和講究

高山族婚姻為一夫一妻制，且非常嚴格，近親之間不通婚。阿美族、泰雅族、排灣族的青年男女有戀愛的自由，通常是在工作中選擇對象，在歌舞活動中也可以得到公開戀愛的機會，但是結婚必須取得父母同意。

高山族人結婚年齡沒有明確規定，一般說來泰雅族、布農族和鄒族男子在十七、八歲時，熟悉農耕和狩獵之後才算成年。高山族的女子在十五、六歲熟練編製的技術時才可成婚。這樣的婚姻是比較合理的，因為只有掌握了生活技能，才能有生活保證，組成的家庭才是穩定的。

高山族的不同族群之間其婚俗也有很大差別，有的至今還保留著母系氏族婚姻的習俗。如阿美族、卑南族流行的招贅婚，就是男子出嫁的對偶婚形式。男人結婚後要入贅女方家，待生下一子女後才能回到自己家裡。

臺灣的高山族男女青年結婚之前要舉行紋身、紋面儀式。女子在結婚前一兩天就必須舉行，若不舉行這種紋面儀式，男子就不能和她結婚。對於男子來說，如婚前不紋面、紋身，女子也不會和他結婚。阿美族青年開始戀愛的一個月後，女方自願到男方家裡工作一段時間，當「實習新娘」。

婚禮前奏曲——「忙」並快樂的事

投檳榔探情緣

每逢年節，高山族人都要舉行一種以檳榔為球，以竹簍為籃的球賽。身者盛裝的女子站成一排，每人身背一個精緻的竹簍。竹簍約高一尺半，寬一尺二寸左右，竹簍的口五至八寸。同樣多人數的青年男子排隊站在女子的後面，每個男子手裡拿著檳榔當顆球。球賽一開始，女子便背著竹簍，邊走邊唱著歡樂的歌。男子緊跟在後面，在追逐中，在相距五公尺左右處將檳榔球投進女子的背簍內，投不進者為輸。假若女子對男子有情，就會主動配合。讓男子把球投進去，以示相愛，如女子不喜歡男子，就想方設法不讓男子把球投進自己的簍內。

鑿齒訂終身

高山族還有一種特別的表達海誓山盟的方式。就是女子要忍痛拔下自己的兩顆側門牙送給男子，男子同樣要拔下自己的兩顆牙齒還贈給女子。彼此珍藏，取痛相關之急，表示願結終身之好。這種鑿齒訂婚習俗，據史料記載，早在三國時代就有記述，直到今天，在高山族的一些地區還有存留。

岳母考察準新郎

花蓮縣的高山族男青年愛上女子後，就砍柴割藤，大大方方的送到女方家去，表示愛慕之情。女子的伊娜（媽媽），除平常細細觀察男子的一舉一動之外，還會到部落頭目家了解男子的工作、品行和健康情況。如果頭目說：「馬拉格（勤勞）頂呱呱！」女子的母親還會親自考察男子的各種能力等。

女子的母親會選擇悄悄的躲在牛棚邊，讓部落頭目把男子叫來。一見到男子，她就從牛棚裡拉出一頭大水牛，並用力的拍打牛屁股，牛受了驚，迅即朝前奔跑。男子見到水牛，就要迅速衝上前去抓住牛角把牛制服。這樣，女子的母親才放心的笑了。

之後，男女就可以公開自由來往了。過了一兩年，雙方便可以定下婚期。

婚禮進行曲——歡天喜地新人樂

娘家潑水送新娘

在婚禮當天，新郎來女方家接新娘，當新娘新郎一登上車，車子要開回夫家時，新娘的母親或家族中的長者，手持一盆水，往新娘車上一潑，車子開動，緊接著新郎便把手中的扇子由車中拋下，潑水者即刻撿起扇子猛搧，邊搧邊唸著：「搧涼一點，很涼啊！很涼啊！」潑盆水意即提示新娘：「嫁出去的女兒，如潑出去的水。」要好好對待夫婿，永相廝守，就如同「覆水難收」，不能輕言離婚之意。拿扇子猛搧猛叫寓意「女兒嫁出去了，又了卻一樁心願」，因此心中高興，像水一樣涼快。

一路長跑背新娘

在魯凱族的婚禮中，新郎是最累的。這是因為，新郎要在接新娘時不斷跑，從跑步開始，以跑步結束。新郎如何從始至終的跑呢？具體是這樣的：舉行婚禮這天，新郎攜帶著聘禮，由親友簇擁著，從男方家出門便跑，要一直跑到女方家門口。然後，新郎和眾親友齊聲高叫，好像是在告訴新娘：新郎來接妳了。其實新娘已被女方家親友用三根麻繩綁了起來，並被藏在了隱蔽處。新郎和眾親友在門外高喊，一直要等到女方親友在院內唱答之後，新郎才與接親隊伍邁進女方家的大門。

進到女方家的院子後，新郎要向女方家父母獻上禮物，然後便到處尋找新娘，找到新娘，新郎掏出刀子割斷麻繩，接著背起新娘跑步離開女方家。在歸途中，新郎仍然要背著新娘。無論女方家離男方家多遠，應該一氣跑回男方家。即使新郎累得汗流浹背，也不能讓新娘下來步行。

婚禮結尾曲——畫上圓滿的句號

「掛尾蔗」意思是保留著蔗尾的甘蔗，甘蔗要選取剛從田中連根拔起仍保留著青蔗葉的。高山族女子出嫁後第二天回娘家時，母親會贈予高及二、三丈的掛尾蔗。每次兩株，用九尺長的紅色帶子綁在甘蔗的兩端，由新娘和新郎帶回夫家，它代表的意思是「有頭有尾」，時時警惕著夫婦，要「萬事忍耐」、「和好相處」，致能「有頭有尾，白首相偕」，同時要像甘蔗一樣，「青春永駐」、「生機勃勃」，其綁蔗用的「九尺」紅帶子有「長久」之意。

離婚．再婚——勞燕分飛各覓幸福

高山族男女離婚後都可以自由再婚。但再娶再嫁是有次序的。假如雙方同意離婚，要男先娶，女後嫁；男方提出離婚的，女方先嫁，男方才能娶；女方提出離婚的，則同「雙方同意離婚」，否則都要罰財物。再婚次序須嚴格遵守，這是高山族人共同維護執行的規定。

若是喪偶後再婚，則必須在服喪期滿後才可以。服喪期停婚時間在各族中長短不一，有的一個月或幾個月，有的半年或一年三年不等。泰雅族規定寡婦要為亡夫禁婚一年，鰥夫則只需為亡妻守喪三個月後，就可以再婚。賽夏族規定寡婦和鰥夫都要為亡人停婚三年，寡婦要先回娘家，然後再嫁。阿美族的鰥夫可再娶妻妹。而卡那

令人理解不能的婚俗

突破想像的婚嫁趣事

卡那富族，如果男子過了五十、女子過了四十五以上喪偶，原則上不能再婚，這主要是考慮到人的生育能力的問題。

拉祜族婚俗

拉祜族主要分布在雲南省瀾滄江流域的思茅、臨滄兩地區，在鄰近的西雙版納傣族自治州、紅河哈尼族彝族自治州及玉溪地區也有分布。作為跨界民族，緬甸、泰國、越南、寮國等國家也有拉祜人居住。拉祜族人口數為四十五萬三千七百零五人。拉祜族經濟以鋤耕農業為主。

拉祜族使用拉祜語，屬漢藏語系藏緬語族彝語支。過去無文字，近代創制了新的拼音文字。拉祜族人民長期與漢族、傣族密切交往，多數會使用漢語和傣語兩種語言。

民族婚俗——各有各的說法和講究

在過去，拉祜族曾有血緣群婚、族內對偶婚、轉房婚等婚俗，而且長期實行族內對偶婚，因此血緣集團內部形成由父系和母系相互混雜而導致雙系大家庭制度長期並存的婚姻家庭制度。近代以來拉祜族主要是實行一夫一妻制的父系大家庭制度，雙系間僅限於派出姨表婚。排除姑表婚或禁止父系五代之內通婚。

拉祜族人結婚後既有從夫居習俗，也有從妻居習俗。因此，商定婚期時，都要決定是從妻居還是從夫居。從妻居者，在妻家舉行婚禮，婚宴主要由女方操辦；從夫居者，在夫家舉行婚禮，婚宴主要由男方操辦。

拉祜族青年男女選擇配偶的一般條件是：男的要會犁地、耙地、砍柴、鏟麻、紡麻線、打獵，為人要誠實勤快，至於外表是次要的；女的要會接麻線、織布、縫衣服，為人要勤快，心地要好，至於相貌漂亮與否也是次要的。若一見鍾情或互有好感，「串寨子」便是他們進一步發展的主要方式。

婚禮前奏曲——「忙」並快樂的事

邊喝酒邊唱「提親調」

拉祜族的男子如果喜歡某個女子，要用藤篾編製腳鍊、項鍊送給她。若女子感到合心意，則送一條用五色線編織成的腰帶給男子，表示定情。雙方交往一段時間認為滿意後，男的就告訴父母，

然後，男方請村裡既能說又會唱的兩個男子做媒，到女方家提親。提親的晚上，男方的家人不出面，由媒人到女方家商量。按風俗，媒人替男方家帶去的菸、酒、茶的數量一定是要雙數。女方家也是請能說會唱的親友來代言。雙方就邊喝酒邊唱「提親調」。他們對唱起來有問有答，內容豐富。大致的意思是說：

女方家親友問：

今天是個好日子，好朋好友來串門。
無事不登三寶殿，請問來辦什麼事？

男方家代表答：

好山好水好田地，不知要種什麼糧。
聽說妳家有種子，前來求助討一粒。

如果女方家不同意，回唱的調子就一口咬定我們家沒有你要的種子；

要是女方家有意就回唱：

我家種子倒是有，就是長得不太好。
癟穀霉豆難播種，只怕你家種不出。

男方家代表繼續唱：

滿山遍野都是種，偏偏就愛這一顆。

土地肥沃人勤快，精耕細作好伺候。
來年一粒變十顆，兒孫滿堂代代傳。
……

如果女方家同意，隨後雙方就確定一個時間喝「火籠酒」。喝「火籠酒」時決定迎親的日子、彩禮的名單和數額。

婚禮進行曲——歡天喜地新人樂

結婚互送豬頭不設宴

結婚不備辦酒席是拉祜人素有的傳統。結婚這天，通常先由一位德高望重的老年人向新婚夫婦祝福，隨後，打扮得漂漂亮亮的男女便伴著新郎新娘，圍著燃起篝火的火塘載歌載舞。拉祜人認為，火塘標誌著夫妻雙方有一顆火熱的心，人們圍著火塘歌舞，是祝福新婚夫婦終生相愛。

拉祜人結婚從來不提倡講排場。這天用來招待客人的東西是自家的旱菸、烤茶、松子、栗果之類，但男女雙方家裡都要殺一頭豬是必不可少的。男方首先將豬頭送到女方家，將豬頭切成兩半後，一半留在女方家，一半由男方又帶回來。接著，女方也照此辦理，將自己家殺的豬頭送到男方家，切成兩半後，留一半在男方家，另一半女方自己帶回。之後，男女雙方將各自的兩半豬頭合在一起，以表示骨肉之親和新婚和睦之意。

向父母奉水奉飯

拉祜族結婚儀式簡單質樸。婚禮當天，新郎新娘要一起下山背水，一同上山砍柴，然後將新背的水、新砍的柴送給女方家，同時還要向岳父岳母奉飯。接著，新郎新娘再回到男方家裡奉水奉飯，再到寨廟裡磕頭和供奉禮肉。接著，由村寨老人主持祭寨神儀式。祭禮完結新郎新娘再到男女雙方家裡祭祖和敬拜父母親戚。上述這些儀式完成後，新郎新娘便和賓客一起吃雞肉粥，接下來進行大規模的對歌活動。

洗腳鬧新房

婚禮當天晚上，拉祜人也有鬧新房的習俗。拉祜族傳統的鬧新房過程是：新娘端來一盆熱水，親切而甜蜜的喊丈夫洗腳，丈夫把腳伸進盆裡，妻子便幫他把腳洗乾淨。這時候，鬧房的人們故意用火塘灰把新郎的腳弄髒，讓新娘重洗，或在熱水裡撒火塘灰，讓新娘重新去打洗腳水，如此反覆多次，新娘機警伶俐的把新郎的腳洗好，替新郎穿上一雙從娘家帶來的新鞋。據說這樣做是為了考驗新娘的脾氣是否溫和，為人是否可親，以及做事是否機靈等。此外，還可以讓新郎新娘表演節目，向新郎新娘索要喜菸、喜糖等。

這天夜晚，人們吹起蘆笙，邊歌邊舞，慶賀這對拉祜兒女成婚，這種娛樂活動往往要進行到午夜才結束。

婚禮結尾曲——畫上圓滿的句號

婚後，新郎要攜帶生活用具、生產工具，如鋤頭、毯子等，並抱公雞、母雞各一隻，在親友的陪同下，隨新娘到女方家上門。上門時間一般為三年，這期間新郎可以回家探視父母並幫忙做事。上門期滿後，丈夫可以攜妻和子女回到自己的家裡生活，也可以重新蓋房屋另立門戶。如上門期間已繼承了女方家的財產，則要永遠留在女方家。

離婚．再婚——勞燕分飛各覓幸福

拉祜族社會裡，離婚現象很少。由於喜新厭舊而提出離婚者，會遭到人們的指責。但是，若結婚後夫婦感

◆拉祜族婚俗

離婚．再婚——勞燕分飛各覓幸福

情不好或其他原因，經雙方家長和村中長者調解無效，雙方中的任何一方都有權要求離婚。提出離婚的一方，必須付給對方一定數目的款項，如果男子提出離婚，他所支付給女方的款項要比女方提出離婚多。

拉祜人離婚，也要舉行一個儀式，這一儀式由一位男女雙方都信得過的德高望重的長者主持。老人照例先勸解一番，當勸解無效時，便讓要求離婚的男女各持線頭的一端，將線拉平，老人用刀把線從中間割斷，然後把事先準備好的一杯茶水潑在地上。男女雙方各持被割斷的那截線頭便是離婚的憑據。把水潑在地上是表示男女雙方說出離婚的這些話如同潑出去的水，再也不能收回，再也不許反悔。拉祜族還實行轉房制度，即夫死後妻可以轉房，但僅可以轉房給丈夫的弟弟，不能轉給丈夫的哥哥。寡婦再嫁不會被人歧視、非議。

水族婚俗

水族主要居住在貴州省三都水族自治縣及荔波、都勻、獨山、榕江等縣，一部分分布在廣西壯族自治區西部。水族總人口為四十萬六千九百人。擅長農耕，以種植水稻為主。水族有自己的語言，屬漢藏語系壯侗語族。水族原有一種古老的文字，稱為「水書」，現在則通用漢文。

民族婚俗——各有各的說法和講究

水族婚姻制度實行一夫一妻制，選擇配偶多以「同宗不娶、異姓結親」及姑舅姨表親為前提。婚姻的締結在歷史上既有自由選擇，父母包辦，也有「搶婚」習俗。近年來也有族外婚，即與他民族通婚的情況並不少見。還有「論班不論輩」習俗。

水族反對「上門女婿」，這可以說是水族不成文的規矩。即使光生女不生男，也不准招上門女婿，水族認為上門女婿既破壞了本家族的血緣關係，又侵占本宗族財產。

婚禮前奏曲——「忙」並快樂的事

定親彩禮以銀為主

水族喜愛唱歌，情歌是青年男女相識的主要媒介。透過走寨對歌建立情感，情投意合者，男方就請媒人去女方家提親。通過提親關後，下道程序是「定親」。

在過去，水族女子出嫁的彩禮注重銀子。一般人家，彩禮要三五十兩銀子，大戶人家要上百兩。此外，還要肉一百二十斤，酒一罈，起碼兩百斤米的糯米粑，葉菸三到五斤不等，米糕及餅各數百個等。過去因彩禮過重，沒錢而當光棍漢的大有人在。男方在訂婚那天要送上八成的彩禮。女方要把男方送的彩禮包括現金及銀飾等物當場公開，並擺在女方家的堂屋供親友觀賞，以顯示男方的家庭條件與女子的身價。

第二天，男方家族各戶宴請親朋及鄉鄰。從此，雙方正式成為「親家」。農忙時節，未婚女婿就可以邀約幾個青年陪同前往女方家幫忙做事，男女雙方家長就開始為兒女結婚做準備工作。男方先要女方的「八字」，女方將「八字」寫好，用紅紙包好後，送給男方，男方請巫師根據男女雙方的「八字」選擇吉日定下婚期。

婚禮進行曲——歡天喜地新人樂

兄弟送親展現手足情深

新娘出嫁時，一定要有親兄弟或堂兄弟陪同往返。按習俗新娘出大門兩腳不能著地，就由弟弟打傘，哥哥背出家門。然後與陪同的女子一道步行。若在途中遇到重踩別人腳印的時候，兄弟還須背新娘走過交叉路口。進入男方家門時，仍由兄弟二人，一個打傘，一個背新娘進門。新娘出娘家門和進夫家門，都必須嚴格遵守巫師規定的時辰，即使進了寨子，未到預定的「良辰」也不能踏進夫家的門。新娘進門時，仍由其兄或弟背進去。這種習俗，展現兄弟姐妹互相關心的手足深情，也為水家人獨有。

「搶鞋」看新娘針線工夫

「搶鞋」也是水族特有的婚俗。當新娘將進夫家的村寨時，寨上的女子守候在村寨入口處，故意不讓新娘進寨，大家都爭搶新娘的鞋，「搶鞋」據說是看新娘的針線工夫好不好，手腳是否靈巧。有些地方還有新娘只穿一隻鞋進夫家門的習俗。新娘在等「良辰」時，也有拿新娘的鞋拋耍，或故意搶女方送親人的雨傘等東西的，當然，這些嬉戲的場面是為了增加熱鬧的氣氛。

當新娘來到新郎家時，新郎家的所有女性，包括新郎的母親等，必須離家暫時迴避（女子在離娘家時，母親也要迴避），不能目睹新娘進家。待新娘進屋坐定後，才能陸續返家和新娘見面。意思是在家裡見面，將親如手足，一家人會永遠和睦相處。

不鬧洞房只許對歌

按照水族婚俗，新娘出嫁不興拜堂，也不准鬧洞房。但當晚男方青年歌手可以找女方伴娘對歌。對歌時，男歌手只能在洞房外面唱，女方歌手就在洞房裡面唱，一裡一外，一唱一答。所唱的歌都是傳統古歌，不能亂編唱。場面嚴肅而熱烈。唱到深更半夜，男方家就擺酒席請歌手吃夜宵，雙方就在酒席邊相對而坐，一直唱答到天亮為止。

婚禮結尾曲——畫上圓滿的句號

依水家人習俗，在新婚當夜，新郎和新娘不能同房。只有迎親的女子能陪同新娘和伴娘入睡，他人不得入內。

水家人有一種婚俗，即新娘婚後要去拜井，而且往往悄悄邀約幾個親戚家的女子一道去，一則了解水井的位置和遠近，二則為幾天後挑水認親做準備。有的地區新娘去拜井時，必須隨身帶去兩顆雞蛋放在井裡，若兩顆蛋相依相靠，說明夫婦會白頭到老，姻緣美滿。待新娘歸寧歸來，就履行挑水認親義務。由新郎妹妹陪同，挑著水桶逐一送水給家族的伯叔兄弟，表示認親。這種習俗至今仍然被保留了下來。

在婚後的頭三天時間裡，新婚夫婦不同居，也不許任何男性進入新房。新娘於第四天，由男方姐妹帶點糯米飯等禮物陪送回家。新娘在娘家住一夜後，男方派女眷去接，新娘即返夫家，之後新郎和新娘才正式同居。

有些比較守舊的水族地區還保留著「不落夫家」的習俗。

離婚．再婚——勞燕分飛各覓幸福

在水族中，寡婦有改嫁的權利，沒有夫家兄弟轉房的習俗。過去寡婦改嫁受的約束不少。如改嫁的寡婦不准回亡夫村寨看望親子女；出嫁就不能享有原夫家固定產業的繼承權，而由其子或叔伯獨生子繼承；不能嫁到夫家宗族的村寨；出嫁後，要交一份寡嫁金。現在，寡婦再婚則非常自由。

東鄉族婚俗

東鄉族，主要分布在甘肅省臨夏回族自治州東鄉族自治縣，其餘的散居在甘肅省積石山保安族東鄉族撒拉族自治縣、臨夏縣、和政縣、廣河縣、康樂縣及新疆伊犁地區等地。東鄉族總人口為五十一萬三千八百人。主要從事農業，善種瓜果。

東鄉族有自己的語言，無文字。東鄉語屬阿爾泰語系蒙古語族，其中蒙古語、漢語借詞很多。信仰伊斯蘭教，教派很多。

民族婚俗——各有各的說法和講究

東鄉族主要的婚姻形式一夫一妻制。東鄉族提倡和實行早婚，一般男孩十四到十八歲，女孩十三到十七歲，父母就為他們操辦婚事。也有七八歲時由父母作主訂婚的。男女間的自由戀愛和自行擇偶，在東鄉族中很少見。包辦婚姻雖然有悖於伊斯蘭教婚姻制度，但在中國傳統封建禮教影響下極為普遍。

東鄉族人擇偶必須在本民族以外選擇，也可與別的信奉伊斯蘭教的民族通婚。東鄉族還實行宗教內婚制，允許與回、撒拉、保安、維吾爾等兄弟民族的穆斯林結婚。如果婚娶的是非穆斯林的女子，該女子必須改信伊斯蘭教，並請阿訇履行一切必要的宗教手續，在生活習俗上還必須遵從伊斯蘭教的規定等。

婚禮前奏曲——「忙」並快樂的事

彩禮要給「親家伍」

受伊斯蘭教的影響，東鄉族婚禮基本上由父母決定，男女青年不得謀面相談，一般先請媒人到女方家去提親，女方家應允後，男方家即可送「訂茶」。

在這之後，可選擇日期正式訂婚和送彩禮。送彩禮時不僅要送給女方家，還要送給女方的「親家伍」（由一個祖父的後代組成的單一家庭，互相視為親家伍）。如果「親家伍」只是幾家，則每家各送一份彩禮。若「親家伍」很多，相距又遠，可用「總茶」代替。男方彩禮一到女方家，女方家立即將男方家的禮送到「親家伍」家裡。在女方父母叔伯及「親家伍」父輩若干人在場的情況下，舉行宴請儀式，由家伍中的長者或一位頗具口才的長輩出面祝詞，讚頌姻緣美滿，講述鄉俗民情和宗教義理。這時主賓均站立恭聽。祝詞結束後，由女方叔伯安排男方家的人進入酒席。

開花饅頭訂婚約

山區地方訂婚時，還有送大饅頭給女方家的習俗。屆時，男方家將當年收成的小麥做成饅頭，每個饅頭用麵粉二至四斤；一般不做成花捲，只在饅頭圓頂上抹點薑黃，用刀稍稍切開點口，切好後，雪白的饅頭頂部似盛開的黃花。一般送給女方家十個，親家伍每家六個。☒

定親成功後，每年的齋月時，男方父母派自己的兒子拿上活雞、茶葉之類的開齋禮物前去女方家探望岳父母。這也是新郎婚前唯一有可能見到未婚妻的機會。否則，直到洞房那天也很難看見未婚妻。

婚禮進行曲——歡天喜地新人樂

風趣的新郎「偷廚」習俗

婚禮日期，一般選在「主麻日」（星期五），或者爾德節（按伊斯蘭教曆法，每年的節日時間都不同）前後。迎娶新娘的當天，新郎陪郎等迎親隊伍到了女方家裡，女方家裡照例要設宴款待。婚宴之後，新郎就要親自把家裡準備好的木梳和篦子送到新娘的閨房中，要向幫助新娘梳妝打扮的女性表示感謝。

隨後，新郎和陪郎要進入到女方家的廚房，一是客客氣氣的向廚師和協助的女子問好致謝，二是窺探機會神不知鬼不覺的從廚房中「偷」走一樣廚房中的物品。

當著廚房那麼多人的面，要偷走一件東西是很不容易的。女子一見新郎和陪郎進了廚房，先是開口戲弄嘲諷新郎，繼而乾脆動手，抓起鍋底黑灰就往新郎陪郎臉上塗抹，一直要把他們抹成大花臉為止。

新郎要在嬉鬧之時渾水摸魚，偷走廚房用具。把東西偷到手要迅速藏在身上。「偷廚」得手後，新郎便奮力衝出女子的重重包圍，在大家的嬉笑聲中逃無蹤影。

鬧新房要砸枕頭

鬧房「砸枕頭」是東鄉人婚禮中的一個高潮。新房裡，新娘蒙著面紗坐在炕角，女子緊緊的護著新娘，男子闖入洞房，七嘴八舌的要看新娘的嫁妝，並把繡得十分精美的一對花枕頭拿過來品頭論足，故意說花枕頭繡得不好看、不漂亮，新娘子不靈巧、笨拙等。

緊接著，男子邊唱邊用枕頭砸向新娘。炕上的女子緊緊的護著新娘，把男子砸來的枕頭抓住又砸向男子。這樣一來一往，愈砸愈烈。男子往炕上衝，女子往炕下推。纖弱的女子自然不是壯實男子的對手。新娘子難免會被枕頭砸到，吃些苦頭。

在這種情況下，新娘子只好揭去頭上罩著的面紗告饒，站在炕上讓男子仔仔細細的端詳她的模樣，並叫女子打開櫃箱，男子一件一件的翻著她帶來的嫁妝。新房裡洋溢著男女的歡聲笑語，新娘新郎的臉上也充滿了幸福的微笑。當快到深夜時，人們陸續撤走，新郎新娘共度新婚良宵。

婚禮結尾曲——畫上圓滿的句號

婚後第二天，男方家擺設酒宴招待親友。男方家的親友也開始送大禮給新郎家。其中送禮最重的是新郎的舅舅、姑丈、姨丈和姐夫。酒宴結束後，男方要向女方家長、親戚送全羊背子，對個別男方長輩親戚、賀客也要送羊背子。之後，娘家送親的人返回，新娘要哭送，表示對娘家人的深厚感情和不捨。

婚後第三天是新娘回娘家的日期。娘家家伍每家都要宴請新娘。新娘返回婆家後，婆家家伍各戶也要宴請新娘。

離婚．再婚——勞燕分飛各覓幸福

在過去，東鄉族存在著嚴重的父權觀念，婦女的地位很低。女子從結婚起，就要伺候公婆、丈夫和操勞家務。在夫妻關係方面，存在著歧視婦女的「打三休」習俗，即只要丈夫向妻子連說三聲「我不要妳了」，就算結束了夫妻關係，有效離婚了。

離婚時，妻子只能拿走結婚時陪嫁的東西及個人用品，孩子是不能帶走的；只有尚在襁褓中的嬰兒可帶走餵養，但等孩子稍大一點，也必須送回男方家。

如果自己的丈夫死亡，女方可以轉房。轉房須經女方本人同意，婆婆一般不得干預。轉房制實行的卻是夫

令人理解不能的婚俗

突破想像的婚嫁趣事

兄弟婚制，即丈夫的兄或弟可娶亡人之妻，如果先夫無兄弟，則其叔、伯之子也可娶之。若本族內無繼娶者，女方才能外嫁。寡婦改嫁的婚事也較簡單，但要請阿訇唸「尼卡哈」。

納西族婚俗

中國的納西族主要聚居於雲南、四川和西藏的交界處（雲南麗江地區為主），為母系社會。納西族人口數為三十萬八千八百三十九人。主要從事農業和畜牧業。

納西族有著自己的語言，納西語屬漢藏語系藏緬語族彝語支。在納西人當中，約有八成的居民使用納西語，納西族是現今世界上唯一仍在使用象形文的民族。由於跟漢族往來較頻繁，民眾多能使用漢文。

民族婚俗——各有各的說法和講究

納西族婚姻制度為一夫一妻制。舊時，父權極大，婦女社會地位低下，無財產繼承權。禁止和家族的人結親。男女一般二十歲左右結婚，早婚現象較少。曾普遍盛行「搶婚」習俗。

納西族婚姻講究門當戶對，父母之命、媒妁之言，並盛行姑舅表優先婚配習俗。此外，姐妹共夫、兄弟共妻的群婚遺風，在個別村落還有發現。近代隨著法律的貫徹，舊有風俗等已有改變。

神秘「女兒國」的「走婚」

在雲南，有一個美麗的瀘沽湖，它被稱作是「上帝創造的最後一個『女兒國』」，之所以這樣說，是因為生活在這裡的摩梭人，其婚戀習俗帶有明顯的母系制特點，男女雙方建立婚姻關係後，各居母家，分別屬於兩個家庭，終身如此。這種婚姻關係在當地稱為「走婚」，又被稱為「阿注（摩梭語，意為伴侶）婚姻」。通常是男子夜晚到女子家住宿，次日黎明時返回自己的母家，與母家的家庭成員一起工作和生活。所生子女由女方家撫養，在傳統習慣上男子沒有撫養子女的義務和責任。

這種婚姻關係從結合到解除都很自由，維持時間的長短視男女雙方的感情而定。選擇條件以女子的才貌和管理家務的能力來論，女子則重視男方家產和是否能幹等。青年時期這種關係很不穩定，到壯年之後，多數以一個長期伴侶為主。

悲壯的「殉情」

「殉情」是舊社會麗江納西族婚姻關係中突出的現象。主要是一些熱戀著的青年男女，在無法獲得婚姻自由時，抱著「生不同衾，死同穴」的思想，相約至麗江玉龍雪山或村寨附近風景優美的地方殉情自殺。現在的麗江玉龍雪山旅遊開發區的雲杉坪，據說就是舊時的一個殉情之地。隨著現代婚姻的自主，麗江納西族的「殉情」習俗早已被人們所摒棄。

婚禮前奏曲——「忙」並快樂的事

祭祀女神找愛人

雲南和四川的交界處瀘沽湖邊，有座獅子山。傳說，獅子山是一位女神，這位女神不僅主宰著這個地區糧食收成的好壞，而且還影響著女子的戀愛、婚姻和生育。居住在這個地區的納西族人民用最隆重的儀式祭祀女神。

每年夏曆二十五日，納西族青年男女，都穿著民族服裝，到獅子山祭祀女神。在獅子山，男女青年相互接觸，尋找自己的意中人。在獅子山物色愛人，被認為是吉利的事。據說，男女在祭祀女神的獅子山戀愛，將來一定會受到女神的垂愛，使戀愛成功。

同浴選「阿注」

按照納西族的風俗，女孩到十三歲，在家裡特設的「女柱」旁邊舉行穿裙儀式後，就可以自由選擇配偶。無論是在天然浴池男女同浴時，或是婦女在村外集體織麻時，以及女子獨在「繡樓」時，都可以自由選取，物色「阿注」，也就是找同居的對象，而不受社會的非議。

有意思的是，他們在溫泉洗浴時，不僅男女在眾目睽睽之下同池沐浴，互相嬉戲，而且入夜之後，成年男女各自選擇喜愛的異性，雙雙在溫泉附近就地同居。

婚禮進行曲——歡天喜地新人樂

結親喜樂連奏三次

如果是明媒正娶的正式婚姻，結婚前一天，新郎家也是一片忙碌，布置沿房堂屋，搭彩棚，到處張燈結綵，寫貼婚聯等，同時要殺豬宰羊，掛一紅紙或紙綢包裹的篩子，上插三枝柳箭，並寫「麟麟在此」四字，以阻白虎。新床由媒人和新郎母親安置，並請一祖父母、父母健在的小男孩當晚陪新郎睡在為新婚準備的床上，叫做「壓床」。

第二天，新郎在媒人和親友等陪同下，前去女方家接親，到達女方有門口時，接親的隊伍高奏喜樂，連奏三次後，女方的大門敞開，接親者才得以進入，隨後受到熱情的接待。一般在午時前後，男方接親的女伴把新娘抱入轎中或騎馬上路。這時，新娘使勁掙扎，一副不願去的樣子。經安慰和勸說，才告別父母和親友，由舅舅、叔叔、妹妹等陪同前往新郎家。

冷水淋頭與酥油貼臉

當穿著盛裝，頭頂大紅布的新娘在伴娘的陪同下來到新郎家門口時，一位伴娘搶先跑進男方家，從水缸中舀一瓢冷水潑在新娘的頭上。伴娘一邊淋一邊用手搓揉新娘的頭髮，連喊數聲「大吉大利」。

當新娘來到新郎家門口時，新郎家的大門是關閉的。這時，送親的人們在門口唱納西調子，讓男方家開門，「金駝子來不來？銀駝子來不來？」女方家的人在門外唱道：「金駝子來了，銀駝子來了，快快開門。」一番對唱後，大門開了，新娘新郎要雙雙從紅紙糊的馬鞍上跨過去，才能進入大門。

進到大門後，新郎新娘要在祖堂前跪下，隨後，東巴（巫師）取來兩片酥油，貼在新郎新娘的額頭，並領唱「媒歌」，主人提壺為客人敬酒、上茶。但新郎新娘還要長跪在地，直到酥油融化，流得滿面都是。長長的媒歌唱完，東巴才會允許新郎新娘站起來，他們才可以把臉上的酥油擦掉。

傍晚時分，男方家以酒宴招待親朋好友。晚上，青年男女可以去鬧房，可以歡聚在一起跳納西舞，納西東巴則一刻不停的唱〈結婚調〉，氣氛熱烈而歡樂。

婚禮結尾曲——畫上圓滿的句號

婚後第二天，新郎母親要親自端來並餵新媳婦一碗蓮子粥，一碗麵條，以示對新娘的關心。這一天，還要舉行認親儀式，即把新郎家族中的人全部請來，按長幼順序，讓新娘一一拜見。長輩也向新娘致以祝福，並送給新娘見面禮。

婚後第三天新娘歸寧。新郎要陪伴新娘帶著禮物回到女方家。一一拜見女方的父母、舅舅、叔叔、伯伯等長輩，並與他們共同進餐。按習俗，不管路途多遠，新人要當天返回來。

婚後第四天，新娘由新郎的妹妹等陪同，上街買魚、松明燈和蔥等東西，分別表示魚水之情、照亮前程和孩子聰明等涵義。

離婚．再婚——勞燕分飛各覓幸福

在納西族社會裡，正式結婚的婦女，在社會和家裡的地位，普遍比過阿注同居婚的女子低一些。當地的習慣，如果男子提出離婚，則無權索回結婚時送的彩禮，如果女子要求離異，則必須退賠男子全部彩禮。因此，不少婦女是很難達成離婚願望的。但是，只要婦女能退還男方的聘禮，即可隨時離開男方家。貧家女子無錢退聘金，常常採取逃婚的方法，達到恢復阿注婚的目的。民眾對於女子逃婚並無責難，並給予一定程度的同情。

景頗族婚俗

景頗族主要分布在雲南德宏傣族景頗族自治州的潞西、隴川、盈江、瑞麗、梁河五縣，少部分散居於其他州縣。景頗族有十三萬零兩百一十二人。他們主要從事農業，種植水稻、玉米、旱穀等作物。

景頗族語言屬漢藏語系藏緬語族。過去沒有自己的文字，二十世紀末葉創制了以拉丁字母為基礎的拼音文字。

民族婚俗——各有各的說法和講究

景頗族婚姻制度為一夫一妻制。在家庭裡父親是家長，婦女地位較低。婚戀方式和特點是單向姑表婚，即姑家的男子可以娶舅家的女子為妻，但舅家的男子不可娶姑家的女子為妻。舅家的女兒生下來就是姑家的兒媳，但與此相反，姑家的女兒絕不能嫁給舅家的兒子，景頗人將這種婚俗稱為「血不倒流」。

此外，景頗族還嚴格奉行姨表不婚、同姓不婚的規矩。只要不違反上述原則、規矩，青年男女戀愛社交是很自由的，但婚姻一般由父母包辦。女子婚後不落夫家。

婚禮前奏曲——「忙」並快樂的事

♫ 樹葉情書羞答答

景頗族青年男女擇偶的方式是以樹葉傳情。白花樹葉代表「想念」，黃豆樹葉代表「好好的（別牽掛）」，小黑豆樹葉代表「一心（只愛你一個）」，竹葉代表「悄悄的（來幽會）」，蕨葉、酸母葉代表「一定要來（赴約）」」等等。這是景頗族男女青年約定俗成的「情書」。

樹葉傳情有一定的講究。如果把表示一定涵義的樹葉按不同的順序排列起來，就能表達一個完整的意思。比如按照白花樹葉、黃豆樹葉、小黑豆樹葉、竹葉、蕨葉、酸母葉的順序排列下去，那麼，這一疊樹葉「情書」所表達的意思便是：「我一心思念的人只有你一個，我們應該好好的面談。最好是悄悄的來，一定不要失約」。

這種樹葉「情書」，只能用大芭蕉葉做「信封」，即用大芭蕉葉包裹起疊放有序的樹葉，做成一個小包。傳遞這種「情書」的「綠色郵差」，大都是男子或女子的知心朋友。

「情書」傳遞出去以後，如果對方有意，也會用樹葉「寫」一封回「信」，並會如期赴約；如果對方無情，寫的「信」卻是芭蕉葉包著的一堆雜亂無章的酸把葉、野枇杷樹葉、白樹葉、香柏枝葉等，意思是說：「你（妳）的話太多了，再多也是空的，我不和你（妳）談情說愛。」

◆景頗族婚俗

婚禮前奏曲——「忙」並快樂的事

㊀偷偷卜卦未婚妻

景頗族人一般透過「串姑娘」談戀愛，串姑娘一般是在公房裡進行。可以幾個男子「串」一個女子，也可以幾個女子「串」一個男子。「串姑娘」時，男子先暗取意中女子的幾縷頭髮或布絲等物，請「董薩」（巫師）卜卦確定是否能結婚，再由父母請「勒腳」（男方寨裡的媒人）聯絡「強通」（女方寨裡的媒人），並向女方父母提親。提親時送去絲織品、雞蛋、酒等禮物，若女方收下，即表示同意婚事。然後，男方再把商定的聘金送去，決定婚期。

婚禮進行曲——歡天喜地新人樂

新娘漫步過「草橋」

新郎家在門前，搭起長兩到三公尺，寬十五到二十公分的橋，並在橋的兩邊栽種大葉的「公巴草」草叢，所謂的「草橋」。過「草橋」是景頗族婚禮中必不可少的禮儀。

這一習俗來自一個傳說，據說是從景頗族的先人寧貫杜娶龍王的女兒為妻，並用「公巴草」驅除了龍女身上的腥味。草叢中立有木樁，每個木樁代表一個鬼，如祖先鬼、婚禮鬼等等。新娘要由新郎的弟弟或者姪子引領過草橋，意在洗去新娘身上一切不好的東西，希望新娘婚後身體健康、勤勞聰慧、多子多福。舊時，景頗族人認為，如果不過草橋，不舉行儀式，不算正式結婚。

婚禮上闖「三關」

景頗族婚禮一般在一天的下午舉行。槍鳴三聲後，迎親的隊伍回來了。新娘在將到新郎家的路上，要越三道路障。事先，由村子裡的孩子拾來樹枝、竹條、舊籬笆等，設置障礙，並把守在那裡。

一群女孩子把守在第一道路障處。當迎親隊伍來到第一道路障時，迎親隊伍中的主事走出來，鄭重其事的倒竹筒裡的水酒給小女孩喝，並送上一些喜糖和喜錢，但女孩仍不滿足，一個勁兒的喊：「不准新娘過！」正當雙方「爭執不休」時，伴娘簇擁著新娘從另一頭越過了路障。第二道路障，由一群男孩子阻攔。第三道路障是一些三、四歲的娃娃。不同的路障有不同的解決方法，設置這些路障都是對新娘的一種美好的祝願。

在景頗人居住的有些地區，新娘將要進入新郎家時，新郎家大門口要栽上香蕉樹，意味子孫後代昌盛。同時還要栽上甘蔗，意味著新生活節節甜。在喧鬧聲中，新郎拉著新娘的手，通過香蕉和甘蔗林、喜字橋步入洞房。

婚禮結尾曲──畫上圓滿的句號

婚後第二天早上，新娘要釀製水酒，十天後新娘新郎帶上釀好的酒到女方父母家舉行「膳丁」儀式。同時帶上兩大包糯米糰表示團結，二十到四十顆熟雞蛋表示潔白真誠，包好成雙成包的春菜表示婚禮儀式已圓滿結束，已成一家人。這些禮品都用芭蕉葉細細包裹，其包法非常講究，表示吉祥如意、人丁興旺、白頭偕老等。

「膳丁」禮結束後，新娘在娘家小住幾日。過後，新郎再送一酒禮，稱為「看追」，所送禮品與「膳丁」大致相同。景頗族普遍流行婚後新娘不落夫家的習俗。

離婚．再婚──勞燕分飛各覓幸福

在景頗族中，如果丈夫去世，寡婦再嫁的很少，而轉房現象比較常見。按照轉房習俗，弟可娶嫂，兄可娶弟妻。不只在平輩間，就是在上下輩之間也允許轉房，如叔伯可以娶姪媳婦，姪子可娶嬸嬸伯母。但透過轉房得到的妻子不能算正室，因為她結婚時，曾和原夫祭過祖宗，跨過草橋。如果女方不願轉房而想另嫁，女方須退賠結婚時的全部聘禮。

柯爾克孜族婚俗

柯爾克孜族主要分布於新疆西部地區，多數居住在克孜勒蘇柯爾克孜自治州，其餘分布在烏什、阿克蘇、莎東、英吉沙、塔什庫爾干等地區。還有一部分居住在黑龍江省富裕縣。柯爾克孜族人口數為十六萬零八百二十三。主要從事畜牧業，兼營農業。

柯爾克孜族涵義有多種解釋：如「四十個部落」、「四十個女子」、「山裡放牧人」等。柯爾克孜族有自己的語言和文字，近代設計了以拉丁字母為基礎的新文字。有的地區也通用維吾爾文和哈薩克文。柯爾克孜族信奉伊斯蘭教，也有一部分信仰喇嘛教。

民族婚俗——各有各的說法和講究

柯爾克孜族一般實行族外婚和一夫一妻制，直系親屬五至七代內禁止通婚。過去柯爾克孜族盛行封建買賣婚姻，從訂婚到結婚，男方要送給女方一定數量的牲畜作為聘禮。家境貧寒的人家採用「換親」與「入贅（招婿）」方式，完成子女成家立業。柯爾克孜族婚姻不大自由，過去一般為「父母包辦」或「指腹為婚」，所以沒什麼戀愛過程，一般只有訂婚和結婚兩步。

婚禮前奏曲——「忙」並快樂的事

兩隻羊作叩門磚

柯爾克孜族在訂婚時，男方家用馬馱著禮物去女方家，馬頭上要綁一朵潔白的棉花，以示訂婚。女方家人要拿出最好的食物和最高的禮節招待男方家人。如果女方家同意婚事，就在馬頭上綁上棉花，或向男方客人身上撒些麵粉，表示新婚夫婦像白麵那樣潔淨，並預祝兩人生活富足。

柯爾克孜族的結婚儀式主要在女方家進行。男方家在婚禮這天，必殺兩隻羊。一隻作全羊煮熟；一隻把五臟掏出烤熟，還要帶上數十頭小牲畜。快到新娘家時，舉行「叼羊」遊戲，並借此機會將那預先宰好的羊扔到新娘家門口。隨後才被新娘家的女眷熱情歡迎進入家門。

婚禮進行曲——歡天喜地新人樂

捆綁新人鬧婚禮

舉行婚禮儀式前，女方的親友一起將新郎新娘雙雙綁起，拴在門口。這時，新郎的父兄要向這些親友贈送禮物請求「釋放」。婚禮正式開始，由男方的一位長者用木棒將氈房天窗挑開，從天窗向外撒糖果、點心等，客人紛紛爭搶，以分享幸福。

接著，新娘的母親要唱「送嫁歌」，還要舉行「賽得河」，即讓新婚夫婦背對背坐下，每人頭上蒙一個口袋，眾人用一隻羊蹄輪流在他們頭上輕打一下，然後將新郎新娘拉起來共同跳舞。

之後，由阿訇主持典禮，念「尼卡罕」（結婚證詞），讓雙方分吃蘸鹽水的麵餅，象徵夫妻白頭偕老，永遠幸福。

嫂嫂家當洞房

儀式進行時，雙方家長要舉辦傳統的賽馬、叼羊、摔跤等活動，以示祝賀。晚上，新娘來到嫂嫂家與新郎見面，這時的氈房外擠滿了賓客，人們奏起傳統的民間樂器「庫姆孜」，跳起歡樂的舞，唱起喜慶的歌，直到深夜，當討得禮物，放新郎進入洞房後，才盡興離去。

婚禮結尾曲——畫上圓滿的句號

婚禮第二天，新郎要把新娘帶回到自己的新房。這時，新娘要和自己的家人哭別。新娘的母親為了照顧女兒，也陪同女兒同來新郎家住上兩三天，有的要住上一個月才返回。女方要為女兒準備衣物、被褥和其他生活用品作為嫁妝，用馬和駱駝馱上送去，同時還準備一匹馬，馬的鞍具、籠頭和馬鞭全部是嶄新的，並用銀銅裝飾，十分講究。新娘去婆家時，要騎上這匹馬，也作為嫁妝送給女兒。

在婚禮期間，公公和兒媳不能見面，有的在婚後兩三天才可見面，有的要到一個月後才見面。見面時，兒媳要戴面紗，恭恭敬敬的向公公鞠躬，等到公公說聲：「玉孜闊勒西」（意為「彼此見面」）。這時，由嫂嫂揭開新娘的面紗，公公和兒媳才可以見面。

婚後，新郎和新娘的親戚朋友還要輪番邀請新郎和新娘至家，並舉辦各種娛樂活動，對他們的結合表示祝賀。

離婚．再婚——勞燕分飛各覓幸福

柯爾克孜族的婦女離婚後不能自由改嫁，而要嫁給丈夫的弟弟，無弟必嫁近親，無近親才能外嫁。改嫁之時，男方要付給前夫「聘禮」。離婚後的婦女，按宗教規定有「待候期」。觀看是否有孕，待候期滿才能改嫁。

土族婚俗

土族是中國人口較少的民族之一，主要分布在青海省互助土族自治縣、大通回族土族自治縣、民和回族土族自治縣、門源回族自治縣及甘肅省天祝藏族自治縣、永登縣等地。土族人口數為二十四萬一千一百九十八。主要從事農業。兼營畜牧業，尤其精於養羊。

土族人使用土族語，屬阿爾泰語系蒙古語族。過去通用漢文，近年創制了以拉丁字母為形式的土族文字，正在試行。

民族婚俗——各有各的說法和講究

土族原則上只是同族之間通婚，但實際上，土族和藏族、蒙古、漢等民族通婚的也不少。土族歷來禁止同曾祖的兄弟姐妹之間結婚，就是相隔幾代也仍然禁止。

過去，土族地區是封建買賣包辦婚姻。土族青年男女受父母之命、媒妁之言的約束，婚姻不自由。而聘禮較重，窮人要娶妻十分困難。有的女方不收聘禮，但要男子為女方家作工幾年以後才能結婚或者招女婿入贅，或者兩家互嫁，稱為換門親，土族人民是一夫一妻制，過去只有土司、地主納妾。後普遍實行一夫一妻的婚姻制度。土族的婚禮儀式繁縟，自始至終是在載歌載舞中進行。

婚禮前奏曲——「忙」並快樂的事

頻頻敬酒議彩禮

無論是自由戀愛，還是父母決定，土族的婚姻都得由男方父母請媒人向女方家求婚。提親時，媒人要預備焜鍋饃和蒸花捲各一、酒兩瓶，送到女方家。女方父母若同意這門親事，就收下禮物，並熱情招待媒人。否則，讓媒人帶回禮物。女方家同意後，請來本家各戶家長，並邀請男方家的父親或叔叔，和媒人一起來商量訂婚。男方需帶兩包茯茶、三瓶酒、一條哈達、兩副饃饃，作為吃喝禮。並送給女方家父親一包茶、母親一件衣料。同時送一部分財禮。在議禮過程中，女方家開始故意要很多財禮，這時，媒人和男方家父親或叔叔，向女方家的長輩頻頻敬酒，說些恭敬、親近之類的客套話，使財禮數目降到最合適的程度。

首宴上請神擇吉日

定親後，男方家請媒人分期分批送禮給女方家。但主要財禮要在辦喜事前三個月送畢，以使女方縫製衣服等。財禮分衣料和首飾，也有全部送錢的，衣料由女方自己選購縫製。

按土族傳統習慣，在未娶親前，女婿不允許到女方家去。現在逢年過節，不僅要去，還要分別送禮物給女方家人。土族婚嫁，多在每年正月舉行。大約在一個月前，先由男方舉行擇吉日儀式。土族稱婚宴為「霍仁」，擇吉日稱「砣讓霍仁」，即首宴。參加擇吉日首宴的，有女方家父親、叔叔或哥哥等人，男方也對等的請人赴宴，加上媒人，約有七八個人，共同請神擇吉日。

婚禮進行曲——歡天喜地新人樂

水潑接親的客人

在土族舉行婚禮時，前往迎親的年輕人都是能說會道、能歌善舞的，大家叫他們「納什金」。娶親的頭一天晚上，兩位「納什金」帶著禮物和給新娘的服裝首飾，牽著一頭母羊參加娶親。他們到了女方家，一般會受到熱烈歡迎，歡迎的方法也是十分奇特的。「納什金」到了以後，首先要和新娘的女伴隔門進行對歌，要一一回答女伴的問題，女伴才會開門。但當他們走進女方家大門時，女伴會用一桶又一桶清涼的水潑他們。女方的長者會說：「貴客到了快迎接，女孩們不要潑水！」其實是暗示開始潑水、多多潑水。要是「納什金」躲起來了，他們就會喊，「納什金到某某地方去了，年輕人不要往那潑水！」「納什金」逃上樓，他們就會喊：「貴客上樓了，不要往樓上潑水。」實際上是指揮大家潑水。

土族人認為，水潑娶親客，是為他們洗塵，為了向新人祝福，因此，「納什金」雖然渾身溼透，但不能生氣。女伴自認為玩耍夠了，會請他們更衣入席。

阿姑罵婚

土族娶親多在傍晚進行。一般男方家委派兩個娶親人悄悄前往女方家，帶上新娘的新衣、首飾和幾包鋼針。而這時女方家早已聚集著三親六故的女客，土族稱為「阿姑」。娶親人快要到來時，新娘拖著哭腔，一遍又一遍重複「哀喉」（即哭婚）「阿姑」一邊陪哭，一邊想方設法整治前來的娶親人。她們一會兒用冷水潑，一會兒又討要錢、針等。

好不容易讓娶親人進屋後，「阿姑」又開始罵婚，越罵越氣，聲調越來越高，為緩和氣氛，娶親人不時往

「阿姑」的托盤裡放錢。她們一會兒讓娶親人吃饅頭，一會兒又讓啃骨頭，並下「逐客令」。

當然，這個「罵」只是一種形式而已，絕非真正意義上的謾罵。這是過去時代，婦女反抗男權的殘餘表現，「罵」出現於當今很多民族的婚禮上，主要是為了熱鬧。

新娘啟程到男方家時，那裡早已燃起一堆大火。新娘被娶親人扶下馬後，腳不能沾地，須從火上抬過去。然後再把新娘抬到草房裡，整理儀容，穿大襟綢緞長袍，步入洞房，接著在鞭炮聲中拜天地。

婚禮結尾曲——畫上圓滿的句號

新娘在新婚一週內回家串親，新婚時掛在耳朵上的「問號」形耳環，此時倒垂下來，用以表示是剛剛成婚的新娘。

離婚・再婚——勞燕分飛各覓幸福

在土族的招贅婚中，如果因夫妻不合或因其他原因中途離異者，根據不同情況，其財產的處理方式也有所不同，如男方提出離婚，則自動離開女方家，家中財產沒有他的份；如女方提出離婚，男方即可以帶走自己的財產，並有權分得一部分女方家財產。

達斡爾族婚俗

達斡爾族是一個團結的民族。明末清初，沙俄南侵，是達斡爾人首先打響了抗俄的第一槍。

達斡爾族主要分布在內蒙古自治區莫力達瓦斡爾族自治旗、鄂溫克族自治旗、布特哈旗、阿榮旗及黑龍江省齊齊哈爾市區、梅里斯區、富拉爾基區、龍江縣、富裕縣、嫩江縣、愛輝縣；少數居住在新疆塔城縣。達斡爾族人口數為十三萬兩千三百九十四。達斡爾族的生產方式以農業為主，兼事畜牧業和漁獵業。

達斡爾族的意思是「原來的地方」，也就是故鄉。達斡爾族有本民族語言，屬阿爾泰語系蒙古語族。無本民族文字，主要使用漢文，少數人兼用滿文、蒙古文和哈薩克文。

由於居住分散，達斡爾語形成了布特哈、齊齊哈爾和新疆三種方言，但語音、詞彙、語法的差別不大，可以互相通話。

達斡爾族信仰薩滿教，少數人信仰喇嘛教。

民族婚俗——各有各的說法和講究

達斡爾族實行一夫一妻制婚姻，十分注重血緣關係，恪守氏族外婚制原則。他們認為表親之間，只有姑姑的兒子可以娶其舅舅的女兒。而舅舅之子娶姑姑之女，屬於「回頭婚」，則在禁止之列。習慣上禁忌女子在偶數年齡或在母親生自己的年齡出嫁。過去達斡爾族人的婚姻多為父母包辦，締結婚姻要經過訂婚、過禮、迎娶三道程序。

婚禮前奏曲——「忙」並快樂的事

提親兩次見分曉

達斡爾族的娶親，媒人去提親搭鵲橋時，頭上要戴一頂帽子，帽子右邊掛一塊紅布條，手裡還要拎著「提親酒」。別人一看這種裝束，就知道是到女方家提親說媒的人。媒人第一次去女方家提親，往往得不到明確的答覆，因為女方家必須經過一番認真的考慮。所以，媒人至少還得去第二次才知分曉。假如女方家認為這門親事值得考慮，女方的父母就要對未來的女婿進行一番必要的「考察」。

此後，未來的新郎官要跟隨父母到女方家去兩次，接受未來岳父岳母的考核，如同過去應考的秀才。第一次去，女方家主要進行「面試」。在女方家門口迎接他們的是一位長者，其實就是一位「主考官」，他負責端詳年輕人的智力、教養和人品如何。當認為還滿意時，才允許客人進屋並待為上賓，這說明這門親事已有了八九分成功的把握了。男方第二次去女方家時，則是在友好和諧的氣氛中商議完婚的日期和相關事宜。

婚禮進行曲——歡天喜地新人樂

送親歌曲贊新娘

在舉行婚禮婚禮的前一天，新娘家殺羊宰雞大擺喜宴，熱情招待前來祝賀的親朋好友，並把家中及村裡的井全用大板蓋嚴，象徵夫妻生活中沒有坎坷。然後唱歌跳舞，一直熱鬧到深夜甚至破曉。

第二天，新娘家組織送親隊伍，護送新娘到婆家。新娘在一群男女青年朋友的簇擁下坐上送親的馬車，一路上歡歌笑語，熱鬧無比。在送親的路上要唱「送親歌」，讚美新娘找到了好婆家，嫁給了好兒郎，祝願他們幸福美滿白頭偕老。

偷杯竊碟戲新郎

當送親人陪護著新娘到達男方家中後，新郎家對送親貴客極為熱情，視為最尊敬的客人，未進門，先敬「進門盅」，進屋後再設「接風酒」，可謂細緻入微，唯恐怠慢。儘管如此，新娘的男性親友仍然要表示出不以為然的樣子，並挑剔某些禮節的不周到。新娘的弟弟朋友則一邊吃喝，一邊偷酒杯、筷子、碗碟等藏在身上，以此捉弄新郎和陪客。因為達斡爾人認為，酒杯是為新郎新娘準備的量糧食的斗，碗碟是盛糧食的籮筐，都是不可缺少的生活用品。因而席後男方發現少了東西，便開始搜查。搜出便罰「偷」酒杯者喝酒一杯，「偷」碗者喝酒一碗。第二天，送親人準備打馬回程時，也伺機「偷」走幾個酒杯、碗碟，待新郎帶酒追來，才肯歸還。顯然，這個「偷」的環節，又增添了不少喜慶的氣氛。

婚禮結尾曲——畫上圓滿的句號

第二天，還要舉行賽馬等傳統的娛樂活動，人們盡興玩耍以示歡慶賀喜。娛樂活動結束後，新郎要準備酒肉等禮品給岳父岳母，請送親人帶回轉交。

離婚．再婚——勞燕分飛各覓幸福

達斡爾族對離婚十分痛恨，一般很少離婚。在達斡爾語人有句俗語：「寫離婚書的地方，三年不長草。」離婚的男子要受到眾人恥笑。如果實在要離婚，則須舉行離婚儀式，這個儀式也是十分莊重，丈夫必須跪臥在地上，讓妻子從他頸部跨過。還要把一塊白布纏在男方家的煙囪上，用來象徵丈夫已經死去。

離婚之後子女歸男方撫養。舊社會提倡婦女守節，孀居終生。寡婦再嫁，也必須等到三年服孝期滿。

仫佬族婚俗

仫佬族是中國人口較少的一個山地民族。「仫佬」一詞在民族語言中，就是「母親」的意思。絕大多數居住在廣西羅城仫佬族自治縣。其餘散居在忻城、宜山、柳城、都安、環江、河池等縣境內，與壯族、漢族、瑤族、苗族、侗族、毛南族、水族等民族雜居。仫佬族人口數為二十萬七千三百五十二。主要從事農業，種植水稻、玉米等。

仫佬族使用的仫佬語與毛難語、侗語、水語相近。大多數人兼通漢語，部分人還會說壯語。通用漢字。

民族婚俗——各有各的說法和講究

仫佬人結婚的範圍，不僅僅限於本民族，與周圍的漢壯等族均可通婚。仫佬族子女達到婚齡，父母即替他們物色配偶，找媒人議婚。通常由男方派媒人到女方，女方父母同意後，婚姻締結的序幕就正式拉開了。

婚禮前奏曲——「忙」並快樂的事

「走坡」中對歌交友

「走坡」是仫佬族青年男女社交活動的一種形式。「走坡」的季節是中秋和春節的前後幾天，年輕人身穿盛裝，男女各自結伴，到集市上尋找對歌的夥伴。找到滿意的對手後，就邀到風景美麗的山坡草坪上開始對唱，以歌為媒，一問一答，相互滿意，互贈信物。最後託媒人通報家長，確定婚期成親。

◆仫佬族婚俗

婚禮進行曲——歡天喜地新人樂

合八字後送豬肉訂婚

媒人先由男方拜託，女方家若同意，就把女兒的生辰八字交給媒人轉遞男方。男方父母收到女方八字後，認為與兒子的八字相合，這門親事基本確定。

確定後，男方留下八字，送兩斤豬肉到女方家，作為「暖婚」。隨後媒人與雙方商定，男方帶上豬肉八斤、閹雞一對、兩壺酒、彩禮錢若干前往女方家訂婚。有的地方男方家留下女方八字後，請媒人送三斤豬肉到女方家報信，稱為「回六合」，算是完成訂婚手續了。訂婚後，由算命先生選擇黃道吉日作為婚日。

婚禮進行曲——歡天喜地新人樂

十姐妹送嫁　難辨新娘

仫佬族接親方式各地略有差別，不過最有趣的是「送嫁十姐妹」。新娘過門前一個月，同村寨的同輩女子自願組成十人新婚團隊，到未婚新娘家當姐妹，與新娘日夜相伴，幫她做新鞋，縫嫁衣，備梳妝用品。成親的那天，十姐妹與新娘打扮得一模一樣，穿相同的「情人鞋」、「送嫁衣」，撐同樣的「姐妹傘」，剪同樣的髮型，綁同樣的辮子，甚至連舉止姿態都十分相似。若非親友，真不知誰是真正的新娘。到了新郎家，十一個女子一起登堂入室，熱鬧非常。

「拆」了「門」方可進村

接親的當天，許多地方都有設「歌卡」的習俗。男方一行人到女方村寨接親時，女方家村中的青年男女手拿凳子，端著清茶，攔坐在村口，並唱「攔門歌」。歌詞內容的大意是：你們來做什麼？你們家有些什麼人？

迎親者必須以歌唱的形式一一回答，這即是「拆門歌」。「拆」了「門」，娶親隊伍方可進村，否則一直問下去，直到日落西山。

新娘進屋後，許多地方要「鬧歌堂」，即在洞房內外擺擂台賽歌，男女唱答。高潮時，喝彩聲、歡笑聲響成一片，成了青年人顯露才華的最佳場所。

千年米與過扁擔

「交親」儀式要第二天清晨舉行。女子由其兄、叔或姐、姑從樓上背下來，拜辭祖先，然後出門。送親的客人中有一婦女，先撐傘在外等候。新娘出門，不許露頭頂天。

送親的人群中，有一位婦女手裡提著紅布口袋。那是仫佬族女子出嫁時必帶的東西——千年米。據說新娘到婆家後，用此大米播種，一輩子不愁吃。新娘進入新郎家門時，必須經過一項象徵性儀式「過扁擔」。新娘入門時新郎坐在香火龕前的一張木椅上，面對大門。正房門的上邊架著一根扁擔，上放一雙新郎的鞋，新娘必須從扁擔下經過。認為這樣可以避開婚後女人管制男人的可能性。

婚禮結尾曲——畫上圓滿的句號

仫佬族也有婚後「不落夫家」的習俗，一般結婚第二天即回娘家，在夫家不常住，直到懷孕才回夫家。

離婚．再婚——勞燕分飛各覓幸福

仫佬族的丈夫如果去世，寡婦再婚須得六房家庭同意。

羌族婚俗

羌族是中國古老的少數民族之一，今天的羌族是古代羌族人中保留下來的一支，主要聚居在四川西部茂汶，其餘散居在汶川、理縣、黑水、松潘等地。羌族總人口為三十萬六千一百人。羌族以農業為主，以狩獵和多種副業為輔助。

羌族沒有自己的民族文字，通用漢文，但有自己的語言。羌語屬漢藏語系藏緬語族。羌族信仰原始宗教，也有一部分羌族人信仰藏傳佛教。歷史上羌族和漢族、藏族的關係非常密切。

民族婚俗──各有各的說法和講究

羌族的婚姻形式，基本是一夫一妻制。過去，姑舅表可優先結親，兄死弟娶寡嫂，弟喪兄納弟媳，目的是不讓財產落給外姓。男子到女方家入贅的較多，贅婿隨妻姓，一般身分地位稍顯低些，因此流傳有「招女婿上門，好比買騾子」的說法。

過去，因幼小時即由父母代訂婚約，甚至指腹為婚，因此羌族的青年男女沒有選擇配偶和自由戀愛的權利。擇婚時，講究門當戶對和親上加親。在結婚年齡上往往女大於男，因此，羌族地區流行著這樣一首民謠：「六月麥子正揚花，丈夫還是奶娃娃，哪天等得夫長大，落了葉子謝了花。」

「尚雙」習俗

羌族是個崇尚雙數的民族，認為「雙則和，和則滿」。送禮送雙份有祝福美滿、團圓、吉利之意。「紅爺」

（即介紹人，男性，由有威望的人擔任）一定是「兩雙」之人，即兒女雙全、夫妻健康的人。

這與羌族樸素的二元分立宗教觀有重要關係。羌族把世界分為陰陽兩極，天為陽、地為陰，男為陽、女為陰，南為陽、北為陰，生前為陽、死後為陰……新人結婚是人生大事，一定要占全陰陽兩極，才能遇事呈祥。參加婚禮的人就紛紛以「送雙」的形式來把最美好的祝福獻給新人。

婚禮前奏曲——「忙」並快樂的事

三道程序定婚期

按照羌族的傳統習慣，訂婚時要舉辦三次酒席。首先是開口酒，也叫許口酒。當男女還未成年時，一般是男方家長拜託紅爺出面說親，如同意則由家長提出一定時間，男方到女方家辦酒席宴請，名「開口酒」。酒席上商定聘金數目，表示訂婚初步成功。

數月後，男方家去女方家備酒席招待近親，稱「小定酒」，此時要送上一些彩禮，置於神台之上，以示莊重。第三次飲酒稱為「大訂酒」。兩家具體商定結婚日期，男方要大宴賓客，款待女方親友，此時男方根據議定交清聘禮，特別要備一分銀子奉送岳母，女子不露面，藏於房內或親友家中。至此，訂婚儀式宣告結束。

勤勞的女子婚前種女兒麻

羌族人以節儉為榮，因此，傳統羌族女子有種植「女兒麻」縫成新衣或織成腰帶準備結婚使用的風俗。在羌族，無論多麼美麗的女子，如果她不用自己勤勞的雙手，在愛情的土地上播種「女兒麻」，是不能結出豐碩的果實的。羌族男女青年相識相愛，而且雙方已經正式吃過訂婚酒後，待嫁的女子就開始準備種植女兒麻了。

羌族女子在山坡上選定一塊荒地後，就開始進行開墾。開春後就在這塊土地上種下女兒麻，待到秋收後將麻織成布，縫成新衣或織成腰帶準備結婚使用。羌族女子為了追求美好的愛情，為了能和心愛的男子結成美滿的婚緣，從種到收都是一人悄悄的進行。

待到出嫁的時候，羌族女子親手將女兒麻織成七根腰帶，結婚時繫於自己身上，洞房花燭夜由新郎親手解開。女兒麻織成衣服，作為女子結婚時的嫁妝。然後夫妻雙方都把這件衣服留為永久的紀念，一般不再繼續穿，而是傳給兒孫，以教育後代要保持羌族的勤勞樸實節儉的傳統美德。

婚禮進行曲——歡天喜地新人樂

隆重而喜鬧的男女「花夜」

按羌族習俗，娶嫁的前一天晚上，要舉行隆重的「花夜」，就是為新人開個娛樂晚會，男方辦的叫「男花夜」，女方辦的叫「女花夜」，男的慶祝娶妻，女的歡送出嫁。

「女花夜」，由女方備酒兩罈招待前來慶賀、送禮的客人，男女各一罈，大家跳舞、唱歌慶賀。「女花夜」時，新娘堂屋裡燈火通明，中間擺著兩張併攏的八仙桌，周圍擺設條凳，桌上放有酒和十二盤「乾盤子」，即花生、紅棗、蘋果、糖果等，飽含圓滿、吉祥、喜慶之氣。另外還有一些菜餚，十分豐盛。晚上七、八點鐘，花夜開始，新娘要坐上席，姐妹依次入席，男方接親的人也在座，新娘入席時要哭，傾訴父母養育之恩，姐妹開始唱歌，一直要唱到午夜待湊熱鬧的人逐漸散去後，花夜才告終。

男方辦花夜的內容與女方相似，不同的是新郎要由母舅來升冠、掛紅。冠是形似清朝官帽的紅穗圓形雙層帽，上面插一對紅色喜牌。舅舅替新郎升冠，賦予新郎以新的社會角色，預示他已步入了成年人的行列，就要成家立業、另立門戶了。

然後替新郎掛第一道紅，並致辭：「一對金花亮堂堂，今天拿來賀新郎，左插一支生貴子，右插一支狀元郎，兒子兒孫入朝堂。」

接著母舅家人依長幼排序依次替新郎掛紅，然後由新郎家門房族中的人依長幼排序替新郎掛紅，最後由新郎的父母掛紅，即「收拜」。每人都要說一段祝福的話，祝新郎娶回一個如意娘子，日子和美。

唱「花兒納吉」贊新人

第二天，便是出嫁的日子了，女方往往要做一對太陽、月亮饃，裝在一個新竹簍裡，選派一個父母雙全的男童隨新娘背到男方家去，饃上刻有松柏圖案，象徵一對新人與日月同壽，似松柏長青。和很多民族一樣，新娘走出自己娘家的門時要唱「哭嫁歌」。

到男方家後，新郎在樓上或大門裡用生米打向新娘，新娘由兩名女子扶著踩爛一個倒扣在門檻上的碗後進門，以示退煞。一對新人在男方神龕前一拜祖宗創業恩，二拜父母養育恩，三拜夫妻偕百老，四拜子孫個個強。再拜來客，幫眾，最後夫妻對拜，新郎揭去新娘的紅蓋頭，雙雙進入洞房。

接著開始宴請賓客，飯畢跳「莎朗」，唱「花兒納吉」，主要是唱贊新郎新娘的。如：

我家妹子十八歲，
她本天仙女下凡。
人品好來又能幹，
內外料理都周全。

頭髮烏黑巧梳妝，
穿戴樣樣好上好。
銀牌耳環已備足，
圈子簪子也齊全。
又如女方家唱：
我家姑娘年齡小，
針線活兒沒學好呀。
男方家唱
你家姑娘聰明呀又能幹，
心靈手又巧呀。

這一問一答，歌聲、笑聲、碰杯聲，人們釋放著各自的情感。鬧到深夜，才在意由未盡中漸漸離去。

婚禮結尾曲——畫上圓滿的句號

婚禮的第二天早晨，新郎新娘帶著一個豬頭一條豬尾巴去謝紅爺。豬嘴巴含著豬尾巴，表示這件事有頭有尾，圓圓滿滿。紅爺看著這對由自己牽線走到一塊的新人，都會送上新婚的祝福。

謝完紅爺後就是「歸寧」了。「歸寧」要看兩家相隔的距離，相隔近的謝紅當天就歸寧，相隔遠的有三天後歸寧的，有九天後歸寧的。歸寧時新郎會在女方家裡住上三天或者九天，然後才回到自己家。

羌族民間有的地方還有「逗新郎」的習俗。即在歸寧酒的宴席上，娘家人要讓新郎用四尺長的筷子，而且還要在筷子的後面加幾個用馬鈴薯做的筷子墜，要新郎使用這種筷子，隔著幾盞油燈去夾用肉丁和豆粒做成的菜，如果因為筷子長，夾不起菜，或油燈燒著下巴，就要被罰酒，這種活動既是節日聚餐，也是一種娛樂。

離婚．再婚——勞燕分飛各覓幸福

羌族人婚後一般不許離婚，若家庭不和或妻子沒有生育，男方可另娶，但女方則不行，一旦男方出走，女方只有等男方在外面和別人成親後才能考慮再嫁，而且只能嫁給大伯或小叔為妻。

寡婦再婚較普遍，不受限制，父母不得干涉，也不能歧視。有謠曰：「頭嫁由爹媽，三嫁由自身。」

布朗族婚俗

布朗族是中國西南地區的一個古老土著民族。主要分布在雲南省西雙版納傣族自治州的猛海、景洪和臨滄地區的雙江、永德、雲縣、耿馬及思茅地區瀾滄、墨江等縣。布朗族人口數為九萬一千八百八十二。布朗族人主要從事農業，以種植旱稻為主，善種茶，布朗族山區是馳名中外的普洱茶的重要產區。

使用布朗語，屬南亞語系孟高棉語族佤崩龍語支。部分人會講傣語、佤語或漢語。沒有本民族的文字，部分人會漢文、傣文。過去大部分布朗族人信仰小乘佛教。

民族婚俗——各有各的說法和講究

歷史上，布朗族的婚姻為一夫一妻氏族外婚制，戀愛自由。父母對子女的婚戀一般不干涉，但需嚴格執行卡滾（家族）外婚制，姨表、姑表之間不許婚戀。不同家族之間的男女青年可以自由交往，結為夫妻。布朗族有從妻而居的習俗，一對情侶一般要舉行兩到三次婚禮。

布朗族的男孩與女孩到了十四、五歲時要舉行「漆齒」的成年禮儀式。屆時男女少年相聚在一起，用鐵鍋片燒取紅毛樹黑煙，彼此為異性染齒。染齒意味著步入成年，可以公開參加村寨中的社交活動。

婚禮前奏曲——「忙」並快樂的事

採束鮮花送愛人

布朗族的男子到了十八歲，便開始了「串姑娘」活動。透過對歌，男女雙方進行各方面的了解。等到男女雙方戀愛感情篤深時，男子便用各種方式向自己心愛的女子求愛。送鮮花是男子向女子求愛的方式之一。愛花是女子的特點，布朗少女極喜歡把鮮花插在白頭巾上或是綴在耳環彩色絲線上，使自己變得更嫵媚。於是男子便以鮮花為媒，向女子求愛。

男子把從山上辛苦採來的鮮花真誠獻給女方，女方為了考驗男子是否真心愛她，往往只收下男子最初幾次送來的鮮花，而不作任何的表示，如果男子仍然向她奉獻鮮花，女子確認男子是真心實意愛她時，便在送來的一束鮮花中挑選一朵最鮮豔美麗的花戴在自己的頭上，以此表示同意男子的求婚。

漂亮的女子往往會碰到幾個男子同時向她贈送鮮花的事，有時幾個男子送的都是同樣的花。碰到這種情況，女子只好把花裝在筒帕裡，想辦法與自己中意的男子相遇，然後掏出鮮花當著他的面往頭上擺插一下，又趕快把它拿下來。這樣做，既向心上人表示了情意，又避免了不必要的尷尬和麻煩。

情歌飄蕩布朗山

對情歌是很多少數民族特有的男女戀愛方式，同樣，以歌為媒，也是布朗族男子向女子求愛的方式。青年外出勞動之時，那些歌喉洪亮的青年男女，常在田間地角、坡頭谷底盡情放歌。每當發現自己心愛的人時，便會唱起委婉而動聽的歌，用歌聲求愛，在布朗山上，人們常常可以聽到這樣的山歌：

山間的緬桂花喲，

◆布朗族婚俗

婚禮前奏曲——「忙」並快樂的事

妳為什麼開得這樣美？
妳為什麼飄出醉人的芬芳？
春風可曾吻過妳的笑臉？
蜂兒可曾採過妳的蜜糖？

這首山歌一落，山那邊又會飄來一首回答男子問話的歌：

上山採蜜的蜂子喲，
你為什麼閉著眼睛亂飛？
山間的緬桂花剛剛含苞待放，
春風不曾吻過初放的花蕊，
花蕊剛剛吐露芬芳，
想採蜜糖的蜂子喲，
為何不歇落在桂花樹上。

歌聲搭起了一座彩橋，青年透過這座彩橋，找到了情投意合的伴侶。

女子佯裝打媒人

男女雙方透過一段時間的相互接觸，雙方感情融洽，他們便各自回家和父母商量，請媒人提親。布朗族的父母是通情達理的，他們一般都不阻礙兒女的婚姻自由。

對布朗族的人來說，說媒的日子是十分隆重的。媒人要穿戴一新，並挑上一些米、酒、肉等禮物，堂而皇之的去往女方家。女方預先要做好一切準備，認真款待媒人。

媒人一進門，女子心中又是高興又是害羞，她要裝做生氣的樣子，拿起一根棍子去打媒人的腳。當然，不用擔心，她只是打在地上，打一下，媒人跳一下，惹得眾人歡笑。父母見了，趕快上來責備女子不懂事。其實女子心裡有數，她的意中人託人來說媒，她是感到由衷的幸福的。

媒人被請到火塘邊，主人客人席地而坐，圍成一個圓圈，中間擺酒擺菜。第一盤菜上的是「頭刀菜」（殺豬的第一刀）；其次是「三生」，即生蔥、生薑、生大蒜和炒肉片；最後是各種烤肉、酸菜。酒至半酣，賓主引吭高歌，歡聲笑語不止。

婚事定下，男青年便不再進行「串姑娘」活動。一般要用針在腿上、胸部、背部、手臂上等處，刺上飛禽走獸以及各種幾何圖案，然後塗上炭灰、蛇膽汁等染料，使花紋永不褪色。據說這樣做是為了顯示男子雄健的體魄。

婚禮進行曲——歡天喜地新人樂

美妙的婚禮「三重奏」

布朗族的婚禮一般都要舉行三次，一般說來是頭次婚禮簡單，後次次婚禮隆重。

第一次婚禮是在定情之後在女方家舉行。結婚儀式由頭人（指村子裡的最有地位的長者）主持，主人要殺豬、宰雞，將一個豬頭和一隻雞送給主持儀式的頭人。儀式在頭人的主持下將一瓶酒、一碗飯和一碗肉放在寨樁前祭禮寨神。然後再去佛寺中拜佛，之後再認親。

這次儀式實際就是男方認妻，女方認夫。儀式結束之後，新郎便可在女方家和新娘同居，生兒育女。但新郎白天仍然在自己的家裡工作。

男女雙方同居之後，如果感情不好，舉行過第一次婚禮之後，就不再舉行什麼儀式了。如果雙方情投意合，感情很深，就必須再舉行一次隆重的典禮，讓新娘正式出嫁，到男方家去當媳婦。

舉行這次典禮時，男女雙方都應備辦較豐盛的酒席，請本寨鄉親及男女雙方的親戚進行歡宴。然後由一班青年人把打扮得花枝招展的新娘送到新家去，路上新娘應放聲痛哭，用悲痛、哭聲和自己的淚水來感謝父母的養育之恩，如若不哭，父母會感到傷心。

到了男方家後，婆婆在樓門口給新娘一條新筒裙，新娘把這條筒裙和第一次婚禮時母親給新郎的上衣疊在一起，以示夫妻今後永不分離。然後舉行典禮。

典禮儀式是莊嚴的。堂屋裡布置兩張鋪著芭蕉葉的圓形蔑桌，桌面上擺著兩段白布、兩瓶米酒、兩隻煮熟的雞，桌上的禮物象徵甜蜜幸福、成雙成對、白頭偕老，那對完整的雞代表鳳凰，是吉祥與美滿的象徵。

第三次的婚禮往往辦在嬰兒出生之後，這次一定要殺豬宰牛喝喜酒，招待全村寨的親朋好友。這次婚禮有些像漢族替孩子做滿月一樣，只是布朗人仍稱它為婚禮。

「偷女婿」與「偷新娘」

結婚當晚，新郎新娘各住一處，並不同房。第二天雞叫頭遍的時候，新娘和女伴悄悄來到新郎的住處，推醒新郎，並帶上早已準備好的東西，一起匆匆來到女方家。這時候，岳母早已等候在竹樓門口，見女婿來到，把一件新上衣送給女婿。新郎則取出兩支用芭蕉葉裹好的臘條插在門上，作為結婚的象徵。這種習俗被稱為「偷女婿」，帶有盡早拜謝女方父母的意思。

如果女方落戶到男方，就在男方家辦酒席，在當晚雞叫以後，由新郎和他的同伴悄悄把新娘接到男方家，叫做「偷新娘」。

婚禮結尾曲——畫上圓滿的句號

新娘在第一次婚禮後三天「歸寧」，帶兩盒糯米飯、兩掛肉，在娘家吃一頓飯就回夫家，回來時要從娘家挑一斗米做上灶米，一個月後娘家帶著一個背籮一根背繩回來接。

離婚．再婚——勞燕分飛各覓幸福

因為布朗族是自由戀愛，又經過三次婚禮的考驗，所以離婚的現象不多。如離婚，則女方不參加離婚儀式，由其父或兄代表。屆時，提出離婚的一方殺一頭豬，把豬肉分給全村寨的孩子吃，讓孩子在村寨裡大聲宣告某某和某某已離婚。這樣，民俗形式上的離婚就正式生效。也有剪斷蠟燭表示離婚的。離婚時，妻子在夫家住不滿三年的，可以將自己的財物帶回；住滿三年的，財物由男女雙方平分。

撒拉族婚俗

撒拉族生活在中國的青藏高原邊緣，撒拉族人口數為十萬四千五百零三。撒拉族男子多以上山伐木、下河板筏為生。此外，養蜂是撒拉人最喜愛的副業生產，園藝也是他們的特長。

撒拉族使用撒拉語，屬阿爾泰語系突厥語族西匈奴語支。不少撒拉族人民會講漢語和藏語。撒拉族沒有本民族文字，一般使用漢文。主要分布在青海省循化、化隆和甘肅省臨夏。撒拉族信仰伊斯蘭教，其生活習俗大致與回族相似。

民族婚俗——各有各的說法和講究

舊時撒拉族地區實行過一夫多妻制，但為數極少。撒拉族早婚現象很普遍。女九歲，男十二歲，就要承擔婚嫁的「非日則」（神聖的天命）。近親通婚的較多，重舅權，姑舅表優先婚。近代這些情形幾乎都已改變。現在男女實行自由戀愛，婚制為一夫一妻。

撒拉族實行家族外婚，對堂兄妹之間的婚姻絕對禁止，故有三代內不得通婚之說。也不與異教徒通婚，除非異教徒全心全意皈依伊斯蘭教。

撒拉人不論男女，均以做媒為榮，「天上無雲不下雨，地上無媒不成親」，這是撒拉族人形容青年男女婚姻的一句俗話。「嫂吉」（媒人）是撒拉族婚姻中一位至關重要的角色，從媒結兩家、下定茶、定彩禮數目、協調雙方矛盾、婚嫁到「打發拉」（打發送親人），以至於重婚，都要由「嫂吉」出面奔走。因此，締結一門婚姻的成功，其功德相當於修建一座清真寺呼禮塔。男女方兩家均須持一雙絨鞋、一雙繡花襪子和一副繡花枕頭給「嫂吉」，以示謝忱。

撒拉族的婚俗受伊斯蘭教的影響較大。婚姻的締結，一般要經過說親、送定茶、送聘禮、舉行婚禮四道程序。

婚禮前奏曲——「忙」並快樂的事

說親與下定茶

在撒拉族當中，當男方家看上某家女子時，就請媒人向女方家表達求婚之意。媒人臨行時，一般帶一包茯茶，兩包冰糖。女方家收到茶和冰糖後，在徵求女兒本人和舅舅、叔伯兄弟、姑嫂等親戚諸人的同意後，由父母做最終的決定。

當大家都表示應允後，男方擇定佳期，由媒人徵得女方家同意後，男方便遣使媒人向女方送「訂婚茶」。一般送訂婚茶一份和大耳環一對。茶葉是送給父母的，耳環是送給女子的。當日，女方家做「油攪糰」請來親房叔伯與媒人同吃，表示婚事已定，絕不反悔，並當場議定聘禮。雙方商定後，媒人帶著餘下的「油攪糰」送給男方家，作為覆命。

聘禮重「禮」不重「利」

送聘禮是締結婚姻的一道重要程序，撒拉人很重視下聘的禮儀，通常聲勢比較大，送聘禮的人少則二三十人，多則八九十人，均為男人。人數雖然很多，但其實彩禮並不多。一般人家，聘禮僅有細衣料一套（緞子或燈芯絨）、粗衣料一套（素布），還有一些化妝品，富戶人家則多送一件長羔皮筒。女方也只回敬一雙布鞋和一雙繡花布襪給新郎。

這是因為相傳先知穆罕默德的女兒法蒂瑪與阿里成婚時，阿里家貧如洗，只有一升大麥，一個手推石磨和一床破舊的鋪蓋。法蒂瑪非常寒心，哭著對父親訴苦。先知對女兒耐心啟迪，說人在世上，要知足，有這點財富，就應該感謝真主。法蒂瑪聽了，轉憂為喜。撒拉族人民一直以此為榜樣，忠實遵行。

婚禮進行曲──歡天喜地新人樂

撒糧食默祝五穀豐登

撒拉族的婚禮一般在隆冬舉行。除了這時節農活少，人手閑、糧油足、肉類肥而又好儲藏外，主要還是人員全，所有外出的人均已陸續返家。

婚期至，新郎在男賓陪伴下到女方家迎親，女方家用油香等茶食招待，然後請阿訇誦「尼卡哈」（證婚詞）。證婚儀式結束，新娘出嫁梳妝時，要哭唱「撒赫斯」（哭嫁歌），然後由至親長輩兩人攙扶哭著緩緩退出大門。將要離開娘家的時候，新娘手捧一把黃澄澄的糧食，在舅舅和叔伯兄弟的扶助下，一邊緩緩繞院子一周，一邊將手中的糧食撒在院裡，默祝自家從此五穀豐登，人丁興旺，到婆家生根發芽；隨後退出大門，並從左到右繞迎親的馬三圈，戴上面紗，被舅及叔伯兄弟扶上馬。其他親友簇擁護送前往男方家。在撒拉族的習俗信仰裡，右上而左下，右善而左惡，由左而右繞馬三圈，意在於棄惡向善。

進婆家要先「擠門」

「擠門」是撒拉族婚禮上熱鬧且獨特的禮俗。新娘來到婆家大門口，送親的一方認為，這天是新娘一生中

令人理解不能的婚俗

突破想像的婚嫁趣事

最寶貴的日子，應該足不沾塵，由長輩直接抱入洞房；迎親的一方卻認為新娘不走進去有損新郎身價，以後難駕馭新娘，硬要新娘下馬步行。

於是，雙方兩家一些體格健壯、身材魁梧的彪形大漢，展開了「擠門」的戰鬥。你衝我堵，互不相讓，直到筋疲力盡，女子按勝方規矩進入大門。

如果新娘家取勝，新郎會迅速跑上屋頂（屋頂坡緩、厚實、無瓦），在新娘經過的屋頂狠踩幾腳，意思是說「妳還是要聽我的」。

㉑ 演「駱駝戲」懷念祖先

新娘入洞房後，由新娘的嫂嫂或嬸嬸用一雙新筷子揭開新娘頭上的面紗，撒拉語叫「巴西阿什」，同時說唱一段新娘生根、開花、結果、和睦相處的祝詞。如：

妳這個好阿姑，
嫁到這個家生五個男孩，
養三個阿娜，
像金子樹的根子那樣扎穩，
像金子樹的杈枝那樣茂盛。

這雙象徵吉祥的筷子，新郎家一定要收回。之後，新娘用餐，餐畢，新郎家的妯娌端來一盆淨水向新娘索要喜錢，新娘把硬幣投進水中，表示清白如水，扎根結果，撒拉語叫「蓋吉爾喬依」。之後，男方家設宴招待女方家親屬，男方宗族也宴請女方親屬。

晚上，由四個男子表演「對委奧依納」即駱駝戲，追述撒拉族先民從中亞撒馬爾罕遷至青海循化的歷史，懷念祖先這段不平凡的經歷。然後唱起優美吉祥、詼諧有趣的宴席曲。

傳說，撒拉族曾經是居住在亞細亞的一個民族，經過千辛萬苦來到青海，他們最早帶來了駱駝。所以在撒拉族婚俗中，演駱駝戲是必不可少的內容。

婚禮結尾曲——畫上圓滿的句號

和有些地區的漢族相似，撒拉族洞房花燭之夜有「聽房」的習俗，同村的青年紛紛到新房窗下，偷聽這一對素昧平生的新人在新房中談話的情景。眾青年站在窗外，有的說著玩笑的村言假話，有的則以「過來人」的姿態指揮著新郎，一直鬧到從新郎手中討得一筆可觀的喜錢，才心滿意足的離去。而聽房的內容卻經他們的加工渲染，第二天在同輩人中張揚一番。

第二天，新郎新娘以及新郎家除婆婆外所有女眷都須陪新夫婦「歸寧」，她們提著油香，先去新娘的娘家，娘家以盛宴待之。之後，依次還要到新娘的親戚家，各家亦熱情招待。

離婚．再婚——勞燕分飛各覓幸福

舊時撒拉族男子有憑「口喚」離棄妻子的特權，即男子如果對妻子不滿意，只要說三聲「開尼優日」意即「我休了妳」，即使是開玩笑，也會有教規效力，從此再無重婚的餘地，夫妻間再也不能同床共枕，否則為教規世俗所不容，所以夫妻之間在正常情況下最忌「開尼優日」等語。而女子卻無權提出離婚；

撒拉族男女離婚後，若再想復合，通常有個條件，就是妻子須經再跟別人結婚，爾後又與這人離婚後，雙方都覺得當前的生活不如意，於是由媒人牽線搭橋，即可復合。

毛南族婚俗

毛南族也是中國人口較少的山地民族之一。主要聚居在廣西環江縣上、中、下南山區，其餘分布在廣西河池、南丹、宜山、都安等地。毛南族人口數為十萬七千一百六十六。主要從事農業。兼營各種副業，善於飼養菜牛和編製花竹帽。

毛南族有本民族語言，屬漢藏語系壯侗語族，沒有本民族文字，通用漢文。由於長期和壯族、漢族雜居，多數人能講壯語和漢語，通用漢文。毛南族的宗教信仰以道教為主，兼有一些佛教成分。

民族婚俗——各有各的說法和講究

毛南族的家庭一般是一夫一妻制家庭。過去的婚姻大都由父母包辦，有「不落夫家」和「轉房」等遺俗，舅權比較突出，流行「姑表親」，盛行早婚甚至有未出生便由雙方父母定，一般是在六七歲便由雙方父母合命，如不相剋，便透過媒人到男女雙方說定婚禮、陪嫁數目。寡婦再嫁也受到種種限制。現在，大多婚姻陋習已基本改變。

婚禮前奏曲——「忙」並快樂的事

愛情的信物——欖子鞋與花竹帽

和很多少數民族一樣，對歌也是毛南人自由戀愛的一種方式，每逢節假日或農閒之時，男女老少擺擂對唱，

◆毛南族婚俗

婚禮前奏曲——「忙」並快樂的事

透過戀愛，雙方願結百年之好，就互贈信物。

女子贈送男青年的信物一般是一雙「欖子鞋」，即用打鞋底的白線結成一組組方形花格的布鞋。男子一般要送女子一頂「花竹帽」，毛南語稱花竹帽為「頂蓋花」，用竹片在半徑一尺的竹帽上編織八九十個圖案，密密麻麻，看不見洞眼，不透光，不漏水。

花竹帽據說是當年漢族後生金哥流落到毛南山鄉與毛南女子譚靈英相愛，特意編織給心上人的一件信物。女子戴上花竹帽後顯得格外秀麗；男子也因此樂不思蜀，決心永遠留在毛南山鄉。動人的故事至今流傳，花竹帽成為了吉祥愛情的象徵。

互贈信物代表兩人已將終身幸福託付給對方。

◎宴席三天「討八字」

毛南人自由戀愛到彼此難以分離之時，男方父母會請陰陽先生看女子的生辰八字是否與自家兒子八字相投，有的地方是將男女的生辰八字放在一起，三天至一個月內，家裡人畜平安的話便認為「八字相合」，只要八字相投便決定請媒說親，只要對方父母同意就決定了這對男女的姻緣。

媒人說合後就舉行定親活動，然後進行討「八字」活動。討「八字」是毛南族婚俗比較隆重的一個禮節，一般要舉行宴席三天。男方討回女方八字後即請陰陽先生按雙方八字推算，擇定良時接親，由媒人和男方家族一老人報知女方家父母，這個活動叫「送報書」。

送報書後，男女雙方各自為婚禮做準備。

婚禮進行曲——歡天喜地新人樂

充滿宗教色彩的婚禮

早先，毛南族的婚禮中充滿了濃厚的宗教色彩，那就是非常虔誠的「敬神設教」。

結婚當日除了送禮、宴請之外，最大的特色就是不拜堂，而是經過繁瑣的宗教儀式：

（一）新娘起轎時，娘家請鬼師來做「送魂」儀式，男方家則做「招魂」儀式，燒香敬三界公爺，祈求將新娘魂魄送到男方家，使夫妻雙方恩恩愛愛，白頭偕老。三界公爺是毛南族最崇拜的一位保護神，同時又是一位藥神和牛神，傳說他曾制服凶神雷王。

（二）毛南人信仰屯神李大將軍。結婚請客，各屯都有來賓，怕來賓帶來鬼怪，男女雙方家裡都要擺酒宴請鬼師作法，呼喚李大將軍前來逐鬼。

（三）新娘到男方家門口時，必須要將事先擺放好的竹橋和紙屋踢倒，然後脫去右鞋，入男方家門。據說穿右鞋進屋，會踩壞男方家的錢財命脈。如果不踢翻竹橋和紙屋，將來就會難產或男方家房子倒塌。

（四）新娘入門後，屋內擺放一張方桌，有一面貼著紅紙條，對面就是鬼師根據男女結婚年月推算好的一種東西稱「天德方」。新娘必須到「天德方」位上坐一會兒，然後扯去紅紙條，這樣做的目的是可以防止家宅鬧鬼。

當今，這些繁文縟節逐漸淡化，以越簡單、越節儉為佳。

「女婚禮」與「男婚禮」

毛南族的婚禮很有本民族的特色，分為「女婚禮」和「男婚禮」兩種。「女婚禮」規模較小，送的彩禮不很多，程序也比較簡單，是平常農家辦的婚禮。「男婚禮」規模較大，送的禮品名目繁多，迎親隊伍也比較龐大，它除了包含「女婚禮」的全部程序外，還有許多講排場、講闊氣的場面，是錢財富裕的大戶人家才辦得起。

「男婚禮」大致的過程是這樣的。吉日清晨，迎親的人們各自挑著彩禮，在鞭炮聲中浩浩蕩蕩的出發了。在新娘家，庭前擺起一張「迎親桌」，用紅毯覆蓋，桌上有菸、茶、檳榔等。一位通識毛南禮儀的迎賓者站在桌邊等候，當迎親隊伍來到時，迎賓者便笑臉相迎。

正午時刻，吃過午飯後，迎親的人在新娘家庭院舉行折被儀式。由新娘家兩位子女雙全的姑嫂伯母來折被，一邊折被，一邊由女歌師唱「歡折棉」(折被歌)。

新娘梳妝打扮後就上香叩拜祖宗，並唱起「出門下階歌」即「出嫁歌」。唱罷，新娘與父母兄弟姐妹依依惜別。新郎家迎親的人們便抬起「崗棉」和其他還禮品回去了。

在新郎家，吃完晚飯，接著又擺一桌特殊的宴席，一直鬧到通宵。

婚禮結尾曲——畫上圓滿的句號

第二天清早，新郎的叔伯便輪流設宴招待新娘、伴娘及隨新娘來的母親、姑嫂和女歌師。這一天中午，在新郎家的廳堂裡舉行開被儀式。開被結束，新娘和伴娘吃過午餐後便一起回娘家，在新娘回家後第三天，新郎家原來接新娘的姐或妹又帶一些禮物到新娘家請新娘回來。但第二天新娘又回娘家，直到懷孕臨盆前才長久安居夫家。

新娘的這一段來來往往，毛南族叫「走媳婦路」。事實上即「不落夫家」的遺俗。一般認為「走媳婦路」是原始、落後的習俗，所以後來，「走媳婦路」習俗自然而然的消失了。

離婚．再婚——勞燕分飛各覓幸福

毛南人將離婚看做是不光彩的事，夫妻間只要能維持一般都不離婚。但縱觀歷史，毛南人離婚的方式主要有三種：最初夫妻要離婚，由證人帶到村外坳口，當面將一根繩子砍為兩截，各持一段，然後背道而去，表示分道揚鑣，即一了百了。然後，由鄉老評理商議，徵求雙方父母、舅舅同意，並辦一桌酒席請上述人作證，仲裁子女的撫養與財物的分配，立書為憑，然後分手。第三種，透過政府處理，辦離婚手續。

仡佬族婚俗

仡佬族稱竹子為「仡佬」，仡佬族可意譯為竹族。主要分布在貴州省務川仡佬族苗族自治縣和道真仡佬族苗族自治縣。其餘居住在貴陽市、六盤水市、遵義市和銅仁、畢節、安順、黔西南等四個地區，少數散居於雲南和廣西。仡佬族總人口為五十七萬九千四百人。仡佬族主要從事農業。手工打鐵業比較發達，因此，史書上把有些地方的仡佬稱為「打鐵仡佬」。

仡佬族有自己的語言，屬漢藏語系。仡佬族沒有本民族文字，以漢字為共同文字，目前也只有少數老人通仡佬語。一部分人還會講苗語、彝語或布依語等。仡佬族信奉道教，有的也信奉佛教。

民族婚俗——各有各的說法和講究

仡佬族的婚姻結構為一夫一妻制，一般不與外族通婚。也有少數與周圍的漢壯等族通婚的。過去仡佬族實行封建婚姻制度，習慣姑表或姨表聯姻。青年男女沒有選擇配偶的自由，男女訂婚的年齡較早，有的在幼年時即由父母訂婚的，這種婚姻叫做「背褶親」或「背帶親」。

結婚時，新娘由接親人陪同撐傘步行至男方家，一般不拜堂，由親人直接引入洞房。近代，在貴州普安縣的一部分仡佬族民眾，還保留著一種古代僚人的遺俗：女的出嫁前要打掉上顎犬齒一到兩顆，史稱「換牙仡佬」。說是怕女人傷害夫家而產生的習俗。夫家視處女為一種可畏的東西，需打掉牙然後才敢與之成婚。

婚禮前奏曲——「忙」並快樂的事

紅紙包筷子去求婚

如今，仫佬族青年男女實行自由戀愛，主要的戀愛方式就是在「走坡」中傳歌互答交友，直到相互滿意，互贈信物。仫佬族求婚的方式很特別，一般是男子親自上門求婚，不用媒人。

仡佬族的男女彼此有情後，便摘下厚實的榕樹葉，意味著愛情像榕樹那樣萬古長青，感情像榕樹葉那麼厚實。過後，男子就用紅紙包著一雙筷子，去女方家求婚。男子走進屋，把紅紙攤在堂屋的方桌上。女子的父母、兄嫂見了筷子，就知道男子是來做什麼的了。

男子高興的說：「阿格（老人家），明年我要來你家喝酒哦！」如果聽到一句模稜兩可的答話：「曉得有酒喝沒有啊？香糯還沒成熟呢！」這時，男子心裡便甜蜜蜜的——自己初次被選中了。

翌年此月，男子提壺酒又登門求婚：「阿格，我真來喝酒啦！」「要喝就喝吧！」女子的父母答道。

喝酒盤新郎

女子的父母兄嫂一邊安排下酒菜，有酥魚、炒豆、瓜子……一面邀請左鄰右舍來喝酒「盤郎」。大家坐在桌子邊，一邊喝酒，一邊暢談。老人引古喻今，把古人如何堅貞不屈、忠於愛情頌揚一番。同時，對愛情中的鄙俗與邪惡、欺騙與玩弄加以抨擊。目的是對男子加以教誨。

當男子表示領悟，一再聲明自己的誠意之後，大家舉杯痛飲。接著長者就開始天南地北「盤郎」，先問男子的家世來歷，祖先的來龍去脈，為人處事。哪怕早已知道，也要尋根究柢。目的是要男子牢牢記住自己光榮的祖先，學習他們的誠懇勤勞。

緊接著，就像考試一樣，要男子回答各種莊稼的知識：犁田打耙、栽秧割穀、餵養牲口、經營買賣、打獵狩山、撐船捕魚等等。男子小心謹慎的回答著，並向老人拱手致意，恭聽教誨……

這時，女子卻躲在裡屋的門後，悄悄靜聽，細心觀察。當心上人對答如流，女子心裡便暗暗感到高興，臉上露出羞澀的笑容，認為自己的心上人各方面都很優秀。

婚禮進行曲——歡天喜地新人樂

「大罵媒人」與「打溼親」

仡佬族女子出嫁的吉日，新郎家派兩個後生和媒人一起來新娘家接親，這時，女方家的長輩、兄弟、姐妹和親戚便異口同聲大罵媒人，俗稱「罵親」，罵了媒人既提高了新娘的身分，據說還吉利，所以當母親的便把媒人罵得狗血淋頭。此時的媒人不動聲色，任由對方罵個痛快。

「打溼親」則是在新娘娶進夫家之時，一跨進屋，就要用夫家準備好的清水灑向接親的人。傳說這樣可讓清水淋去邪魔求個吉利，意為「打著門方狠」、「結親結親，不打不親」、「打掉新娘強脾氣和邪念」等。送親的人對此也早有防備，一邊喊著「不要澆水，已經是溼親了」、「比溼親還親」、「這就成親了」，一邊迅速跨入新郎家的大門。一旦進了門，主人和潑水的人都過來慰問一番，說些客套話。

在隆重的婚宴上喝咂酒

仡佬族隆重的婚禮宴席分兩台或三台，即要連續吃兩三道不同的席。第一台是茶席，只吃茶、油炸食品及乾鮮果品。第二台是酒席，要喝白酒，吃各種涼拌拼盤。第三台是正席，除必有的兩碗扣肉外，還得有各種烹炒的民族風味。

婚宴中，仡佬族還用咂酒招待客人。咂酒是將酒釀好後密封於外抹柴灰拌黃泥的罈中插上兩根竹竿，一彎一直，竹節沒有完全打通。飲用時打通竹節，直管進氣，彎管咂吸而飲，飲酒時有專門唱「打鬧歌」的歌手助興，使客人感到一片溫馨。

新娘過門穿三雙鞋

仫佬族的新娘在過門這一天一定要穿三雙新鞋。過門這天早上，新娘在閨房裡穿上一雙新的白底布鞋，由家中兄長背出家門，眾位送親姐妹陪同前往男方家。

到了新郎家的村頭，送親的隊伍便停了下來，新娘的一位至親姐妹從掛包裡取出一雙白底新布鞋，把新娘腳上的那雙布鞋換下來。

到了新郎家的大門前，隊伍又停下，新娘的至親姐妹又取出一雙新的白底布鞋讓新娘換上。仫佬族人認為，這樣連換幾次鞋，表示女子從降生到今天入夫家，清白無瑕，心地潔淨。

婚禮結尾曲——畫上圓滿的句號

舊時的仡佬族，新婚之夜，新娘和新郎是不同房的。新娘第二天即回娘家，開始了「不落夫家」的歲月。不落夫家習俗，仫佬族也叫「走媳婦路」。近代這種習俗已有改變，但在邊遠山區仍然盛行。

離婚．再婚——勞燕分飛各覓幸福

仡佬族的婚俗允許離婚。但仡佬族離婚現象極少見。仡佬族離婚很簡單，只需請長輩調解，按傳統規矩，

◆仡佬族婚俗

離婚．再婚——勞燕分飛各覓幸福

男方提出的，女方得一半財產且不補償男方結婚過程中所花的各種費用；若女方提出，則得不到共同財產，只能帶走自己的衣物，有小孩的，一般情況下女方不會帶走。仡佬族婚姻中，無論離婚或喪偶後的男女都可以自己找對象，不受任何干涉，在其村子也得到該族的同情和支援，只是這類結婚過程和禮俗比較簡單，只請近親擺上一桌酒席，結婚過程即結束。

錫伯族婚俗

錫伯族是中國人口較少的民族之一。主要分布在遼寧、吉林、黑龍江等地，還有一部分人居住在新疆維吾爾自治區察布查爾錫伯自治縣及周邊地區。錫伯族人口數為十八萬八千八百二十四。

早期的錫伯族人民以狩獵、捕魚為業。現在，察布查爾一帶錫伯族經營農業，牧業也比較發達。錫伯族人喜愛騎馬射箭。因而，錫伯族享有「射箭民族」的美譽。

錫伯族有自己的語言，屬阿爾泰語系通古斯語滿語支。錫伯族懂漢語的較多，兼通哈薩克語和維吾爾語。

民族婚俗——各有各的說法和講究

錫伯族的婚姻是一夫一妻、婦隨夫居的典型的父權制婚姻狀態。過去主要是本民族通婚，嚴禁外嫁其他民族。但允許男子娶其他民族。本民族內同姓不婚。姨表、舅表、姑表兄妹均可通婚，並有領童養媳和招贅婿的習俗。擇偶主要是從社會地位及經濟上考慮，講究門當戶對，其次還注意女方母親的人品、脾氣和生活作風。他們的訂婚方式，分為指腹為婚和一般訂婚。現在指腹為婚的現象已不復存在。

錫伯族還有一個感人的傳說，一名男子背對一名女子，將一手的食指筆直的指向天空，那就表示，他向上天發誓，今生今世，除了她，永不再愛。

婚禮前奏曲——「忙」並快樂的事

拉弓射箭 互表愛慕

錫伯族世居呼倫貝爾草原和嫩江流域，曾是以射獵為生的民族，被稱為打牲部落，漁獵生產中少不了弓箭。弓箭與錫伯族人關係密切，因此過去錫伯族的青年男女在社交中都是以弓箭結緣。男子向女子求愛，要以高超的射箭技藝博得女子的芳心；如果女子看中了哪個男子，就主動和他一起拉弓射箭，以此互表愛慕。

錫伯族青年男女建立了愛情關係後，男方就會找一位能說會道的媒婆帶著禮物登門提親，這叫「登門禮」。如果女方家接受了「登門禮」，媒婆就開始頻繁與女方家父母說合兩人的親事，選定吉日正式許親。許親時男方要到女方家舉辦一次宴會，宴請女方的親屬，這叫「認門宴」，從此兩家便開始禮尚往來。

訂婚要行兩次「叩頭禮」

錫伯族男女從許親到完婚，還有很多的程序和環節，其中最重要的是訂婚儀式「行肯協仁」（叩頭禮）。叩頭禮分兩次舉行，第一次為「磕空頭禮」，即媒人和男方及其雙親，帶兩瓶貼紅的喜灑去女方家，讓未來女婿向女方父母及女方家的長輩磕頭、敬雙盅酒，表示答謝許親之恩。女方家則準備一頓便宴接待男方家人。

第二次為「磕滿頭禮」。男方家擇定吉日，事先告知女方家。這天男方父母、兒郎和媒人乘坐馬車，拉一隻綿羊或一頭豬，帶些喜酒來到女方家，設宴款待女方家人，互相認親。

席間，男方父母、媒人把盞，讓未來女婿向女方父母及至親跪獻衣料或茶糖等禮物，還送一兩件衣料給未婚妻，這叫「跪拜宴」。凡舉行過這種儀式，才算雙方正式締結婚約，結為親家。

叩頭禮上確定舉行完婚儀式的日期。婚期一定，男女雙方家便進入繁忙的準備階段，如修葺房屋，餵養宴用豬羊，置備衣物、嫁妝等。

婚禮進行曲——歡天喜地新人樂

「送喜車」與送嫁妝

錫伯族民間流行著一句諺語說：「春天的清風和煦，秋天的婚禮熱鬧。」可見，錫伯族的婚禮多在秋天舉行。

第二天，新郎在岳父的指導下，向長輩、親戚或德高望重的老人跪拜敬酒。男方家就要把婚禮所需的肉、米、菜、菸、酒等一應彩禮和迎親的喜篷車送到女方家，稱之為「送喜車」。

這一天，新娘的嫁妝要由兄嫂和娘家的人親自送去，去的人一般男女各半，開啟箱籠，展示嫁妝時，新郎的母親就往箱櫃裡塞錢放紅包，祝願新婚夫婦金銀滿箱，幸福長存。新娘的父親將兩個裝滿五穀種子的瓶子送給新郎，以祝將來五穀豐盛，糧食滿倉。娘家的人滿意後，鎖好箱子，移交鑰匙，以示大權轉交給新郎家，此後才能把嫁妝抬到新房。

對歌對舞「打丁巴」

到了晚上，奧父、奧母（迎親老人）率領能歌善舞的年輕男女，組成迎親的隊伍，到女方家舉行「打丁巴」（迎親晚會），這是出嫁儀式的高潮。打丁巴的男子須由六到八人組成，且都是多才多藝能唱會道的年輕人。女方家組織的男女也個個優秀，因為他們都是能歌善舞者。

按傳統，代表男方的丁巴隊不能認輸，如果敵不過女方勢力，男方勢必會在女方家獻「醜」，女子就會取

◆錫伯族婚俗

婚禮進行曲——歡天喜地新人樂

笑男方的無能，甚至有意拖延新娘上車。所以，丁巴隊成員竭盡全力，施展他們的才華，努力壓倒女方的陣勢。丁巴活動達到高潮時，雙方往往即興編詞，互相對歌，以歌的形式相互「攻擊」，一般輸贏難分。

女方唱：

萬里馳騁的駿馬喲，
要用青青的草料餵養耶哪；
笨手笨腳的丁巴哥喲，
要用微妙的歌聲打勸耶哪。

丁巴隊男子接著唱：

在那靜靜的鴿子樓裡喲，
傳不出響亮的鴿子鳴叫耶哪；
縮在炕角裡的姑娘喲，
唱不出令人心醉的歌謠耶哪。

女方唱：

千人欣賞的玫瑰喲，
不該錯栽了四路不通的地方耶哪；
萬人品嘗的美酒喲，
不該敬錯了死心眼的對象耶哪。

丁巴隊男子唱：

山溝裡的小草喲，
過路的羊群就啃光了耶哪；

對歌的姑娘們喲，
再唱也唱不出好歌了耶哪。

是輸是贏就看雙方的聰明與機智。不過，他們最終目的是為了狂歡，狂歡的目的也是為女方家增添榮耀與光彩。

E:羊尾巴投入灶火的「白頭之誓」

第三天是男方家設大宴款待賓客，新郎坐上喜篷車正式迎娶新娘。新娘在伴娘的簇擁下登上喜篷車時，頭蒙火紅色的頭巾。到了新郎家門口時，婆家老幼都出門相迎，新娘便由伴娘相挽著走下喜篷車，踩著早就鋪好的紅氈走到新房前面和新郎先拜天地，然後新郎先入門，新娘在外，雙方對跪，新郎用馬鞭挑取新娘頭上的紅頭巾。只有這時，新娘才初次露面。

然後，新郎新娘雙雙走到灶前對跪，用哈達將切成片的羊尾巴投入灶火之中，以作「白頭之誓」。宣誓之後，新娘才入洞房，上炕坐於帳幔之中。在舉行合巹儀式（錫伯族稱換酒杯儀式）之前，新娘不得下炕。等到晚上喝「合歡酒」後，才能下炕並向公婆敬酒。

婚禮結尾曲——畫上圓滿的句號

㋓爭搶羊骨頭

晚上，在奧母的主持下，在新房舉行合巹儀式。把兩個酒杯用紅線連上，盛滿酒（有的一杯盛酒，一杯盛水），奧母給新郎新娘各一杯，互相交換三次後喝一杯。如此重複三次，各飲三杯酒。

之後，公婆會在新房的炕沿上放上一塊羊大腿骨，雙方兄弟姐妹開始搶羊骨頭。男方家人搶到羊骨頭會認為是新娘勤勞能幹、能養孩子；女方家人搶到羊骨頭，則認為新娘會持家、不會受氣，家庭和睦興旺。熱鬧一番，新娘這才下炕。婚禮至此可算結束。

㉂油餅捲帳幔

婚後的第三天，新郎帶新娘去上墳，一方面是祭祖，另一方面是讓新娘認墳地。第五天，新娘家送油餅來捲帳幔，即把兩塊油餅用紙包好，捲在帳幔挽結處，新婚夫妻臨睡前各吃一塊，錫伯人認為這樣吉祥如意。第九天新婚夫妻回新娘家省親，也叫做「探閨」，住一夜。蜜月過後新娘還要回娘家住「對月」（即婚後新娘回娘家住一個月）。

離婚．再婚——勞燕分飛各覓幸福

錫伯族婦女認為離婚是一件很不光彩的事，如果女子出嫁後被丈夫「休掉」送回娘家，這對父母、本人都是極大的恥辱，在社會上也要受到譴責。一旦夫妻不和睦，親友極力從中說和調解，以免家庭破裂，經反覆調解，夫妻沒有和解的餘地時，才離婚。離婚後，丈夫將負擔女方一定時期的生活費用。以後各自另行擇偶，互不相干。

再婚時的婚禮，如果有一方未婚，其結婚程序與一般遵循的程序無差異；如果雙方都是二婚者，則婚禮儀式從簡，只宴請一些近親好友祝賀成親之事。

阿昌族婚俗

阿昌族是中國雲南境內最早的世居民族之一。阿昌族人口數為三萬三千九百三十六人，主要居住在雲南省德宏傣族景頗族自治州的隴川和梁河縣，在潞西、盈江、騰沖、雲龍等縣也有少量分布。主要從事農業，擅種水稻。手工業也很發達。

阿昌族有自己的語言，但沒有文字。阿昌語屬漢藏語系藏緬語族緬語支，由於長期和漢、傣等民族交錯雜居，所以大多數阿昌族人兼通漢語和傣語，慣用漢文和傣文。有些地方的阿昌族和傣族一樣信仰小乘佛教，過潑水節。

民族婚俗——各有各的說法和講究

阿昌族普遍實行一夫一妻制，過去一般是同姓不婚，但長期以來與漢、傣等族通婚的卻較普遍。阿昌族盛行夫兄弟婚的轉房制度。歷史上曾有搶婚、逃婚和招贅習俗，上門男子須改名隨女方姓。

阿昌族結婚按長幼順序進行，如長子未婚，次子和次女也不能結婚，姐姐未嫁，妹妹和弟弟也不能先於姐姐結婚。如弟妹先於哥姐結婚，則要舉行「跨越禮」並給兄姐一些錢，以對兄姐表示道歉和尊敬。

隨著時代的變遷和觀念的變化，有的習俗已基本絕跡。

婚禮前奏曲——「忙」並快樂的事

「換手藝」結情緣

阿昌族青年男女在相識和戀愛的過程中，雙方都會互贈禮物，叫做「換手藝」，包括相送、回禮、再贈送、再回禮等四個階段。

若某個男子在對歌中看中某個女子，就互遞菸盒，若女方收下菸盒，那麼，十天半月後，女子就會送給男子一件綴有螞蚱花的織品和一包香菸。這些東西用紙包好，再用彩線捆好送給男子。如果彩線打的是活結，就表示女子對男子有愛慕之心，如果打的是死結，就說明女子不願繼續與男子往來，表示拒絕。

男子接到女子用彩線打的活結的禮品後，知道了女子的愛慕之心，就會用自己親手製作的一支銀簪回贈女子，拴上兩朵串有閃閃發光的彩色珠子的螞蚱花，表示自己真心誠意的愛上女子。

女子接到男方的禮物後，如願與男子結成終身伴侶，就會用自己親手紡織的阿昌布做一件對襟衣送給男子，表示願和對方成親。

「串姑娘」與偷雞頭

阿昌族青年「串姑娘」的時候，有一種叫做「偷雞頭」的遊戲，十分有趣。要是男子看上哪位女子，晚上就會邀上幾個同伴跟著女子來到她的寨中。那個被男子看上的女子，將客人領進村寨之後，就要去找其他女子，如果有十個男子，她就要找九個女子來陪客。

找好女子之後，眾女子就分頭去找雞，每人一隻，找齊後交給那個女子去請村寨中最好廚師，大家一起殺雞做菜。

這頓全雞宴做好之後，身為主人的女子就要到村寨中喊：「遠方的客人，我家的飯菜已經準備好，請你們快點來！」。女子喊了一遍之後，不管有沒有人答應，就直接回家了。一直豎著耳朵等女子喊的男子，聽見喊聲後立即來到女子家。

女子家的桌上已備妥酒菜，每人兩個碗，一碗米酒，另一個碗裡放著雞頭。男子一般要先數一數雞頭，如果對就入座，不對就不入席。

宴席開始後，眾男子開始偷偷將雞頭藏起來，說女子的雞沒有殺夠。女子就要找雞頭，如果找出來了，罰偷雞頭的喝一杯酒。如果找不到，男子自己將雞頭拿出來，罰女子喝一杯酒。

「抬鍋蓋」雞蛋餵媒人

經過「換手藝」與「串姑娘」的戀愛過程，如果男女心心相印，男子便告訴父母，由父母請媒人去提親。如果女方同意，就隨即舉辦訂婚儀式——抬鍋蓋。女方拿出幾個鍋蓋，在上面放上一碗熱肉、一碗煮熟的帶殼雞蛋。儀式開始時，由雙方的老人互敬鍋蓋上的食物，再雙雙敬媒人。

敬送食物時，雙方老人一手抬鍋蓋，一手用筷子夾肉互餵，再各夾一顆蛋餵媒人。這個場面非常熱鬧和滑稽，雞蛋很難夾，到了媒人嘴裡，媒人不能用手，必須用牙齒、嘴唇來剝，圍觀者笑得前仰後合。儀式結束，雙方就算締結了婚約。

婚禮進行曲——歡天喜地新人樂

「陪郎撐傘」護新郎

在阿昌族流傳著一句諺語：「水帶飛刀留惡名，傘護新郎保全身。」據說此諺語源於民間流傳的一個愛情悲劇故事：一位女子為了反抗包辦婚姻，與情人私訂終身。氣急敗壞的哥哥見無法阻止，便在新婚之日新郎前來迎娶妹妹時，向他猛潑冷水，致使新郎當即身亡。女子一氣之下也自縊而死。人們為了記住這一慘痛的教訓，也為了紀念這位勇敢的女子，便在婚禮中增加了潑水和「陪郎撐傘」的程序。

婚禮當天，迎親隊伍進入新娘家的院子時，久候多時的新娘的姐妹，便不約而同的用一盆盆冷水潑新郎，藉以捉弄和考驗新郎。有備而來的新郎的兩個「保鏢」（男子）見勢則迅速撐開傘，從左右兩側護住新郎，三人邊躲邊行，有的甚至還要故意與對方開著善意的玩笑。

進了房間，女子還不放過新郎，用鍋灰油泥抹在新郎臉上，使新郎狼狽不堪。女子邊鬧邊說：「不抹記不住姐夫，臉一半黑的就是。」說完，女子還會在新郎身上掛上算盤和秤，拉著他到院子裡去示眾，表示新郎今後要精打細算過日子。

舅舅吃豬腦拌菜帶「外家肉」

到新郎家後，男方家設宴待客，新娘舅舅家的那桌上一定有一盤豬腦拌的菜，如果沒有這盤菜，他們就不吃飯。舅舅回去時，要讓他帶「外家肉」回去，「外家肉」很講究，要砍一塊尾巴和一隻腳連起的豬肉，恰好四斤半。給「外家肉」是表示不忘記外家。

婚禮結尾曲——畫上圓滿的句號

婚禮後的第二天，女方家盛宴招待親朋好友和全村寨的鄉親。新郎要去女方家逐席敬酒、勸飯、認親戚，同時男方家要再次派人來送禮物。

婚後第三天，女方家送來大飯盒，裡面有糯米飯、穀種等，以象徵新郎新娘從此開始了新的生活。

離婚．再婚——勞燕分飛各覓幸福

阿昌族夫妻之間基本沒有因為性生活不和諧或其他一些原因而離婚的情況。即使有離婚者，也是少之又少。

普米族婚俗

由於歷史的原因，普米族人居住較為分散。主要居住在雲南西北高原的蘭坪老君山和寧蒗的犛牛山麓。少數分布於麗江、永勝、維西、中甸以及四川的鹽源、木里等地。與漢、白、納西、藏等民族交錯雜居。形成一種大分散，小集中的特點。普米族人口數為三萬三千六百。主要從事農業，兼營畜牧業。

普米族有本民族語言，但沒有本民族文字。普米語屬漢藏語系藏緬語族。許多普米人還兼通漢族、白族、納西族、藏族等民族的語言。

民族婚俗——各有各的說法和講究

普米族婚姻多行一夫一妻制，在過去，選擇配偶由父母作主，有的地方盛行姑舅表優先婚和早婚，保留搶婚、不落夫家和兄死弟娶寡嫂等習俗。同氏族不通婚。瀘沽湖一帶的普米族，由於和摩梭人雜居，仍有少數保存著一種與母系家庭相適應的「走婚」習俗，表現為男女不婚不嫁，夜晚男子入女方家過偶居生活。

近代，族外結親和實行婚姻自由的現象很普遍，但與其他民族通婚，要有嚴格的選擇，要徵得家族長老及父母的同意。

婚禮前奏曲——「忙」並快樂的事

四弦琴表情達意

四弦琴是普米族非常有特色的一種樂器。男子喜歡透過優美的四弦琴聲，來向女子表達愛意。無論在田間地頭，或在幢幢木房裡，到處都會聽到抒情、純樸的四弦音。

傳說很久以前，有一個名叫阿布的男子愛上了美麗的女子阿乃，但女子絲毫不為阿布所打動。阿布憂傷的砍來木頭，將它的一端刻成人頭形狀，用羊皮蒙住「臉」，又把木頭的另一端削成人身形狀，把四根麻線綳在這根木頭上，製成了四絃樂器。阿布整天憂鬱的彈著，彈出了美妙的樂聲。弦聲迴響在普米寨的上空。第四天，阿乃終於被阿布的真誠所打動，接受了阿布的愛情。從此，四弦琴便成了普米人吉祥幸福的象徵。

送手鐲定情

青年男女到了十七八歲，普米族老人或長者就得考慮他們的婚事。定親之前，先得找好攀親的地方並進行「找門戶」儀式。

找好攀親的門戶，父母便有意尋找機會安排自己的兒女到對方家幫忙做點事情，促使他們相互了解，建立感情。如男子喜歡上女子，就要贈送一件永久的定情信物——手鐲。這個手鐲大多由家裡準備，有些是上輩人遺留下來的家產，但更多的則是男子自己想辦法賺錢買的。富有人家送貴重的手鐲，如銀手鐲、玉石手鐲等，而一般人家，只能是鋁、鉛、銅、鐵等金屬製作的手鐲。

婚禮進行曲——歡天喜地新人樂

娶親要喝辣子湯

在娶親前，新娘家房前空地上用青松臨時搭起一個喜棚。喜棚門口橫掛兩塊紅布，迎親隊伍來到時，不經允許不得進入。男女兩家的歌手開始對唱〈認親調〉。在一唱一答之後，女方認可了，才摘下青松喜棚門上的紅布，迎親客便可進入青松喜棚飲茶暫歇。

這時，青松喜棚的門雖然開了，但是，女方家的大門卻照例緊閉著，門口中還放著兩碗辣子湯。大門內，女方歌手用唱歌的方式提出種種質問，新郎、媒人或聘請來的歌手便用〈開門調〉一一回答，反覆求情，說盡讚美話，直到女方滿意了，大門才徐徐拉開。但是，男方還要喝了擺在門口的兩碗辣子湯，才能進入女方家迎親。

鎖媒人賽歌

當新娘騎上迎親的馬匹上路之後，媒人卻被女方家扣留下來，送到一間屋裡鎖起來，同時被「關押」的還有女方的一位歌手。在「監牢」中，兩人要比賽唱歌，決定勝負。屋外則由兩個女子手拿鑰匙守門。主客雙方對歌後，一直要到媒人唱贏了，守門的女子才會開鎖放人，媒人就會去追送親的隊伍。

要是女方家歌手唱贏了，媒人就得去向女方父母敬酒或送錢，這樣即使媒人出了「監牢」，走到村寨口，女方村寨中的各家各戶都要來敬酒，媒人必須把每家的酒都喝上一口。如果不想喝，就得和敬酒者一一對歌，對贏了才能走。

婚禮上新人吃羊睾丸

新娘被娶到男方家後，新婚夫婦要向男方家家族中的長輩和父母行跪拜禮。接著，媒人拿來一碗「接嫁飯」，飯中有羊睾丸，取意今後能生兒育女繁衍後代。接嫁飯由新郎送一口給新娘吃，再由新娘送一口給新郎吃，如此直到將這碗飯全部吃完。

吃完接嫁飯，一對新人在脖子上拴上五彩線，舉行祭祀祖先活動，並將酥油抹在新娘的前額，一旦抹上酥油，新娘從此就是男方家的人了。

婚禮結尾曲——畫上圓滿的句號

在一部分普米族的婚姻習俗中，還留存著「不落夫家」的習俗。按照舊的習俗，女子婚後起碼要三回三轉，甚至七回八轉。男方家每迎娶一次，她就逃回一次。民間認為，如果一迎三娶後就坐夫家，那是一件不光彩的事。這種婚俗，當地人稱之為「三回九轉婚」。在這種傳統習俗的影響下，即使女方願意坐夫家，通常也要按四次迎娶的老規矩辦，否則便會遭眾人恥笑。

離婚．再婚——勞燕分飛各覓幸福

普米族女子可以再婚，但娶再婚婦女的人須要折價償還女方第一次結婚時男方所支付的費用。

塔吉克族婚俗

塔吉克族主要分布在新疆維吾爾自治區西南部的塔什庫爾干塔吉克自治縣，其餘分布在莎車、澤普、葉城和皮山等縣。塔吉克族人口數為四萬一千零二十八。主要從事畜牧業，兼營農業，過著半定居半游牧的生活。使用塔吉克語。屬印歐語系伊朗語族帕米爾語支；莎車等地的塔吉克族也使用維吾爾語。普遍使用維吾爾文。信仰伊斯蘭教。

民族婚俗——各有各的說法和講究

塔吉克族的婚姻制度一般實行一夫一妻制。塔吉克人通常在本民族內部通婚，尤其是女子不允許嫁給其他民族，而男子則可以娶其他民族的女子為妻。塔吉克族曾盛行近親結婚，堂、表親聯姻較普遍，盛行早婚。

婚禮前奏曲——「忙」並快樂的事

◎燒焦的火柴棒表達思念

塔吉克族青年男女婚前透過對歌活動談戀愛。當感情發展到一定程度，男子便悄悄送給女子一副耳環，女子則精心繡一個「繡花包」送給戀人。有時男子到遠方去放牧，女子就用兩塊小花布縫一個小包，裝上一根燒焦的火柴棒託人捎去，表達自己的思念，比喻想得心都焦了。男子收到後，立即捎還給一個用紅線縫口的黃布包，內裝些杏仁和頭髮纏著的黃色小石頭。意思是：我也很想念妳，心情很沉重，妳見到頭髮就像是看到了我，

令人理解不能的婚俗

突破想像的婚嫁趣事

我的心是屬於妳的。

E: 送紅頭巾訂婚約

訂婚日，男子不去女方家，而由父兄、好友和一個女親屬帶著衣物、首飾和一隻羊到女方家去，所帶的禮物中必須有一條四公尺長的紅頭巾，這條紅頭巾一定要鮮豔、美觀、大方，能讓女子喜歡。

在這種場合，未來的新娘是不能在場的，一切婚姻事宜由雙方的「媒團」商定。在訂婚儀式結束時，男方全權代表親吻女方代表的手，表示謝意。然後，男方唯一的女代表就帶著訂婚的禮物去單獨會見未來的新娘，替她戴上訂婚戒指，並把鮮豔漂亮的紅頭巾，蓋在女子頭上，表示女子已有配偶。

最後，雙方商定日期，將男方帶來的羊當眾宰了，設宴款待女方代表，共進宴席祝賀。訂婚後，男方按照商定的條件，為女方送去錢財、牲畜、衣物等聘禮。

大汗淋漓的待嫁女子

在舉行婚禮前，塔吉克族的女子要被關在一個嚴密的小房間裡，並且要蓋上厚厚的棉被，直至大汗淋漓為止。他們認為，這樣做了以後，新娘子就會顯得更加漂亮，更加動人。因此，雖然相當難受，但為了漂亮動人，將要做新娘的女子還是十分樂意的接受這種考驗，十分樂意吃這份苦。

婚禮進行曲——歡天喜地新人樂

撒麵粉祈祝幸福

塔吉克人舉行婚禮，一般是在金秋時節。結婚儀式主要在女方舉行。結婚第一天，雙方就開始請客，熱情

◆塔吉克族婚俗

婚禮進行曲——歡天喜地新人樂

款待所有的親戚和村中的男女老幼來參加婚禮。

男女雙方的賓客給主人家的牆上撒麵粉，以示吉慶。婆婆或長嫂要在送往新娘家的禮物上撒麵粉，以圖吉利。新郎的同伴用紅布與白布扭成「色菜」，纏在新郎的頭上作為新婚的標誌；新娘的女伴為新娘戴上墜有紅、白兩色手絹的戒指，預示閨女將出娘門。

在塔吉克人的心目中，紅色象徵酥油，白色象徵牛奶，而麵粉是最崇高的吉祥之物。意思是：祝福新婚夫婦富裕吉祥，過著美滿甜蜜的生活。這一天，男女雙方家中皆賓客盈門，喜氣洋洋，熱熱鬧鬧的備辦婚事。

新人共飲一碗鹽水

第二天，新郎和新娘同騎一匹高頭大馬，由親朋好友護駕，彈起民族樂器，浩浩蕩蕩來到女方家迎親。並送一隻大肥羊，新娘的女伴代表新娘要向新郎敬上高原的最純潔、最富有營養的兩碗放了奶油的牛奶，新郎當眾喝光，表示接受了女方的盛情和甜蜜的愛情。

新郎下馬後，新娘的祖母要在新郎肩上撒點麵粉，表示祝福。進屋後，新郎要向新娘贈送禮品，並交換戒指。爾後，女方要豐盛食品招待來賓，並舉行賽馬、叼羊等娛樂活動。

晚上，當阿訇為新娘祝福時，女方家長要迴避，而拜德爾汗（證婚人）則必須在場，阿訇誦經祈禱後，拜德爾汗親自端一碗鹽水，用左手讓新娘喝一口，用右手讓新郎喝一口，表示從此倆人吃一鍋飯，象徵他們的愛情是永恆的。

踏紅氈開始新生活

第三天早晨，新娘打扮的花枝招展，蒙上面紗，與新郎同乘一匹馬，在親友的簇擁和樂隊的歡送下來到男方家。路上經過誰家門口，女主人就要端一碗酥油拌奶給新郎喝，並把麵粉撒在他身上，表示祝賀。

馬到男方家門前，婆婆為新娘端來兩碗放了酥油的牛奶，讓新娘在馬背上喝下。然後，婆婆在門口放上紅氈，新人雙雙踩紅氈進門，表示從此以後，兩位新人將開始新的生活。

此時新娘仍蒙著面紗，端坐在炕上，不許男客看她。賓客則不停的奏樂跳舞，直到吃完手抓羊肉的傳統筵席，天色大晚，才互相道別散去。

婚禮結尾曲——畫上圓滿的句號

婚後的第三天，娘家親友都來送飯給新娘，表示對出嫁女子的關懷。男方也要為娘家每人送一份禮物表示感謝。直到這個時刻，新娘才揭去面紗，在辮子上綴上銀扣，表示告別了少女時代，成為夫家的媳婦，開始投入新的生活。

離婚．再婚——勞燕分飛各覓幸福

塔吉克男女對於婚姻一向持嚴肅態度。他們選擇配偶很嚴格，男以強健、善騎馬、誠實為佳偶；女則莊重勤勞、善於料理家務、性格和順為良緣。一經選定成婚，很少發生爭吵或夫妻不睦。他們夫妻間一般都能白頭偕老，離婚是很少的。

怒族婚俗

怒族族名來自於其民族居住於怒江兩岸，怒族是怒江和瀾滄江兩岸古老的民族之一。主要分布在怒江州的福貢、貢山及蘭坪縣兔峨鄉一帶。怒族人口較少，總人口共有兩萬八千七百五十九人。主要從事農業，兼營手工業和商業。

怒族有自己的語言，無文字，大都使用漢文。怒語屬漢藏語系藏緬語族，方言之間差別很大，幾乎不能溝通。但由於與傈僳族長期共處，多數人會講傈僳語。

民族婚俗——各有各的說法和講究

怒族的婚姻，基本上是一夫一妻制，但也還有許多原始婚姻的殘餘。如亞血緣族內婚，其配偶關係，大都在同一氏族甚至同一家庭內部進行，即除親生父母、子女，親兄弟姐妹外，堂、表兄弟姐妹之間均可婚配，甚至不同輩分之間也可婚配。姑舅表婚具有特殊的優先地位。怒族曾常有逃婚和偷婚的現象，普遍還保留著「妻兄弟婦」的轉房制。

怒族婚姻中還有「討男子」習俗。怒族的「討男子」與漢族的「上門」不同。漢族上門是在女方沒有兄弟的情況下，而且常常是只有一個獨生女時才這樣做。

貢山怒族的「討男子」則只要雙方同意即可，在有兄弟的情況下可以，在有幾個姐妹的情況下也可以。男子到女方家，在各種待遇上是平等的，可以不改變姓氏。不僅家庭成員如此，在本村、本寨中也同樣受到平等對待。

此外，怒族青年男女結婚，一般選擇在屬龍或屬蛇的日子，因為龍和蛇在怒族的觀念中是吉祥如意的象徵。

婚禮前奏曲——「忙」並快樂的事

不用語言的戀愛

怒族青年男女在相戀的初期，不用語言談情說愛，而是以清脆的「達變」（怒族琵琶）的曲調和優美動聽的「擬力」（怒族口簧琴）的樂曲代之。一般來說，怒族男青年是以琵琶來表達思想感情，傳情達意的，女青年感到自己的意中人來求愛了，也必然會以口簧琴對答。

據說，這種對答，不僅可以表達愛慕之情，流露心中的秘密，而且還可以提出疑問，進行答辯，甚至還可以共同商討有關事宜。這樣以曲代談的戀愛方式，雙方可以不說一句話，完全靠演奏曲調，但雙方都能意會，直到情投意合為止。有的怒族青年男女從戀愛到完婚都沒有講過幾句話，這在世界各族的婚俗中不能不說是奇蹟。

羊毛襪子結深情

在怒族，看一個男子是否已有了意中人，只要看他腳下穿沒穿上羊毛襪子就行了。怒族女子從小就要學習打羊毛線、織羊毛襪子，長大後，要把自己織的羊毛襪子送給心上人，男子若收下羊毛襪子，就表示接受了女子的愛情。

相傳，很久以前有位叫阿貝的怒族女子愛上了怒族男子阿嘎。可是，阿貝不好意思當面向阿嘎傾吐自己的衷情。每當她思念阿嘎時，就情不自禁的拿來一團團羊毛，搓呀、編呀，情思牽動著手指，催著她的心，線團變成了一雙美觀大方溫暖的羊毛襪子，阿嘎接過這雙綴滿深情厚愛的襪子，知道了女子的心事，最後結成終身伴侶。

如果雙方心心相印，就互贈信物。男方送給女方一個自己精心製作的口簧琴，女方送給男方繡的花布菸袋。在口簧琴和菸袋上特意留有互相知曉的、表達雙方真心相愛、永不變心的誓言印記，感情特別深厚的男女青年，還各剪髮一束送對方珍藏，以表示生死與共。

婚禮進行曲——歡天喜地新人樂

D 背捆柴火去迎親

結婚時，新郎請幾個最要好的朋友，還有家人、親戚一道去接新娘。去的時候背一罐酒、一捆柴、一捆明子（浸透松脂的易燃松柴）。

到了新娘家，新娘家要殺豬宰羊，熱情款待客人。然後，由新娘最親密的女性朋友和親戚，隨同前來接新娘的人，一起把新娘送到男方家。當他們來到男方家門前時，按怒族風俗，新郎的舅舅或舅媽又要敬陪送新娘來的每人一竹筒酒，新娘才跨進男方的家門。

一旦新娘進了家門，新郎便迎上去和新娘手拉著手，前來賀喜的男女青年也都湧上來和新郎、新郎拉成一個圓圈，共同跳起「圓圈舞」，唱起「琵琶調」，歡慶這對有情人結成終身伴侶。

E 情深意長「同心酒」

婚宴是怒族所有禮儀中宴請規模最大的筵席。婚前新郎要帶豬肉、米等物品去岳父家幫忙砍柴和耕地，然後才能舉行婚宴，婚宴時不但酒肉要豐盛，場地也要布置一新。屆時新郎、新娘要同喝祝婚酒，女子要向他們拋灑麵粉，表示吉祥如意。

人們在席間不停的敬酒，並主動找人「雙杯打」，也就是喝「同心酒」——男女兩人或同性兩人臉貼臉，嘴挨嘴，同飲一杯酒，以示親密的感情。喝過雙杯打，兩個人便心心相印了。吃過飯，新郎新娘的朋友便輪番擠進新房敬酒祝賀，其他人聚在一間大屋裡圍坐火塘周圍，他們就這樣喝酒、唱歌、跳舞、看電影，通宵達旦。

婚禮結尾曲——畫上圓滿的句號

第二天清早，新娘和她的女伴到一公里以外的水塘背水。就在這裡，新娘砸碎一個新的竹水筒，表示自己的身體永遠屬於丈夫了。按傳統習俗，新郎新娘在結婚的頭三日內不能同居，只能在洞房裡放兩張床，分別由一名男子和一名女子陪伴新郎和新娘。

到第四天，由男方家殺一頭豬，裝一罐酒，讓新郎帶到女方家，表示對新娘父母的孝敬。女方父母把這頭豬砍成若干份，並用青竹篾絲一份又一份的穿起來，打上結，吩咐新婚夫婦送往各家各戶。然後，新郎才能帶著妻子回家。這時，整個婚禮才算結束。

離婚．再婚——勞燕分飛各覓幸福

因為怒族人在擇偶時，並不單純追求外貌美，而是以「男耕女織」、健康、品德和好客、尊老愛幼、厚道和操持家務等為標準。所以，怒族婚姻家庭和睦團結，很少有離婚、不和睦的現象。

烏孜別克族婚俗

烏孜別克族，是中國人口較少、居住分散的一個少數民族。主要分布於中國新疆維吾爾自治區伊寧、塔城、喀什、莎東、葉城、烏魯木齊等地。其餘散居在各地城市。烏孜別克族人口數為一萬兩千三百七十。烏孜別克人絕大多數人從事商業、手工業。少數居住在新疆北部的烏孜別克人從事畜牧業。

使用烏孜別克語，屬阿爾泰語系突厥語族西匈奴語支。由於長期與哈薩克族、維吾爾族交錯雜居，所以大部分烏孜別克族基本通用維吾爾文或哈薩克文。信仰伊斯蘭教。

民族婚俗——各有各的說法和講究

婚姻遵循先長後幼原則

烏孜別克族實行一夫一妻制，一般實行民族內部婚配。一般情況下，和外族通婚，娶外族女子的多，女子嫁給外族的少。嚴禁同胞兄弟姐妹以及同吃一個女性乳汁的男女通婚。過去，姑表、舅表、姨表和堂表兄弟姐妹之間可以自由婚配，但輩分不同的人不能結婚。過去還盛行轉房及入贅習俗。

男女青年結婚必須遵循先長後幼的原則，即兄未婚，弟不可娶，妹不可先嫁；姐未嫁，弟不可娶妻，妹不可嫁人。

婚配講究門當戶對

過去，烏孜別克族普遍實行早婚和包辦婚姻。烏孜別克人有句諺語：「女孩子一帽子打不倒，就可結婚。」一般男子到了十六七歲就可以成親，女孩到了十四五歲就必須出嫁，否則，父母就要受到輿論的指責。烏孜別克族非常講門當戶對，偶爾也有富人娶窮家美貌女子的事，而窮家子弟要娶富人的女兒則很難實現。

「換婚」須有感情基礎

在烏孜別克族，如果一家的兒子娶了別家的女子，而他們家的女兒又嫁給該戶人家的兒子，這種通婚形式被稱為「卡依恰庫達」。和通常說的「換婚」形式很相似，但實際意義上卻不相同。「換婚」是由貧窮造成的一種婚姻陋習，而「卡依恰庫達」是以男女雙方的感情為前提的。烏孜別克人很重感情，非常珍視朋友之間的友誼，「卡依恰庫達」就是在這種氛圍中出現的，目的是繼承家庭之間的世代友好，也可以達到親上加親的目的。

婚禮前奏曲——「忙」並快樂的事

烏孜別克族男女聯姻婚禮前要經過提親、定親、送聘禮等階段。與其他民族比較，並無特別之處。按照傳統習慣，烏孜別克人在結婚前，男方要多次請媒人到女方家提親。三番五次商議之後，女方同意，雙方都要拿錢和布料酬謝媒人，然後商定婚期。

在未結婚之前，每逢節日，男方家必前去拜訪女方家。在結婚的前夕，男方還必須為女方家送去布料、食品等禮物，既有新娘的，也有其父母的。在結婚的前一天，男方父母要到女方家中與女方父母共同商議邀請客人名單，然後發送請帖，正式邀請親友前來參加婚禮。

婚禮進行曲──歡天喜地新人樂

「討休錢」約束新郎

烏孜別克族婚姻中最具有本民族特色的習俗集中展現在完婚階段。烏孜別克結婚典禮習慣於在女方家晚上舉行。良宵之夜，燈火通明，女方家以美味的抓飯招待客人。結婚儀式之前，男女雙方父母要和媒人一起協商「討休錢」。

所謂「討休錢」，就是在舉行結婚儀式的前一時刻，媒人要與男女雙方家長協商，結婚以後如果男方提出離婚，要付給女方一定數量的錢財補償。在烏孜別克族的傳統觀念看來，離婚是相當可恥的。小倆口恩恩愛愛過日子才受人尊敬。

商定「討休錢」是舉行婚禮前的關鍵之舉。這一件事商定不好，就不能舉行婚禮。在婚禮舉行前就商定好，這在某種意義上來說，是對那種喜新厭舊、見異思遷男子的一種限制和約束。

獻禮物「贖」新娘

討休錢商定之後，舉行結婚典禮。和維吾爾、塔吉克族一樣，烏孜別克族的婚禮儀式，也要按伊斯蘭教規進行。由阿訇主持，詢問雙方是否願意遵守婚約，再吃蘸過鹽的麵餅。婚禮儀式舉行之後，新娘隨新郎及前來迎親的客人去男方家。

新娘被娶來後，緊接著還要舉行「搬新娘」儀式。即女方家親友來到男方家將新娘接走，「搬」回到娘家。面對這種情形，新郎無可奈何只好帶著禮物，尾隨著新娘追到女方家，獻禮物以「贖」回新娘。新郎帶的禮物要豐盛，要展現出「贖」回新娘的誠意和決心。

但是，新娘並不為禮物所動，而是抱著母親哭天嚎地，表示不願意離開家和慈母。而新娘的父親，這時應為女兒祈禱，希望真主降福於自己出嫁的女兒。新娘也哭了，新郎禮也送了，情也求了，父親也祈禱了，這些形式過後，新娘便高高興興的跟著新郎回到婆家。

到了新郎家，新娘要圍繞著新郎家院裡的一個火堆走一周，再踏著鋪在門前的白布進入屋內，以此表示新娘已結束了少女時代，從今以後將忠於火熱的愛情，與夫君恩愛一生。

婚禮結尾曲——畫上圓滿的句號

鬧洞房是婚禮的尾聲，已經是半夜時分了，客人紛紛告辭。此時年長的有威望的婦女和新娘的姐姐或嫂嫂，向新娘講授新婚知識，這種人被稱為「炎嘎」，男方家要向「炎嘎」贈禮酬謝。

婚後第二天，新娘家要派人來送叫「伊斯力克」的早餐，並在家中舉辦「胡吉爾克派」（聯歡會），新郎家在下午要舉行揭面禮。

婚後第三天，新娘的父母舉行「恰利拉爾」（一種專由老年人參加的答謝會），宴請新郎及其父母親友等人。

婚後第四天，新郎的父母為表示答謝，也舉行「恰利拉爾」，請新娘的父母親友做客。至此，結婚儀式才告完成。

離婚．再婚——勞燕分飛各覓幸福

在烏孜別克人眼裡，離婚是不光彩的事情，過去，離婚的權利掌握在男子手中，很少由女方先提出。按照傳統習慣，丈夫只要說一聲「塔拉克」（意為「休妻」），就可以成為離婚的依據。但男方要付給女方「討休錢」。

◆烏孜別克族婚俗

離婚．再婚——勞燕分飛各覓幸福

按伊斯蘭教的規定，離婚後的女子必須等到百天之後才能改嫁，這樣可以查看婦女是否懷有身孕，如果懷孕，所生子女歸男方。

離婚後，如果雙方回心轉意，希望能重續鴛鴦夢，可以請宗教職業者到家中誦經調解，就恢復了夫妻關係。但是，如果男方離婚時說了三聲「塔拉克」，再想復合幾乎不可能了。而按傳統規定，要復合，必須先讓女方與他人結婚以後再離婚，雙方才能履行復合手續，這是一般人無法接受的，因而也起到了限制男方草率離婚的作用。

俄羅斯族婚俗

俄羅斯族是俄羅斯移民的後裔。主要散居在新疆維吾爾自治區的伊犁、塔城、阿爾泰和烏魯木齊等地。俄羅斯族人口數為一萬五千六百零九。俄羅斯族人不僅善於經營農業，而且心靈手巧，很多人擅長手工業和各種修理業。

俄羅斯族有自己的語言和文字，語言屬印歐語系斯拉夫語族。在社會上，他們都講漢語，使用漢文；在家庭中，在與本民族人交往時，他們也講俄語，使用俄文。中國的俄羅斯族大都信仰東正教，有信仰基督教的，但是隨著社會的發展，不信教的人越來越多。

民族婚俗——各有各的說法和講究

俄羅斯族的婚姻實行一夫一妻制，嚴格禁止叔伯姑表兄妹等近親結婚，但不限制與其他兄弟民族通婚。俄羅斯族崇尚自由戀愛、婚姻自由，但講究門當戶對，結婚要徵得父母同意。

不要彩禮的好傳統

與很多民族不同，俄羅斯族有個好傳統，即不要彩禮，男方家只須準備一些結婚的必需物品。婚慶喜宴由男女兩家共同籌備。但陪嫁比較講究，父母都希望把女兒的嫁妝準備得盡可能好一點，以顯示自家對女兒和女婿的重視。婚禮主要在教堂舉行。如今，因年輕人多不信教，婚禮也不在教堂舉行了，婚禮形式開始多樣化。

重視結婚紀念日

俄羅斯族不僅重視婚禮，而且慶祝諸多的結婚紀念日。結婚週年紀念日被稱為「花布婚」。這天，新婚夫婦互贈花布、手帕，象徵今後生活如花似錦。「木婚」是指結婚五週年紀念日。屆時，人們向夫婦贈送各種木製禮品，象徵婚姻猶如幼苗長成林木，祝願愛情如木材般堅韌鞏固。

此外，還有銅婚、白鐵婚、玫瑰婚、銀婚、金婚、鑽石婚、福婚、王冠婚等。俄羅斯族人對銀婚、金婚、鑽石婚、王冠婚都要隆重慶祝。

婚禮前奏曲——「忙」並快樂的事

媒人帶著麵包和刀去說親

俄羅斯族青年男女主要透過自由戀愛結合，雖然也有包辦婚姻，但不占主導地位。在以前，媒人說親和訂婚儀式還是不可缺少的。媒人端著一個盤子上女方家去，盤子裡面放著一個撒了鹽的麵包和刀。若是女子和她的父母同意，女子就親手把麵包分切成四份請大家分嘗，並互換戒指表示同意訂婚。然後男方家舉行個簡單的訂婚儀式，商定好結婚日期。如不同意，就將男方的麵包退回。

婚禮進行曲——歡天喜地新人樂

隆重的教堂婚禮

婚禮的儀式非常隆重，由於俄羅斯族大多數信奉東正教，婚禮必須在教堂舉行。新郎在結婚這天，要趕上馬車或步行去迎親。新娘臨行前要跪在一件鋪在地上的皮襖上（這象徵婚後生活興旺），接受父母的祝福。接親的人來後，新娘家要招待一些糖果和食品。大家圍坐在桌旁，一邊用餐一邊唱起歡樂的婚禮歌。

離開新娘家後，人們就拉著手風琴，簇擁著新郎新娘去教堂舉行婚禮。婚禮時，新郎新娘戴上特製的頭冠，新娘手中拿一束花，新郎手中拿一枝蠟燭。神父首先問他們願不願意和對方結合，如回答是「願意」，神父再為他們禱告，然後讓雙方交換戒指，給他們一人一點蜂蜜，意為祝願他們的生活甜甜蜜蜜。儀式完畢，新郎新娘要行三次跪拜禮和親吻三次，最後在大家的祝福中離開教堂。

新郎新娘當眾「海誓山盟」

在婚禮上，新郎和新娘要向大家敬酒，大家也要向新郎和新娘敬酒，每當敬酒時，客人都要高聲齊喊：「果爾基！」（俄語：苦的意思）意為希望新郎和新娘有個甜蜜的接吻，這時，新郎和新娘要在客人面前擁抱接吻。一般這種接吻要進行多次，客人不斷歡呼，新郎和新娘雙方在眾人面前「海誓山盟」，同時要相互接吻，表示永不分離，永遠相愛，使婚禮達到高潮。

同時新人在這一天還要栽下一棵樹苗，因為新婚第一天在當地也叫綠婚，有年輕的意思。就是說他們的婚姻還不夠成熟。但隨著樹苗的不斷長高，婚姻也就由幼稚走向成熟了。

⓭ 婚宴上的五彩蛋糕

結婚儀式結束後，要舉行盛大的婚宴，要請親朋好友或親屬前來參加。婚宴準備的豐富多彩，有各種糕點、糖果、菜餚、水果、果酒請客人品嘗。在眾多的佳餚中，特別引人注目的是各種高低不同形狀和五顏六色的蛋糕。每一種蛋糕都有不同的涵義，表達了人們對新婚夫婦的美好祝福，希望新郎新娘過上甜蜜和幸福的生活。

婚宴結束後，青年人唱起歌，拉起各種民族樂器，歡樂和快節奏的樂曲聲，使新郎和新娘跳起交際舞和踢踏舞。同時新郎要和岳母跳，新娘要和公公和父親跳，使人們浸醉在歡樂與幸福之中。

這種歌舞融為一體的婚禮舞會，使婚禮顯得熱烈而隆重。而這種慶賀活動要鬧到深夜的情形，是常有的事情。

婚禮結尾曲——畫上圓滿的句號

婚後第三天是歸寧的日子，娘家要準備酒菜，邀請婆家的人和親友前來做客。以後，新娘就住在婆家，成為丈夫家庭中的一員。

離婚．再婚——勞燕分飛各覓幸福

東正教是禁止離婚的，俄羅斯族人受東正教的影響，一般很少離婚。

鄂溫克族婚俗

鄂溫克族是中國人口較少的少數民族之一，總人口為三萬零五人。主要分布在東北黑龍江省訥河縣和內蒙古自治區，多與蒙古、達斡爾、漢、鄂倫春等民族交錯雜居。

鄂溫克意思是「住在大山林裡的人們」。大部分鄂溫克人以放牧為生，其餘從事農耕。馴鹿曾經是鄂溫克人唯一的交通工具，被譽為「森林之舟」。

鄂溫克族有自己的語言。屬阿爾泰語系滿——通古斯語族通古斯語支。牧區通用蒙古文，農區和山區通用漢文。鄂溫克族多信薩滿教，牧區居民同時信藏傳佛教。

民族婚俗——各有各的說法和講究

鄂溫克族的婚姻為一夫一妻制，尚保有氏族外婚及姑舅表婚等氏族社會殘餘。婚姻只能在不同氏族之間進行，同一氏族內禁止通婚。他們也與蒙古、鄂倫春、達斡爾等族通婚。個別地方還有「逃婚」的習俗，有些地區過去還實行過「小女婿」婚俗，即當孩子還很小時，父母就代為定親，有時甚至「指腹為婚」和搖籃結親。

鄂溫克族也有入贅的習俗，並分長期和短期。長期入贅可以繼承岳父家的財產，而短期入贅不能繼承財產。入贅的形式很簡單，沒有繁瑣的儀式。「夫兄弟婚」和「妻姐妹婚」也曾在鄂溫克族中流行。現在所不同的是妻子死後，可以續娶妻妹為妻，而弟死後兄不能納弟媳為妻。

婚禮前奏曲——「忙」並快樂的事

先斬後奏，娘家無奈

鄂溫克族青年男女的戀愛比較自由，當他們互戀定情，確定婚期後，由男方回家告訴父母，父母便開始準備床、毯子，建造一個新的蒙古包，並在蒙古包旁搭蓋一個「撮羅子」（一種簡易帳篷）。找一個老年婦女住在裡面，但這一切都要瞞著女方父母。

到婚期的前一夜，兩個戀人約好時間，一起騎馬「逃」到搭建好的撮羅子中，由老年婦女把女子的八根小辮梳成兩根粗辮，以示結婚。天亮時，新人共同到男方父母的住處，一起拜祖先、火神、高堂。同時，男方派兩個人到女方家通知婚事，向女方父母敬獻哈達，並設法請他們喝下兩杯酒，女方父母無可奈何，也只好答應下這門親事。事實上，這是「逃婚」習俗的遺留，現已不多見。

媒人須善言辭和懂規矩

無論男女自由戀愛，還是由父母包辦，都要請媒人按照求婚禮節，向女方父母求婚。

媒人一般由男方氏族中輩分大、熟知禮儀且善辯的人擔任。媒人到女方家時，帶上兩瓶酒，並向女方家長借酒壺為主人敬酒。敬酒時說：「某某長輩讓我來你們家做客。」女方父母聽了這話，便知來意，讓女兒避開。之後，媒人再次敬酒說：「聽我們氏族的長輩說，你們氏族有個拿剪刀的女子，我們氏族有個拿弓箭的男子，我是為兩家的美好姻緣而來的。」

此時，女方父母儘管看中了這位男子，也要說些推託之詞。媒人使出善於言辭的本事，甚至數次登門，直到定下婚事。

令人理解不能的婚俗

突破想像的婚嫁趣事

訂婚後，男方要送給女方一些馴鹿和酒作為彩禮

婚禮進行曲——歡天喜地新人樂

迎親路上的馴鹿和神像

到了要結婚時，男方會搬家，住得離女方近一點，同時將通往女方家路的兩邊的樹上的皮切掉一點，為新郎開路。

結婚這天，新郎在父母親友的陪同下，帶上送給女方的十隻馴鹿到女方家去，在去女方的路上，還要排成一定的隊形。一般是一位長者拿著神像走在最前面，新郎走在第二位，再後是新郎的父母和族人，最後是牽馴鹿的人。

女方也以同樣的隊形來迎接，新郎新娘相遇後，要先和神像接吻，然後是新郎新娘擁抱接吻。新娘將一個刻有馴鹿頭、象徵吉祥的樺皮盒送給新郎，新郎則送給新娘一塊手絹。接著新郎新娘從馴鹿中挑出兩頭最好的，各牽一隻繞場三圈，最後大家來到新娘家吃喜酒。

野外婚禮與「歡樂之火」

正式的婚禮儀式不在室內，而是在野外。屆時，他們在清理過的河灘谷地上燃起一堆被稱為「歡樂之火」的篝火，然後人們把新郎新娘從撮羅子裡簇擁到篝火邊，並以火為中心圍成一個半圓圈，由一位主持婚禮的長者宣布婚禮開始。

主婚人用樺皮杯斟滿兩杯酒，交由新郎新娘潑在火裡，表示對火神的尊敬，接著再向雙方父母敬酒。然後

新郎新娘互相擁抱接吻，手挽手和所有參加婚禮的人拉成一圓圈，載歌載舞，歡度良宵。

這種歌舞鄂溫克人稱之為「歡樂之火」舞。它舞姿雄健有力，時而振臂扭腰，時而盡情歡跳。一人領唱，眾人齊和。歌伴舞，舞隨歌，時快時慢，高低錯落。大家在歌舞中縱情歡樂。

婚禮結尾曲——畫上圓滿的句號

歌舞之後，新郎新娘在女方家度初夜。也有的地方歌舞之後，由女方家同姓婦女陪同，將新娘送往男方家，在男方家舉行婚禮。婚禮結束，陪送新娘的婦女留下一人，小住一宿，以便幫助、指導新娘處理一些新婚事務。

離婚．再婚——勞燕分飛各覓幸福

鄂溫克族認為寡婦再嫁是理所當然的事情，受到社會輿論的支持，並認為如有人為其做媒，是積德行善的好事。甚至寡婦再嫁可以帶走自己的財產，也可以就在亡夫留下的房屋中再嫁他人。

德昂族婚俗

德昂族是西南邊疆最古老的民族之一，主要散居在雲南省德宏傣族景頗族自治州的潞西縣和臨滄地區鎮康縣，其他分布在盈江、瑞麗、隴川、保山、梁河、龍陵、耿馬等縣。德昂族人口數為一萬七千九百三十五。絕大多數德昂人與景頗、漢、傈僳、傣等民族交錯分寨雜居。主要從事農業生產。

德昂族有自己的語言和文字。語言屬南亞語系孟高棉語族佤德昂語支。文字流傳不廣。不少人通曉傣語、漢語或景頗語。德昂族信仰小乘佛教。

民族婚俗——各有各的說法和講究

德昂族實行一夫一妻制，同姓不婚，很少與外族聯姻。青年男女的戀愛和婚姻十分自由，男青年到十四五歲時開始便開始尋找意中人，雙方建立感情後，男方請寨中老人往女方家說媒。只要女方同意了，家長一般是不反對的，他們認為女子找到愛著自己的人了，不同意是不好的，至於女婿是不是稱心如意，那是女兒命定的，父母無能為力。倘若女方父母堅決反對，女子可自行到男方家同居。

尤為可貴的是，德昂族的戀愛和婚姻也不受等級地位的限制。只要男女彼此喜歡，平民的兒子可以娶頭目或富戶的女兒，反之亦然。

德昂族在婚戀上的傳統習慣法是：女子愛上哪個男子，不嫁是不行的。因此在婚戀問題上，女子有更多的自主權和選擇權。

婚禮前奏曲——「忙」並快樂的事

潑水節上贈竹籃

潑水節既是德昂族人民歡度新年的典禮，又是男女青年談情說愛，尋找心上人的好時機。多在西曆四月中旬左右舉行，一般三到五天。潑水節上，德昂族流行一種贈竹籃習俗。

男子在節日前便悄悄編織好幾個漂亮的竹籃子，並乘夜深人靜和女子約會時，將籃子分別送給自己中意的女子。最漂亮精緻的竹籃，要送給自己最喜愛的女子，以此表達自己的愛意，試探對方的反應。

每個女子往往都能收到好幾個竹籃，然而女子究竟鍾情於誰呢？這就要看潑水節那天女子背的是誰送她的那個竹籃了。到了這一天，每個女子都背上一個精緻美觀的竹籃，但究意是誰的呢？這下可讓眾男子忙壞了，他們睜圓雙眼，緊盯著女子身上的竹籃，仔細辨認著心上人所背的是否是自己送的那個竹籃。

男女戀人在一兩次見面後，便互相盡情的潑水、嬉戲，以表達自己激動、喜悅的心情。

求婚送禮連續三日

透過互贈信物確定戀愛關係後，女子便會把親手織的「伙森」——用紅、黑棉線織成長五尺、寬三尺、兩頭有線球裝飾的棉毯——披在男子的身上，暗示男子可以來提親了。男子的父母一發現自己的兒子有了伙森，立刻問清情況，請媒人去說親。

說親那天，女方家也請一個媒人作陪。男方家的媒人送給女方父母一串芭蕉、一包茶葉、兩條乾鹹魚，作為開門禮。女方的父母同意後，男方家要把同樣的禮物送給女子。上述禮物還要送給女方村寨的族長、長者，作為取得族長、長者同意的禮物。求婚要連續進行三個晚上，簡單但又重複的送禮儀式到第四天晚上結束，這才正式定下了婚。

婚禮進行曲——歡天喜地新人樂

夜間迎親唱〈歡樂調〉

按照德昂族的習俗，迎親和送親都要在春節前後的夜間進行。到晚上十一點左右，新郎和其他男子在歌手的引導下，前往女方家迎親。來到女方家大門外，迎親者停下，歌手唱起了〈歡樂調〉，意即通知女方家迎親的隊伍到了！

女方家早有準備，聽到歌聲後，女方媒人取出一貢盤，裡面裝著各種禮物、花束和剪紙，讓新娘向家人、賓客逐一告別和敬拜。家人和賓客也對新娘囑咐再三，並送禮品給新娘。這時候，新娘會禁不住離別的傷感，一邊敬拜，一邊哭出聲來。

五彩花瓣迎新娘

半夜前後，新娘來到男方家中，當新娘登上夫家竹樓的時候，歌手又唱起了〈歡樂調〉，歌聲中，新郎的母親將鮮花瓣朝她撒去。前三次換著不同顏色的花瓣撒，第四次撒出去的是五顏六色的花瓣。新娘在萬花飛舞中上了樓梯，新郎的母親趕忙領著新娘進了洞房。休息片刻，新郎端著放有鮮花的高腳竹編茶盤，領著新娘向本寨的老人磕頭。老人祝新婚夫婦「白頭到老，子孫滿堂」。接著喜宴開始。

婚禮結尾曲——畫上圓滿的句號

晚上對歌，要對三個晚上。這三個晚上新娘由娘家護送的女子陪伴著睡在新房的地上。三天之後，護送的女子返回去了，新郎新娘才能同房。

在結婚後的十天內，新娘早晚要替公婆洗臉、洗腳。第三天新郎陪同新娘回娘家，帶著結婚前男方家人請人編好的一些小竹篾籮，裝上一些禮物送給女方的親屬。

離婚．再婚——勞燕分飛各覓幸福

德昂族家庭夫妻一般感情融洽，離婚的很少。偶有夫妻不睦，男方提出離婚，只要出幾斤米、幾塊錢，請村寨頭人祭神後，即可通知女方回娘家。女方提出離婚，要賠償男方聘禮。近代這種情況已發生變化，我們這裡不再細說。

保安族婚俗

保安族是甘肅省三個特有的少數民族之一，主要聚居在積石山保安族東鄉族撒拉族自治縣境內，其餘散居在寧夏回族自治區各縣和青海省的循化縣。保安族人口數為一萬六千五百零五。保安族主要從事農業、手工業，以打刀為主，「保安刀」十分著名。

聚居區的保安族使用保安語，屬於阿爾泰語系蒙古語族。大多數人兼通漢語，尚無文字，通用漢文。「保安」係本族自稱。舊時因信仰伊斯蘭教和風俗習慣與當地回族略同，而被稱為「保安回」。

民族婚俗——各有各的說法和講究

保安族實行一夫一妻制，父母為絕對權威，對子女婚姻實行包辦，並經媒人說合。以前早婚現象比較普遍，一般是男十七歲，女十五歲即可成婚，現在有所改善，但是託媒訂婚習俗仍然盛行。過去，保安族不與非伊斯蘭民族通婚，而且不同教派之間也很少通婚。

婚禮前奏曲——「忙」並快樂的事

媒人送「定茶」認親

保安族人的婚姻大事，首先要由男方請媒人去徵詢女方父母的意見，如果女方父母同意結親，男方則需準備好茯茶一塊、「四色」禮一份、衣料一件，請媒人送到女方家中，叫做送「定茶」，算是正式定親。而接過

◆保安族婚俗

婚禮進行曲——歡天喜地新人樂

「定茶」的女子，就不准再相親了。如果女方不願結親，便會將「定茶」送回男方家。認親後到結婚之前的這段時間裡，每逢「齋月」、「爾德節」，男方都要送點禮物給女方家；每年的新糧豐收後，男方也要拿點糧食到女方家去讓其品嘗收獲的糧食。

媒人率領男方的本家弟兄送彩禮

當男女均到結婚年齡了，便由女方家長和媒人商定彩禮的數量，並通知男方按商定的要求逐一辦理。送彩禮的時候，由媒人率領男方的本家弟兄三四人，帶上衣料、粉、胭脂、香皂、手鐲、耳墜等送往女方家；女方家的本家弟兄在門口迎接，並設宴席招待男方送禮人。女方家在接受彩禮的時候，不但自己家要請男方來客吃喝，而且女方的親房戶族也要分別宴請來客，稱為「叫客」，「叫客」越多，越能說明女方的親房戶族多且彼此團結。

婚禮進行曲——歡天喜地新人樂

女方親友討要「羊肉錢」

保安族的婚禮一般選在主麻日（即星期五）或三、六、九單日舉行，十分有趣。這天，新郎有媒人帶領著到新娘家去迎娶。

賓主坐定後，新娘父親宣布女兒出嫁。阿訇唸「呢卡黑」（《古蘭經》中的婚禮證詞），從視窗將一盤紅棗和核桃撒到外面，凡是賀喜的來賓都要索取一份，表示闔家吉祥如意、紅喜臨門，夫妻和睦相處之意。

之後，主人重新邀請客人進餐，新娘同村的年輕人和新娘家的親朋好友向娶親人討要「奴工木哈」，保安語是「羊肉錢」的意思，如果娶親人不能滿足他們的要求，就會被拉到院子裡，臉上被抹上鍋底黑灰。被抹了鍋底灰的客人也不會生氣，大家一邊玩鬧，一邊互道祝賀。

當新娘離開娘家時，娘家人還要拉住媒人要「羊肉錢」，在雙方的拉拉扯扯、打打鬧鬧中，有的甚至還會將媒人的鞋襪脫了，在泥水中拉著跑。這是婚禮最熱鬧的場面。一直到盡興了，媒人才會滿足他們的要求，拿出「羊肉錢」後，才算了結。

⑵ 新娘三天不吃男方家飯

新娘被迎娶到新郎家後，新郎家即舉辦婚宴，親友聚集在庭院裡載歌載舞，祝福新婚夫婦幸福吉祥。歌舞過後，客人入席進餐，卻唯獨新娘缺席。因為按保安風俗，新娘三天不吃男方家飯，而要吃娘家送來的飯菜，用來表示不忘父母的養育之恩。這是保安族與眾不同的婚俗。

婚禮結尾曲——畫上圓滿的句號

婚禮當晚，全村人都來鬧宴席場，主人便拿出柴草，眾男子在院中燒起一堆熊熊大火。人們圍著篝火，喝茶、跳舞、唱「討喜曲」，能歌善舞的男子手拉手，肩靠肩，邊唱邊跳，觀眾也隨著節拍和之，歡樂的人們唱著跳著，使本來就喜氣洋洋的婚禮之夜更增添了歡快的氣氛。

宴席場一直鬧到午夜。直到主人家拿出紅棗、核桃等食品招待所有來客，人們才說著道喜的話離開。整個婚禮也就到此結束了。

離婚．再婚——勞燕分飛各覓幸福

過去，父權思想在保安族家庭裡占據著統治地位，婦女則處於從屬的地位，受男子支配。如果夫妻不和睦，男子可以任意提出離婚，而婦女則沒有這個權利。離婚後的婦女可以再嫁，俗稱「先嫁由父母，後嫁由自己」。

保安族的婦女是沒有繼承權的，如果男子已故且無子，寡婦改嫁後，家產要歸男子親屬所有。近代，保安族男女婚姻都獲得了自由。

裕固族婚俗

裕固族是中國北方的一個古老的少數民族。人口較少，人數為一萬三千七百一十九人，主要聚居在甘肅省張掖地區肅南裕固族自治縣，少數人聚居在酒泉市黃泥堡裕固族鄉，其餘散居在蘭州和新疆哈密、昌吉等地。裕固族主要從事畜牧業，兼營農業。崇尚騎馬和射箭。

裕固族用裕固語，屬阿爾泰語系突厥語族。裕固族無文字，通漢語文。裕固族信奉喇嘛教。在風俗習慣上近似藏族。

民族婚俗——各有各的說法和講究

因彩禮重難以明媒正娶

裕固族實行一夫一妻制，同姓同戶之間不能通婚，同姓不同戶可以結婚。裕固族婚俗分為正式婚和非正式婚。明媒正娶，名正言順，謂之正式婚。非正式婚是經過一定儀式後，子女本人可以自由選擇自己的對象或配偶。主要表現為帳房竿戴頭婚、交換婚、兄弟共妻婚、童養媳婚、小女婿婚等形式。

過去裕固族大多是包辦買賣婚姻，男方要負擔很重的彩禮和婚姻各種儀式的龐大開銷，所以裕固族人很少有人舉行明媒正娶的正式婚姻。這種情況直到近代才有了改變。

女不出嫁的帳房戴頭婚

過去，裕固族的女子過了結婚年齡，又沒有適當的對象，或者是家中沒有兒子，經濟條件又比較吃力，舉辦不起盛大的婚禮，父母就為她舉行帳房戴頭儀式。

具體做法是，父母為其準備好一套頭面（婦女的尖頂毯帽、胸飾、背飾等）衣服和一頂帳房，預備好待客的酒肉食物，請來一些至親好友，在帳房裡面讓女兒戴上頭面，把少女的裝飾改換成婦女的裝飾。

舉行了帳房戴頭儀式以後，女子就可與男子自由交往，選擇自己中意的對象同居。以這種方式組成的家庭一般不太穩定，往往會再度瓦解。這種婚姻之前還有，現在已經基本絕跡。

婚禮前奏曲——「忙」並快樂的事

索要彩禮，名目繁多

男子看上哪家女子了，其父母就要請媒人到女方家求婚，求婚時要帶上「拜麗克」（用白布或者藍布做成的哈達）和兩瓶用紅頭繩綁住的瓶酒。女方的家長若收下「拜麗克」和兩瓶酒，就意味著婚事有商量的餘地，如果拒不接受上述禮品，那這樁婚事則斷然無望。就是女方家接受了禮品，也要對男方從各方面進行了解，然後才能給許親的答覆。

男方求婚，女方許親之後，媒人和男方族中十到二十人去議定彩禮。女方提出的彩禮名目很多，按老規矩，有一百二十種，這種習俗在世界各民族中是罕見的。

訂婚日女婿表演宰羊

按裕固族習俗，訂婚日女婿要表演宰羊，非常有意思。彩禮事宜確定之後，女方家已經挑選好一隻大羯羊拴在一邊。這時岳父就說：「今天是大好的日子，眾位親戚都為『給字達爾』（丫頭）的終身大事來了，女婿娃宰隻羊，把親戚們招待。」女婿就要立即動手，把羊放翻捆好，在一淨盆內放一把鹽，從腰帶上拔出腰刀，摸準羊脖子下刀部位，一刀刺入頸部，立即用盆子接羊血。

裕固族男青年自幼耳濡目染，對羊的各個關節瞭若指掌，再加上為了獲得女方家青睞而一再操練，在人們看來難上加難的事，在他們看來實在是輕而易舉。幾分鐘工夫，羊成了一塊塊的帶骨肉。

從宰羊到煮肉、做肉腸、脂裹乾，這些事都要女婿完成，並要求做得乾淨俐落。手抓肉要煮得色鮮味香，恰到好處，這樣才能博得女方親戚的滿意。

婚禮進行曲——歡天喜地新人樂

有趣的「馬踏新房」儀式

裕固族舉行婚禮時，男方要在大氈房外專設一個白色的小氈房供新娘到來時休息。送親隊伍快到小氈房時，女方送親隊伍中的一些騎術較好的人在女方主婚人的指揮下，一個個揚鞭策馬，衝向小氈房，企圖將其踏倒。

小氈房外，男方親友也早有準備，嚴陣以待。婦女在氈房內用樹枝木棒敲打氈房頂，把馬嚇得不敢靠近。男子則在氈房外，一邊高聲叫喊，一邊上前趕馬，把馬趕離氈房。這是裕固族婚禮上的「踏房」儀式。

裕固人認為，如果將專為新娘所設的小氈房踏倒，意味著男方對新娘保護不力，需要重新舉行迎親儀式，

◆裕固族婚俗

婚禮進行曲——歡天喜地新人樂

因此馬和駱駝踏氈房僅僅是一種象徵性的儀式。

結束後，雙方解除緊張，客人下馬，主人奉上酒菜，大家歡歌笑語，新娘進入氈房休息。

贈羊小腿寓夫妻恩愛

新娘進入氈房後，新郎就用岳父家贈送的服裝開始穿著打扮。打扮完畢，兩位歌手端著酥油、牛奶和纏著羊毛的羊小腿，說唱〈贈羊小腿詞〉，唱畢，就在新郎的額頭抹上一點酥油，把羊小腿掛在新郎的腿帶上。

這隻羊小腿，新郎要等到晚上和新娘一起在洞房中將其吃掉。羊小腿上的毛，除了「婆家娘家好得分不開」的寓意之外，還有新郎新娘好得難分難解的意思。

新郎三箭「射」新娘

贈羊小腿之後，主客都到大門外，迎接新娘進門。新娘要從門前的兩堆火之間走向大門。這時，新郎向新娘連射三支無鏃箭（不至於傷人），象徵新郎新娘相親相愛，白頭到老。射罷，新郎把弓箭折斷，扔到門旁，由老人投進火裡燒掉。

這個習俗來源一個古老的傳說：從前，裕固人沒有火，後來有一個英雄取來火種，裕固人才過上好日子。當時，有一對新婚夫婦，丈夫外出狩獵，妻子在家不慎將火弄滅。她為向一個三頭妖求火，而必須把血獻給牠喝。幾天後，丈夫回來後，而妻子卻因妖精天天來喝血而變得骨瘦如柴。丈夫知情後，用三箭射落妖怪三顆頭，而自己也因受重傷死去了。

從此，裕固族人民為了防止妖怪再來，也為了紀念那位驅逐妖魔的英雄，舉行婚禮時便興起這個儀式。象徵新娘有勇敢善射的丈夫保護，定能過上美滿幸福的生活。

射完三箭，新娘才能進入婆家。這時，男方家裡的主人要用手抓羊肉、燒酒等來招待送親客人。當酒興正濃時，雙方歌手即開始對唱，一直延續到深夜方才散去。

婚禮結尾曲——畫上圓滿的句號

甘肅裕固族婚禮中，有新娘「燒新茶」的習俗。新婚第二天清晨，新娘必須早早到廚房去生火熬茶。她用新鍋熬好一鍋新茶後，新郎請來全家大小，向新娘一一介紹，新娘則依次向眾人敬茶，每人一碗。喝了此茶後，就表示新娘成為夫家正式一員了。

離婚．再婚——勞燕分飛各覓幸福

裕固族的女子在家庭中的地位很高，主宰著家庭。夫妻離婚時，男子不能帶走任何東西，所生子女也歸女方。

京族婚俗

京族是中國人口較少的民族之一。京族人口數為兩萬兩千五百一十七。主要聚居在素有「京族三島」之稱的廣西壯族自治區防城各族自治縣江平鄉的澫尾、巫頭、山心三個小島上，其餘分布在譚吉、紅坎、恆望及欽縣。主要從事漁業，兼營農業和鹽業。

京族有自己的語言，與越南語基本相同。現基本上通用廣東話、漢語和漢文。京族主要信仰道教，少數人信仰天主教。

民族婚俗——各有各的說法和講究

京族家庭實行一夫一妻制，京族的傳統婚姻絕大多數是在本民族內部通婚，與鄰近的漢、壯民族通婚的很少。一般同姓不婚，嚴禁姑表婚，若有違反，必將受到族規的制裁。領童養媳較為普遍，個別男子「上門」。婚姻過去是父母包辦。現在大多自由戀愛，用對歌物色對象。

京族人對訂婚和結婚非常重視，在禮俗方面也相當講究，要經過測八字、定彩頭、以定聘禮、「送日子」、「哭朝」、「開容」、迎親、拜堂、回朝等諸多環節。

婚禮前奏曲——「忙」並快樂的事

踢沙折枝試情意

「唱哈節」是京族的傳統節日，每到這一天，青年男女就會成群結隊，相互對歌。京族青年人每當在歌罷興盡的時候，他們就三三兩兩踏著遍地的月光，來到海邊的沙灘上或叢林裡漫遊。

每當這時，男子便瞪大眼睛在女子群中尋覓著，如果發現了自己愛慕的女子，就慢慢的靠近，用腳尖將沙子撥向對方；或者折一根樹枝，將木葉撕成縧縧，丟到女子身上。如果女子對男子也是心中有意的話，她就照樣用腳尖把沙子踢回對方那裡，或者將木葉扔回對方身上，以表示接受追戀。於是，有情人便離開人群，或是坐在沙灘上，或者相依綠樹蔭叢裡，唱起一曲曲充滿柔情蜜意的山歌。

花木屐配對結良緣

經過了「踢沙」或「擲木葉」的戀愛過程，如果雙方有情有意了，便分別找來「藍媒」（即牽情引線的媒人），將各自想好的一首情歌，請她代為傳唱給對方，同時還送去一隻描有花草等彩色圖案的木屐，決定男女雙方能不能結成良緣，還得看男女對換的花木屐是否配對。換花木屐時，由男女雙方各準備一隻花木屐（左腳或右腳均可），交由「藍媒」代為接收。

如果兩隻彩色木屐合在一起正好是左右一雙，那麼這對情侶就算是「天意有緣」了；如果不配對，兩隻花屐都是左的或都是右的，那麼「命相不合」無緣相守了。

互傳木屐成功後，便由「藍媒」選定佳期，進行「聯親」。男方將裝滿檳榔、茶葉、冰糖的禮盤，請兩個特別會唱歌的男女送到女方家中。女方接禮盤的也是兩個特別會唱歌的男女，在接送過程中，大家都以歌代話，一唱一答，情意綿綿。唱到盡興，女方歌手才會將禮盤接下。

接下來，當晚就由歌手帶著新郎來到女方正式「認親」。在「認親」的過程中，也是全部以歌代語。為了探測男方的才學和智慧，女方歌手還一邊唱，一邊用一些預設的麻煩，來戲弄對方。因此，如果沒有察覺，就會惹起女方故意的哄堂大笑，使新郎面紅耳赤，陷入窘境。

婚禮進行曲——歡天喜地新人樂

⑦三道關卡，以歌叩門

第二天正式婚禮。這天，見不到新郎的面，男方先派一男童到女方家報「時辰到了、可以出門」等吉利話。女方家祭祖後，新娘放聲大哭，並由夫婦齊全、有子有女的同族人用線為新娘「開容」。

這時，女方屋前的林間道上，設置三重懸燈掛彩的榕門，牽以彩帶攔阻迎親的貴客。第一道關卡由歌童把關，第二、三道由成年歌手把守。當男方歌手來到時，必須以歌叩門，直唱到對方滿意後，才得過關。三道關卡都經對歌叩通以後，緊閉著的大門才徐徐敞開，迎客進家。這時，雙方歌手又唱著吉祥的禮歌，入席飲宴。

宴罷，簇擁著面罩紗巾的新娘，拜別父母出門，新娘不坐花轎，徒步行至男方家。新娘出門以後，女方的歌手又在迎親路上設下三道關卡，用紅布條攔住。男方歌手唱贏一次，拿下一條紅布條，透過一道關卡，最後都唱贏了，才讓迎親的人將新娘領走。這時，迎親的人和送親的人，每行一步停一回，每停一回對一輪歌。

在途中，如見親人或村人要停下哭一陣子，如遇到水井，要停下來投些錢幣，不能路過不停。因此，儘管新郎和新娘同在一個海島，兩家相距只有幾十公尺遠，都要繞著村中綠蔭小道轉悠，所以路途遙遠者走到半夜才能到男方家。

行「拜堂」禮、唱〈結義歌〉

新娘一到男方家，便鳴放鞭炮，新娘與新郎雙雙拜祖公，俗稱「拜堂」。拜堂時向祖公拜四拜，向父母拜三拜。然後夫妻對拜，並唱〈結義歌〉。最後捧檳榔敬父母和長輩、眾賓客。由男方家聘請一位有公婆、夫婿齊全的婦女來幫助鋪席子和掛蚊帳。

新娘拜堂以後，由伴娘扶著送入洞房。當天晚上由女方家陪來的好姐妹兩三人，陪伴新娘同睡一晚。這天晚上，男女雙方的歌手邊飲酒邊對歌，你唱我和，此起彼伏，通宵達旦，熱鬧非凡。幸福愉悅的歌聲伴著天作地合的一對新人。

不少的青年男女也加入對歌行列，透過這一活動，物色自己的意中人，然後到海灘、叢林去「踢沙」、「摘木葉」，開始他們自己的幸福探尋之旅。

婚禮結尾曲——畫上圓滿的句號

新娘到男方家後的第三天，男方家準備好兩托盤染紅的糯米飯（三公斤）、兩塊豬肉、兩隻雞，由新郎新娘帶往新娘家拜岳父岳母，住一晚後回男方家，這叫「回朝」。萬尾島的京族新娘隔天就要回朝，白天去，晚上回；山心島的新娘是第三、五、七、十二天都要回娘家住一個晚上，新郎不用去。至此，整個婚禮才算結束。

離婚．再婚——勞燕分飛各覓幸福

京族離婚時，只要雙方同意，就由男方寫一張離婚書交給女方收執為憑即可。寫離婚書不能在屋裡寫，要到屋外草坪上寫，寫完後把筆硯一起扔掉，認為留著它是不吉利的，怕以後還會再離婚。若是女方提出離婚，則由女方將男方「過禮」所花的費用或全部或部分退還男方；若是男方提出，女方就毋須退還，但要男方出具離婚書，這樣她既可回娘家住，也可再嫁。

寡婦改嫁時，要退一些身價錢給公婆或夫家叔伯，否則，人家不敢和她結婚。改嫁不能從家中出門，必須到圩場或樹林中等候迎娶，以免家中再發生什麼不祥之事。

隨著社會發展，因為有了法律保障，京族傳統婚姻中的許多清規戒律都逐漸被廢除了，許多習俗禮儀也隨著社會的變革，或消失，或發生了改變。

塔塔爾族婚俗

塔塔爾族是中國人口較少的少數民族之一，屬於白種人。塔塔爾族人口數為四千八百九十。主要分布在新疆維吾爾自治區的伊寧、塔城、烏魯木齊。少數散居在布林津、奇台和南疆的主要城市。居住在城市的塔塔爾族人主要從事商業活動和教育工作。此外還有一些塔塔爾族人從事畜牧業和手工業。

塔塔爾族有自己的語言，屬阿爾泰語系突厥語族克普恰克語支，有以阿拉伯字母為基礎的文字。由於長期與維吾爾族、哈薩克族和烏孜別克族共處，因而這三個民族的語言、文字也逐漸成為塔塔爾族的日常用語和通用文字。塔塔爾族信仰伊斯蘭教。

民族婚俗——各有各的說法和講究

塔塔爾族的家庭多是一夫一妻的小家庭。與其他信仰伊斯蘭教的民族通婚，限制堂兄弟姐妹之間通婚，姑表聯姻也很少。婚禮按教規在女方舉行，通常新郎要在岳父家住一段時間，有的要到第一個孩子出世後才回自己家。不提倡早婚，允許青年人自由戀愛，但必須徵得長輩的同意和支持。

婚禮前奏曲——「忙」並快樂的事

塔塔爾族的婚俗別具一格，男方經媒人三番五次登門求親，女方家長若允諾，就向女方下聘禮，稱為「庫拉克緩雲切」，即給新娘從頭到腳的整套服裝。下過聘禮，即算訂婚。

按塔塔爾人的傳統習慣，婚禮在新娘家舉行，把新郎「嫁」過去。結婚前幾天，男方要把為新娘製作的全部服裝、炊具、陳設和婚禮時食用的物品及自己的「嫁妝」送到女方家，其中包括給新娘父母的禮物。等到新婚之夜，新郎就正式「嫁」過去了。

婚禮進行曲——歡天喜地新人樂

新郎「出嫁」真稀奇

塔塔爾族新郎「出嫁」的儀式非常有趣。這天，身著新婚服的新郎在伴郎及親朋好友的陪同下，坐上馬車，青年人拉手風琴，興致勃勃的唱起流行的「幾爾」，有的吹口哨，有的呼喊，一路歌聲琴聲不斷，吶喊助興聲連天，以此來增添歡樂氣氛。歌中唱道：

> 森林裡多麼歡鬧，是百靈鳥在縱情歌唱。
> 青年人拉起手風琴，歌唱自己的愛情生活。
> 眉毛黑呀，眼睛黑，眉毛眼睛不分離。
> 熱戀的情人成眷屬，甜甜蜜蜜不分離。

歌聲、琴聲、口哨聲和歡呼聲伴送著送親人的隊伍去往女方家。當夕陽西下，新郎和伴郎們一行人等來到新娘家門附近，先要繞著院轉一圈，然後才到門前。而此刻女方家大門都緊閉著，新郎要獻禮物才能進去。以後，新郎進房門、到床邊、吃飯，都要送喜錢。女方家的人和客人為青年夫婦祝福。女方家這天要宰羊煮肉，準備豐富的筵席招待來賓，青年人唱歌跳舞進行慶賀。

喝糖水生活甜蜜蜜

結婚儀式按伊斯蘭教教規進行，先由阿訇誦經，並詢問新婚夫婦是否願意，待男女雙方回答「願意」之後，再由阿訇將一杯糖水（或蜜水）送給新郎和新娘共飲，以此象徵他們的婚後生活會像糖水一樣的甜蜜，並白頭偕老。

禮畢入洞房。第二天早上新郎要拜見岳父母，回家舉行宴會，並舉辦各種文娛活動，晚上再回到岳父家。

婚禮結尾曲——畫上圓滿的句號

乘龍快婿似親兒

婚後，新郎在新娘家住上一段時間後，才回自己家。一般三到六個月，有的甚至要生過一個孩子以後才回去。塔塔爾族對待女婿如同對待親生兒子一樣熱情。在女方家居住期間，岳父、岳母要拿出上好的食品款待女婿，使女婿感到生活在女方家就如同生活在自己家裡一樣溫暖。

帶著嫁妝回夫家

當新婚夫婦回男方家時，新娘的嫁妝要全部帶走。將到男方家時，男方親友要用繩子攔住新娘的去路，新娘要獻糖果等物，方可放行。新娘回到夫家，男方親友向新娘身上撒糖果，並舉行宴會，盡情娛樂，以示歡迎。

婚禮接近尾聲，人們唱起了婚禮歌，歡送光臨的客人：

不辭辛勞的遠方來客，
為婚禮增添了歡樂，
祝你們返回時一路平安，
願我們在別處的婚禮上重逢相見。
婚禮慶典這樣解散，

是因為天色已經很晚，
回不了家的客人們，
請在我們的洞房裡安眠……

離婚·再婚——勞燕分飛各覓幸福

塔塔爾族視離婚為最大恥辱，很少有離婚現象。無論男女，只要提出離婚，都會受到鄙視和責備。而且，誰也不願再跟他（她）結婚。

獨龍族婚俗

獨龍族，中國人口較少的少數民族之一。現有人口七千四百二十六人，獨龍族主要聚居在雲南省怒江傈僳族自治州貢山獨龍族怒族自治縣的獨龍河兩岸，也有少數散居在貢山縣北部的怒江兩岸。此外，緬甸境內也有不少獨龍人居住。獨龍人從事刀耕火種的粗放農業，採集和狩獵在家庭副業中占有相當大的比重。

獨龍族使用獨龍語，屬漢藏語系藏緬語族，與貢山怒語基本相通。無本民族文字。部分通曉漢語。

民族婚俗——各有各的說法和講究

獨龍族的家庭雖已逐步確立一夫一妻制，但過去還保留著一些原始群婚和對偶婚殘餘，但同時存在非等輩婚、互姐妹婚、一夫多妻等幾種婚姻形式。同時，盛行嚴格的氏族外婚制，即男子只固定與舅方家族形成婚姻關係，構成單向循環的婚姻狀況。如家族中一已婚的兒子死亡，其妻可由公公娶為妾；兩姐妹也可以同時分嫁兩父子；一群兄弟可與另一方的姐妹同時實行婚配等。在獨龍族的詞彙中，嚴格來說並未產生丈夫和妻子這兩個詞，只有男人、女人和我的男人、我的女人等詞彙。

一九五〇年代後，隨著社會發展，獨龍族的婚俗也有很大改變，舅表婚、非等輩婚及一夫多妻、買賣婚姻等現象逐漸減少。

獨龍族青年男女在婚前可以自由交友，但婚姻的締結完全由父母包辦，小時候定親的多，要一定彩禮，到年齡即可成親。結婚後每生一個孩子，女婿要送岳父一頭牛或一樣東西。妻子若早死，岳父要退回一部分彩禮給女婿，幫助他再娶。

婚禮前奏曲——「忙」並快樂的事

遺棄的黥面

為了表示成年，過去獨龍女孩到了十二三歲便進行黥面。屆時女孩躺在一個舒適的地方，由紋面師用削尖的竹籤，沾著鍋菸水在臉上畫出紋樣，然後用荊棘依圖案刺戳臉龐。拭去血水之後，再用鍋菸灰或者一種深色的草汁反覆揉擦刺紋，使之滲入皮下。一週之後刺劃的面孔紅腫結痂，痂落癒合後，肉皮上便呈現出黑色或青靛色的花紋。

至於獨龍女子紋面的原因，也許是為了美觀，也許是家族的標誌，也許是為了避邪或防止外族的搶掠。不過，隨著獨龍族河谷社會的變遷，黥面這一習俗已經很不流行了。

茶水冷了熱、熱了又冷

說婚時的茶水冷了熱，熱了又冷，這在獨龍族的婚戀中是一種有趣的現象。

獨龍族的說婚很特別。媒人去女方家說婚時，只帶去一個茶壺、一口缸、一袋茶葉和幾包香菸。到了之後，不管女方家裡的人熱情不熱情，高興不高興，打不打招呼，媒人都會以最流利的動作，將帶來的茶壺灌上女方家的水，放在女方家的火塘上燒開。

接著，媒人用帶來的茶葉和缸泡好茶，再用女方家的碗一碗一碗的把茶水按長幼順序送到女方家的人面前，女子面前的茶水則最後送。

這之後，媒人便開始說婚，說男子多能幹、多誠實，男方家如何好，如何富有，你們家女兒嫁過去是好花配綠葉、金鞍配良馬等等。說了一陣就唱，唱了一陣後又說，如此反覆，直到女方一家人表示願意接受為止。

與此同時，女子的父母也可提出一些問題，要媒人解答。如果覺得滿意，女子的父母就把擺在面前的茶水喝了，女子也會跟著把擺在面前的茶水喝下，這門親事就算成了。要是談到晚上，女方父母仍不喝茶，媒人就暫時告辭，第二天繼續來說合。如果一連兩三次女方父母都不喝茶，就說明女方父母不同意這門婚事。

定親豬腿送外婆

以前，獨龍族青年男女沒有婚姻自由，他們的婚姻，從小就由父母包辦，求婚的方式別具一格。青年男女本人不出頭露面，而由男方的父母帶酒專程去女方家裡，一邊喝酒，一邊向女方父母唱求婚歌，如果女方父母同意這樁婚事，就回唱允婚歌。

初次收下的求婚禮品，不算正式的禮品，正式訂婚時所送的禮品，一般為豬一頭、酒兩瓶、斧一把、砍刀一把、碗三個、三腳架一個、耳環一對。富裕人家還要送一捲或幾捲麻布。女方收下後，要將禮品的一條豬腿送給外婆家，其餘的肉由全家族分食。這樣做就算正式宣布女子已經訂了終身大事了。

婚禮進行曲——歡天喜地新人樂

喝竹筒包穀酒慶新婚

獨龍族十分喜歡飲酒，每當秋收季節，家家戶戶都用竹筒釀造酒。舉行婚禮這天，由新郎的一位姐妹及幾個未婚的男女組成的接親隊伍，攜帶著男方家自己釀製的竹筒包穀酒兩筒、新娘的新衣服一套等禮品。

到了新娘家後，接親者把竹筒酒用溫開水調好，請女方村寨的老人來飲喜酒。喜酒飲畢，全體賓客和全村寨的人熱熱鬧鬧、高高興興的把新娘送出村寨。當送親的人就要和新娘告別時，由村寨中一名德高望重的長者為新娘祝福：「我的女孩，我祝賀妳成家立業，到男方家後，要尊重公婆，愛護大伯、小叔、大姑、小姑，與丈夫和睦相處，白首偕老，一輩子順順利利，平平安安！」新娘含淚點頭，一一答應。

按本民族習俗，新娘的父母也要一同前往男方家，親自把出嫁的女兒送入夫家。女方家送給男方家的禮物也是竹筒包穀酒。

唱民歌與跳獨龍舞

新娘來到男方村寨時，受到全村寨人的歡迎。全村寨的人又跳又唱，一直把新娘迎進新郎家。新娘進了夫家後，由男方母親牽著新娘在房中各處走一轉，好讓新娘熟悉家裡的倉庫、廚具、畜廄等情況。接著男方用酒肉盛情款待送親者、全體賓客及眾鄉親。

晚上，歌師圍坐在火塘邊，邊飲喜酒邊唱民歌。演唱民歌一般以男女對唱的形式進行，即男方歌師代表新郎，女方歌師代表新娘。演唱的內容有〈婚配歌〉、〈勸嫁歌〉、〈祝福歌〉等，其中一首賀喜的酒歌是這樣唱的：

我家的豬養肥了，
我家的米酒煮好了，
五彩的祥雲已掛山頭，
我家的姑娘出嫁遠走。
親戚朋友都來了，
圍坐火塘吃肉喝酒；
把火塘裡的火添旺，
舉杯祝客人幸福長壽。

這時候，男女在院內燒起火堆，大家圍成一圈或數圈，跳起了熱烈奔放的獨龍舞。他們邊飲喜酒邊跳舞，盡情狂歡，以慶賀這對新人的婚禮。唱民歌和跳獨龍舞往往持續要到深夜或第二天清晨。

婚禮結尾曲——畫上圓滿的句號

結婚數月後，丈夫要陪同新娘帶上一竹筒包穀酒，一塊豬肉到女方家看望，以表示對父母感恩。婚後，夫妻倆每生一個小孩，女婿就要送岳父岳母家一件禮品，如一口鍋、一個三角架、一把鐮刀等。

離婚・再婚——勞燕分飛各覓幸福

獨龍族家庭比較穩固，很少有離婚的。如有離婚，男方先提出離婚則女方家不退彩禮，女方先提出則女方家要退還全部彩禮。

鄂倫春族婚俗

鄂倫春族是中國人口數量較少的一個民族，人口八千一百九十六人，並且居住分散，主要分布在內蒙古自治區的鄂倫春自治旗、布物哈旗、莫力達瓦達斡爾族自治旗，以及黑龍江省呼瑪、遜克、愛琿、嘉陰等縣。「鄂倫春」一詞有兩種涵義：一為使用馴鹿的人，一為山嶺上的人。鄂倫春人主要從事狩獵和農業。

鄂倫春族有本民族語言，屬阿爾泰語系滿一通古斯語族通古斯語支。有自己的語言，沒有本民族文字，一般通用漢文、也有部分鄂倫春族用蒙古文。

民族婚俗——各有各的說法和講究

鄂倫春族在婚姻締結上，保持著古老的一夫一妻氏族外婚制。在族外婚制的前提下，他們是交錯從表婚，不習慣直接從表，即表兄弟姐妹間不結婚，而習慣間接從表婚，即在堂姑、堂舅的兄弟姐妹間結婚。在氏族外，鄂倫春族的吳、魏、葛三姓氏之間，吳、孟兩姓之間，絕對禁止通婚，傳說他們的祖先是同父所生。

鄂倫春族有入贅的婚俗，如果女方父母沒有兒子，可招婿入贅，俗稱長期入贅，入贅可不要彩禮。如果女方無生產力或暫時需要生產力，也可以根據情況短期入贅或限期入贅。在傳統的鄂倫春婚姻中，一度盛行指腹為婚、娃娃親的婚姻習俗。在鄂倫春族，在婚後喪偶的年輕女子中，還保留著一種搶婚的習俗。

近代隨著經濟、文化事業的發展，人們的思想觀念也隨之改變，有些舊的婚姻儀式和搶婚習俗也已發生了變化。現在，青年男女都可自由戀愛成親，雖然一些舊的儀式仍被採用，但也只是被視為一種慶祝婚禮的娛樂形式而已。

婚禮前奏曲──「忙」並快樂的事

認親同吃肉粥

鄂倫春族男孩到了十五六歲的時候，父母就要開始到外氏族為他物色合適的女子。鎖定合適的對象後，便請媒人到女方家求婚。幾經波折，好不容易得到女方家的認可之後，男子還必須攜帶獵物，在其母親和媒人的陪同下到女方家認親。

等到男女雙方成年之後，便要認親，認親當夜可以同房。在同房前還必須舉行一個小小的儀式，那就是男女各用一隻手同端一個樺樹皮碗，用另一隻手共用一雙筷子，同吃碗中的「老考太」（肉粥），以表示結成夫妻之後要同甘共苦，白頭偕老。認親時，男子要穿上黑皮邊的新衣，在坎肩的背後和肩部刺上雲紋，女子則要修飾鬢角和眉毛，並要把頭髮梳成兩辮盤在頭上。這種習慣的打扮標誌著青年男女已訂婚。

在正式結婚之前，男子要親自為女方家送去若干馴鹿作為聘禮，並向岳父母叩頭。按習慣，男子在送禮時，可以和未婚妻再次同房。

婚禮進行曲──歡天喜地新人樂

接親繞圈子、賽馬

在結婚的那一天，鄂倫春族的新郎要到新娘家去接親，新娘家的人則要到半路迎接男方的迎親隊伍，如果男女雙方同住一個地方，也一樣要繞著圈子去迎接。當新郎的迎親隊伍快要進入女方部落的駐地時，要與女方的迎接隊伍舉行賽馬活動。到達新娘部落後，新郎被留住在女方家的「仙人柱」，其他迎親的人也被安置在別的「仙人柱」住下。

迎親隊伍返回時，新郎要提早一天出發，第二天的時候，再領著一個本氏族的弟弟到中途去迎接新娘。當新娘與伴娘以及送親的人們進入男方部落駐地時，同樣也要舉行賽馬活動，但新娘和伴娘則不參加賽馬，在一旁充當觀眾並為自己一方吶喊助威。

新娘被接到男方家後，兩位新人要舉行拜天地儀式。拜天地儀式結束後酒宴開始，將「仙人柱」事先備好的乾柴點燃，讓來賓圍火而坐，以野豬肉和燒酒招待。新郎新娘要向所有來賓中的長輩磕頭敬酒，長輩在向新人祝福的同時，還要贈送禮品。酒至數巡，歌聲大作，有人還跳起舞來，熱鬧非常，直至深夜。

婚禮結尾曲——畫上圓滿的句號

婚禮過後，由嬸嬸或嫂嫂幫新人鋪床，並看著新人寬衣，兩人蓋著一床被躺下後方才離去。

婚後，夫婦倆要到娘家住一段時間，新女婿要與岳父一起出獵，獵品全部歸岳父家，有的直到有了孩子才回男方家。

離婚．再婚——勞燕分飛各覓幸福

鄂倫春族寡婦改嫁不受限制。已婚雙方感情不和，經調解無效，可以依法離婚。

赫哲族婚俗

赫哲族是中國東北地區一個歷史悠久的民族。主要分布在黑龍江省同江縣、饒河縣、撫遠縣。少數人散居在樺川、依蘭、富饒三縣的一些村鎮和佳木斯市。赫哲族人口數為四千六百四十。主要從事捕魚和狩獵，狗拉雪橇是他們的主要交通工具。赫哲族是中國北方唯一的以捕魚為生、用狗拉雪橇的民族。

赫哲族使用赫哲語，屬阿爾泰語系滿一通古斯語族滿語支。無文字。因長期與漢族交錯雜居，通用漢語文。信仰薩滿教。

民族婚俗——各有各的說法和講究

赫哲族的婚姻，基本上實行一夫一妻氏族外婚制，早年子女婚姻由父母包辦，普遍早婚。婚姻方式大概有四種：媒人介紹、男女雙方的父母直接商量、雙方兒女相互換親和指腹為婚，也有童養媳，不過已經是過去的事了。赫哲族結婚時要舉行「拜老爺兒」的儀式，「老爺兒」是赫哲族對太陽的稱謂。

◎不以美醜定姻緣

由於受滿、漢族的影響，過去赫哲人以聘娶為主要婚姻形式。赫哲族父母為子女選擇配偶的標準是看工作技能，而不太講究門當戶對，不分貧富貴賤。

赫哲人選女婿一定要為人正派忠厚，在摔跤比賽、滑雪、射箭、設伏弩、捕魚、狩獵等活動中產生的佼佼者，常常被視為結婚對象。而男方選媳婦，也是以人品好、針繡手藝巧和聰明賢慧為標準，容貌不是主要條件。

選中對象後，便請親屬、媒妁說合，再擇期相門戶、定期過禮，選定婚期。

彩船、雪橇迎親

赫哲族有著自己傳統的迎親方式。春、夏、秋季以彩篷船、走水路迎親；到了冰天雪地的冬季，人們往往將狗或牛馬牽拉的雪橇（俗稱雪扒犁）裝飾一新後，前去接親。在太陽升起的時候，三套裝飾別致的雪扒犁便出發，如同三掛火車，馳騁在冰河雪地上，此情此景，獨樹一幟。一路吹吹打打引得鄉親觀望助興。

婚禮前奏曲——「忙」並快樂的事

執酒壺入女方家

在過去，赫哲族女子是透過比武的方式選擇配偶的。求婚人要與女子的兄弟或舅舅比武，只有武藝高強的人才能被納為新婿。

求婚時，一般是男子的父親或叔伯和媒人去女方家。赫哲族傳統的求婚方法是「執酒壺入女方家」，就是將酒壺脖子綁上紅布條，和女子的父母邊喝酒，邊商量婚事。女方父母一看到酒壺上的紅布就知道來意了，若同意則一杯酒一飲而盡，隨即將女婿叫來拜認岳父母，如相距較遠的，也可在第二天前來拜認。女子這時都藏匿在暗中窺視，如果女方家及本人無異議，這樁親事便定了。

過禮日未婚夫妻不見面

定親以後，男方要給女方一定財物作為聘禮。以前赫哲族只需過一次禮，聘禮多少也視家庭貧富而定，一般為一頭豬和一箱酒。男方家較為富裕的，可另外再加一匹馬、一張貂皮。婚禮舉行的前三四天，媒人便與新郎一同將觀禮如數送往女方家。女婿分別向岳父母行三叩首禮，媒人敬酒，並告娶親日期。

現在的赫哲族過禮分為兩次，稱為過小禮和過大禮。在婚事說成後不久，就要舉行過小禮。過小禮當天，媒人、女婿及父母帶著禮物到女方家，並出酒、肉，在女方家擺幾張席，邀請雙方長輩暢飲。此時，女婿要跪在桌前向各位長輩叩首、敬酒，直到岳父叫起來為止。彩禮的多少和過大禮日期，以及結婚日期也便在席間商定了。

過大禮是在正式結婚的前幾天進行。男方將女方所要彩禮如衣服、首飾、被褥、馬匹等如數送到女方家，還要帶一頭豬、一桶酒在女方家設宴，除了要邀請過小禮時的年老長輩，還要邀請其他一些親戚朋友。過大禮時女婿仍要跪著向所有人行禮。不同的是，他不能和其他人一起用餐，而是單獨一小桌。過大禮時，還有一大特點，就是未婚夫妻不能見面，女子一般要躲到鄰居家去。

婚禮進行曲——歡天喜地新人樂

新娘由哥哥背上彩船

赫哲人習慣於水上捕撈的生活，對江河有一種特殊的感情。赫哲人的婚姻大事，也理所應當的與這一傳統的習慣緊密相連。舉行結婚儀式的時候，在接親之前，人們將平時捕魚生產用的船隻支上篷架，用紅色或彩色布匹把船篷裝飾得美觀、大方（通常篷門要用紅布簾遮擋）。迎親當日，早晨太陽升起的時候，幾艘彩船排成一隊先後出發，沿路吸引了許許多多的旁觀者和前來助興的鄉親。

迎親隊伍到了女方家，新姑爺要先向老丈人叩頭、敬酒，老丈人為新姑爺披上紅帶，以示祝福。梳洗打扮好的新娘，把辮髮挽在腦後，梳成髮髻，穿上嶄新的紅衣、紅褲，頭上蒙一塊紅布，由娘家哥哥把她背上彩船。

◆赫哲族婚俗

婚禮結尾曲——畫上圓滿的句號

隨後，抬著嫁妝的娘家送親的人也都上了船，一路歌樂不斷，直到把新娘送到男方家中。新娘向公公、婆婆行叩拜禮後，待時舉行婚禮。

吃豬尾隨夫過生活

新娘被接到男方家以後，要和新郎一起拜「老爺兒」。等新郎和新娘跪下，司婚人便宣布：「頂禮日月、星辰，頂禮江水、山嶽，頂禮赫哲人的祖先，頂禮親友四鄰，親郎親娘叩拜。」接著誦詞祝福。

赫哲族婚禮中，一個特色便是點長壽燈。如果燈光在後半夜沒有熄滅，那麼就預示著新郎新娘能過一輩子太平日子。

入洞房、喜宴等過程與漢族沒有什麼差異。這些程序後，由親友中的老人手持用三道紅布捆綁在一起的三根蘆葦，向新娘訓話，要求她孝順公婆，尊敬丈夫，待人和氣，勤儉持家，好好過日子。

新娘還要在炕上面壁「坐福」，這一點和滿族婚俗頗為相似。等到送親的人吃完喜宴離開之後，新娘才下炕，與新郎吃豬頭、豬尾，新郎吃頭，新娘吃尾，表示從此妻子願意跟隨丈夫過日子。

婚禮結尾曲——畫上圓滿的句號

婚禮當晚，兩位新人一起吃麵條，表示夫妻情意綿綿、福祿長壽。

離婚‧再婚——勞燕分飛各覓幸福

由於民風素樸，家教平實，赫哲族人極少有夫妻不合吵鬧離婚的。無論娘家、婆家，都把子女離婚視為家族的醜事。

但赫哲族對寡婦改嫁卻不加限制。年輕的女子意外喪夫後，既可改嫁夫弟，繼續維持與公婆的和睦關係，也可改嫁他人，為自己尋找新的生活。寡婦改嫁要在為亡夫送魂脫去孝服之後，一般不再舉行婚禮儀式，請親友喝酒認定即可。

改嫁接親的途中，如遇到大樹，寡婦則須抱樹痛哭，以此象徵脫去晦氣，重新生活。

門巴族婚俗

門巴族主要聚居在西藏墨脫縣和錯那縣，林芝、察隅等縣也有分布。「門巴」，原是藏族人對他們的稱呼，意思是「住在門隅的人」。人口數為八千九百二十三。門巴族人主要從事農業，種植水稻，兼營畜牧業和狩獵，擅長竹藤器的編織和各種木碗的製作。由於與藏族人民長期共同生活，互相通婚，所以在政治、經濟、文化、生活習俗等方面都有十分密切的關係。

門巴族使用門巴語，屬漢藏語系藏緬語族藏語支，多通曉藏語。無本民族文字，通用藏文。主要信仰藏傳佛教。

民族婚俗——各有各的說法和講究

門巴族實行一夫一妻制。婚姻不受民族的限制，父系血親和母系姨表親戚之間不得通婚，姑舅表婚盛行，重舅權。門巴族人的婚戀不受太多的限制，一般在十八歲左右，通常男女雙方有了感情之後，由一方父母出面，請媒人說合。正如一首加魯情歌唱道：「東北的山再高，遮不住天上的太陽；父母的權再大，擋不住兒女選伴侶。」

婚禮前奏曲——「忙」並快樂的事

請證人修「訂婚書」

門巴族青年男女戀愛婚姻比較自由，雙方相愛後，便透過朋友轉告各自的父母，父母大多數是支持的。一般都是由男方父母請媒人到女方家說親，婚事說成後，由男方酬謝媒人。

媒人去女方家說親時，需帶上酒、哈達送給女子的父親。經媒人說合，女方同意後，雙方父母再請兩位證人，定一份「訂婚書」，表示不能隨意解除婚約。若女方父母不同意，不是直言謝絕，就是藉故推辭。

喇嘛擇定婚期

訂婚後三個月，或是半年，結婚的日子便不遠了（也有的會等到一年或更長時間）。結婚前男方要向女方送幾次禮，婚期由喇嘛擇定。婚期前兩天，男方要帶上一桶酒和哈達到女方家去，同時喇嘛還要誦兩天經，為新人祈禱幸福。當婚期確定後，男方家便釀酒做餅、殺豬宰牛，緊張的做婚禮的各種準備。

婚禮進行曲——歡天喜地新人樂

新郎不親自迎親

按照門巴族的習俗，結婚當天，新郎是不親自去迎親的。那麼，迎親的重任則要由以下人員擔當了：能說會道的「噶爾東」（媒人），迎接新娘的「巴薩」（伴郎）和「朗朗」（伴娘），還有兩名男方家的親戚。兩名親戚分別負責迎請新娘的舅舅，以及女方的其他客人。一行人到了女方家後，向新娘父母及親戚獻哈達，敬酒，道吉祥，然後催促新娘啟程。

梳妝打扮好的新娘頭梳五色彩辮，戴上巴爾嘎帽，身著紅氆氌袍，腰繫白圍裙，胸前佩戴「考烏」（吉祥護身盒）、珍珠、松石等飾品，背上披一張小牛皮。門巴族婦女這種特有的裝束，使新娘顯得十分端莊美麗。

◆門巴族婚俗

婚禮進行曲——歡天喜地新人樂

迎親路上「三道酒」

門巴族人在迎親時，有一個頗具特色的環節，那就是「三道迎接酒」。就是男方家要在迎親的途中擺三次酒，迎接新娘及女方客人。第一道酒擺設在新娘家的村口，第二道酒擺設在新娘家的村口，第三道酒在新郎家的村邊。

女方家客人之所以受到如此周到的接待，是源於門巴族一個古老的習俗：在門巴族的婚禮中，女方家客人享有至高無上的權威，他們常常藉故滋事，挑剔男方家，甚至藉故製造事端，攪亂婚禮，直到男方家賠禮道歉，敬錢獻物，才肯善罷甘休。所以男方家在婚禮期間都要小心侍候，以保平安無事。而「三道酒」則是婚禮過程的第一關，在這一關中能否經受住女方家的刁難，順利通過，直接關係到整個婚禮的成敗。敬酒人是經過挑選的能言善辯、精明能幹之人，他們每三四個人一組，在途中恭迎客人。如果「三道酒」都順利通過，婚禮便成功在望。

喝「洗塵酒」與「換衣」

迎親隊伍到達新郎家時，已有幾位女子在門邊等候，她們將新娘和客人迎進新屋。入座後，酒女立刻獻酒，邊敬酒邊唱悠揚的薩瑪酒歌。新娘喝完一碗「洗塵酒」後，便被帶到屋中，由伴娘幫助新娘脫去從娘家穿戴來的所有衣服首飾等，從裡裡外外都換上婆家的一套穿戴。這樣的換衣可謂是乾淨澈底，意味著新娘從此脫胎換骨，展開新生活。

新娘換好衣服後重新入座，一直沒露面的新郎才出場，和新娘坐在一起，喝「東羌」——交杯酒。這時媒人向一對新人敬酒祝福，有人唱起了〈吉祥歌〉：

「藍藍天空彩雲飄蕩，吉祥啊，燦爛的霞光；巍巍雪山銀輝閃爍，吉祥啊，雄獅在歡唱，美麗山村喜氣洋洋，吉祥啊，俊俏的新娘；酒烈情濃，歌舞飛揚，吉祥啊吉祥。」

新娘舅舅試新郎

在門巴族的婚禮中，女方客人享有至高無上的權威，而其中尤以新娘的舅舅為甚。新娘的舅舅是娘家的代言人，理應成為婚禮上最尊貴的客人。在迎親時，男方家要派專人迎接新娘的舅舅；入座後，可以對很多問題提出不滿。

當喜慶的婚禮正在歡聲笑語中進行時，新娘的舅舅看著擺好的酒菜卻不吃，故意挑毛病，比如：酒釀得不好、肉切得不勻等等，邊說著還用手猛擊桌子，假裝生氣的樣子。面對新娘家的這般刁難，男方家要馬上敬獻哈達，重設好酒，賠禮道歉，想方設法使娘家人消氣，特別是討好新娘的舅舅。直到舅舅滿意了，大家才開懷痛飲。其實，舅舅的這番挑剔是極具戲劇性的，目的當然是考驗男方和新郎的誠意。

在酒席間，新娘要輪流向大家敬酒，有的也請新郎新娘對飲，比比誰喝得快。據說，誰喝得快，誰將來在小家庭中的地位就越高。酒席中，大家還盡情歌舞，祝願新人幸福美滿。

婚禮結尾曲——畫上圓滿的句號

門巴族的整個婚禮一般要持續四天，進行到第三天的時候，女方客人要回家了。這時新娘的父母、舅舅以及親戚要向新娘告別。他們勸慰新娘不要難過，並叮囑其在婆家好好過日子、孝敬公婆之類的話。最後和新娘話別的是母親，她在開導完女兒後，要對女婿厲聲：「你聽著，你要好好待她，不能現在把她視為仙女，以後把她當做魔鬼，我們不依！」。

新娘眼看親人都要走了，只留下她孤身一人在婆家，痛哭不已。這時，戲劇性的場面又一次出現，只見新娘的母親突然拉著新娘，邊往外走邊說道：「女兒呀，回去吧！」女方家客人蜂擁而上，簇擁著新娘出門，他們打著呼哨，揚長而去，演出了一場「婚變」的鬧劇。

面對這突如其來的「婚變」，一下把男方家弄糊塗了，等反應過來，便急忙追上去搶奪，互不相讓，亂成一團。

最後，還得由媒人出面調解，讓男方家再一次向女方家賠禮敬酒，保證今後要像對待自己的女兒一樣待新娘，女方家客人才放手，任男方家又把新娘拉回去，新娘雖然竭力反抗不回夫家，但男方家人多勢眾，反抗是徒勞的，最後被「拖」進屋去，引來一陣陣歡聲笑語。

第四天，這對新人從男方家裡帶上各種好吃的東西到新娘家，探親似的去休息七天。這場不同尋常的婚禮才算結束了。

離婚·再婚——勞燕分飛各覓幸福

門巴人夫妻如果不和睦，經本村頭目調解無效，即可離婚。雙方財產，各歸原主。若一方堅持離婚，一方不允，則堅持離婚一方要付給對方一頭大牲畜和一些錢物作為賠償。若不賠償，可訴諸措本、宗本（門巴人的二級政府機構）解決。提出離婚的一方，往往不能分得子女。雙方情願離婚的，男孩隨父，女孩隨母。門巴人對寡婦的改嫁很自由，沒有什麼限制。

洛巴族婚俗

珞巴族是中國人口最少的民族，只有兩千九百六十五人，主要分布在西藏自治區東南部的珞瑜地區及相鄰的察隅、墨脫、米林、隆子等縣。「珞巴」是藏族對他們的稱呼，意為「南方人」。近代根據實際情況和本民族意願，正式定名為珞巴族。珞巴族人主要從事農業，兼營狩獵，擅長射箭。

珞巴族有自己的語言，屬漢藏語系藏緬語族。除住在墨脫縣北部的珞巴族使用藏語外，其餘通用珞巴語，但各地區間有方言差異。珞巴族沒有本民族文字。

民族婚俗——各有各的說法和講究

三種婚姻形式

在過去，除少數富戶盛行多妻外，珞巴族群眾的婚姻基本是一夫一妻制，嚴格實行氏族外婚和等級內婚制，買賣婚姻盛行。喪夫的婦女要在亡夫的兄弟中轉房。締結婚姻的方式有三種：一為父母包辦；二為農奴主包辦；三為換婚。

父母包辦一般為男方向女方求婚，男方父母親自前往。因珞巴族訂婚時年齡很小，所以一切由父母作主。主人包辦主要指「捏巴」（一位被壓著不能抬頭的人）等級。「捏巴」無人身自由和財產，結婚全由主人出面作主或出價買老婆。

換婚一般在中等戶和較窮的人家中。如果雙方都有子女，可以用交換婚配的方法為兒子娶妻，這樣的婚姻一般不議身價。

另外，珞巴人還有試婚制，就是男方在婚前先到女方家去生活一段時間（一般為三年），如果雙方願意，就會結婚，如不願意，就給對方一些東西作為賠償。

現今，珞巴族的婚姻形態、思想觀念、男女地位都發生了根本性變化。婚姻的締結也已不是以前的樣子，而朝著一種自由、和諧、自主的新型婚姻家庭關係發展。

婚禮前奏曲——「忙」並快樂的事

珞巴族人在結婚之前，男方要向女方送幾次禮，並帶一頭殺好的豬和一些稻米招待女方親友。到第四次時，女方的親鄰要準備一些酒、酥油以示答謝。

婚禮進行曲——歡天喜地新人樂

雞肝紋路定吉凶

娶親的日子是由男方殺雞占卜而選定的。娶親當天，新娘由父母和介紹人一起送到新郎家。新郎家則準備酒席招待。

婚禮上，新郎、新娘一共要殺三次雞。第一次，在新郎家木樓前新搭的木門懸梁上會事先吊好兩隻雞，新郎新娘將這兩隻雞殺掉，並將雞肝取出拿給珞巴巫師。巫師用舌頭舔一下雞肝，看一眼雞肝紋路，再舔一下，再看一眼，由此來斷定新人今後的命運是好是壞，壽命是長是短。

第二次，在院子裡用八根竹竿搭成竹架，竹架上會掛上雞，同樣要新人取出雞肝交給巫師。巫師由此斷定新人今後生兒育女的先後和數量。

第三次，殺新郎家裡的兩隻雞。由珞巴族有兒有女的婦女把新人引進新郎家的木樓後，開始殺雞。這一次不同的是還要殺一頭豬，先殺豬，後殺雞。於是，整個婚禮沉浸在「雞飛豬跳」之中。

之後，新娘新郎舉行喝酒儀式。每人面前放一碗酒，碗邊抹上酥油，自己先喝一口，再喝交杯酒。新娘新郎喝完交杯酒，便共同招待介紹人和所有客人。

婚禮結尾曲——畫上圓滿的句號

婚禮的最後，雙方客人以及參加婚禮的親戚朋友一起不斷的飲酒、唱歌和跳舞，直到第二天仍接著唱、接著跳。第三天，親戚鄰居又帶著酒、乾山鼠肉前來祝賀。

離婚．再婚——勞燕分飛各覓幸福

過去，珞巴族夫妻婚後感情不睦，丈夫可以提出離婚，離婚毋須手續。丈夫不想要妻子可以直接把她休掉，岳父母無權干涉（一些經濟實力雄厚的富戶人家，可進行干涉）。而妻子不願再跟隨丈夫，就只能私奔。如果男方的父母追究，女方父母須賠償彩禮。

隨著時代的進步與發展，這些陳舊的婚俗已不多見。

基諾族婚俗

「基諾」的意思是「舅舅的後代」或「尊敬舅舅的民族」，是該民族的自稱。基諾族的主要分布區為雲南省西雙版納傣族自治州景洪縣基諾鄉，以及基諾鄉四鄰山區。基諾族人口為兩萬零八百九十九人，主要從事農業，善於種茶，普洱茶非常著名。基諾族人有自己的語言──基諾語，屬漢藏語系藏緬語族彝語支，無本民族文字。

民族婚俗──各有各的說法和講究

基諾族的婚姻為一夫一妻制，實行族外婚，男女同姓及姨表、姑表之間禁止通婚，姨表親或姑表親，必須在四代以後才能通婚，違反者要被罰。

基諾族擇偶的標準除財富、勤快之外，就是看耳垂上是否有孔，孔越大越好。青年男女十五歲舉行「成年禮」之後，便有了談戀愛的資格。結婚之前的戀愛，通常有「巴漂」──秘密的談情約會、「巴寶」──愛情由秘密轉入公開、「巴里」──同居等三個階段。而婚禮一般是在生了第一個孩子之後才舉行。

近代這些習俗已逐漸改變。

婚禮前奏曲——「忙」並快樂的事

約會的信號——樹葉信

基諾族青年談戀愛的方式是很風趣的，他們透過傳遞樹葉信來約好相會地點。傍晚的時候，在村寨的岔路口留下一片或幾片樹葉作為約會的信號，戀人一看就明白，且知道約會的時間和地點。人們把這種約會的標誌稱為樹葉信，青翠欲滴的小小葉片傳遞了愛的資訊。有的村寨還專門為男女青年設有娛樂和過夜的公房，讓男女在裡面相會、娛樂、談情說愛和過夜。

耳朵裡插鮮花

基諾族青年的戀愛充滿了詩意。一開始，女孩往往透過送檳榔來試探自己喜歡的人，進一步則送鮮花。花為兩朵，用紅線精心捆綁後，悄悄贈給男子或直接戴在男子的耳飾上。男子則以菸草回贈。這是戀愛的初級階段。到了中級階段便可當眾贈送。如果此時女方能收到男方母親用芭蕉葉包著鮮肉的方形包，就說明她地位尊貴。

基諾族還有「丟包」擇偶的風俗。男女青年分兩邊站立在檳榔樹下，一個個用彩布做成的菱形荷包，繫著兩條彩帶，像彩蝶一樣在空中飛舞，時而升高，時而降低，飛向對方的懷抱。參加「丟包」的青年男女，耳朵裡的竹管裡都插著「獨喬花」、「布希花」、「麥西花」，十分好看。

男女雙方談妥後，男方便託媒人去女方家說親。然後，男方到女方家做事，並住在女方家，稱為認婚。雙方也可同居，但要等女方父母認可後，才能正式結婚，即使有了孩子也不算結婚。

婚前，男方要到女方家送三次禮，每次都是酒，只是酒的數目依次增加。最後一次確定婚期。

婚禮進行曲——歡天喜地新人樂

新娘漆齒躲藏待迎娶

婚禮到來之時，男方要殺豬祭祀，並將豬頭、豬腳獻給卓巴、卓色（寨內長老）等頭目，按照女方長房內火塘的數額分送米酒和肉包。待客酒席設在男方長房內。

基諾族的漆齒是一種互相愛慕和尊敬的表示，青年男女在一起相聚時，女子常把鐵片端到自己愛慕的男子面前請其染齒，這是基諾族的古老傳統，據說不遵循這個習俗的人死後將得不到祖先鬼魂的歡迎。

婚禮當日，新娘要重新漆齒、梳洗打扮後躲藏起來。到傍晚時，男方親友在卓巴、卓色等長老陪同下前往女方家迎親。等迎親人員上樓以後，再由新娘的舅舅把新娘「找」回來，交給迎親人員，並以生產工具陪嫁。男方送禮錢給女方舅舅，以示對「找」回新娘的感激。

以瓷碗碎片證婚

新娘迎回來以後，新郎的母親會給新娘一顆雞蛋，並為兒媳拴紅線，還要送禮物給新娘。在基諾族人看來，拴紅線不僅拴住了人，也拴住了人的魂，今後新娘就永遠在男方家了。新郎要敬新娘一杯酒，背著新娘上樓，由卓巴宣布倆人自此已結為夫妻。男方將三兩三錢瓷碗碎片（以此代銀）用布包裹好，交給女方舅舅作為結婚證物保存。這些儀式過後，宴席開始。

另外，基諾族婚禮還有一個有意思的環節，就是昔日愛慕過新娘的男子，會用洗米水潑灑新娘，以此表示對沒有獲得新娘愛情的「報復」。向新娘潑水的男子越多，就說明追求新娘的人越多，新娘的身價也越高。

到了晚上，寨子裡的空地上會燃起火堆，人們擂響太陽鼓，唱著古老的基諾調，跳著熱烈奔放的基諾舞，沉浸在一片喜慶氣氛當中。

婚禮結尾曲——畫上圓滿的句號

結婚的當晚，新娘不能走出男方家。第二天天剛亮，新娘要去背水回來燒洗臉水，燒好後抬給公婆洗臉，同時，正式稱呼公婆為爸爸媽媽。之後，新娘的父母和媒人也來到男方家，把第一天送來的嫁妝清點給新娘。有趣的是，這些新贈的東西中，往往還有一塊茶葉地、一段竹子、一頭牛和幾隻雞。

離婚．再婚——勞燕分飛各覓幸福

基諾族夫妻婚後家庭和睦、融洽，很少有離異現象。如要離婚，女方除帶走自己的裝飾品、生產工具、娘家陪嫁的畜禽之外，夫妻雙方的財產都實行平分。原則上女方要留給男方一套衣服，一雙鞋子，一個背包。離婚儀式由女方家主持，男女雙方互飲離婚酒，同時拋棄結婚時女方舅舅代為保存的碎碗片，離婚始生效。

離婚後男可再娶，女可改嫁。離婚後的女子，攜帶尚未成年的子女和屬於自己的財產回到娘家生活、生產。女子再嫁之前仍是母系家庭的成員，可以開始新的走婚生活，尋找新的伴侶。改嫁後，可以將自己的子女留在娘家，託付給自己的兄弟代養。舅舅因此而受到外甥、外甥女的特別尊敬。

國家圖書館出版品預行編目（CIP）資料

令人理解不能的婚俗：突破想像的婚嫁趣事 / 趙惠玲，金躍軍著．
-- 第一版．-- 臺北市：崧燁文化，2020.07
面； 公分
POD 版

ISBN 978-986-516-268-9(平裝)

1. 婚姻習俗

538.4　　　　　　　　　109009190

書　名：令人理解不能的婚俗：突破想像的婚嫁趣事
作　者：趙惠玲，金躍軍 著
發 行 人：黃振庭
出 版 者：崧燁文化事業有限公司
發 行 者：崧燁文化事業有限公司
E-mail：sonbookservice@gmail.com
粉 絲 頁：　　網 址：
地　址：台北市中正區重慶南路一段六十一號八樓 815 室
8F.-815, No.61, Sec. 1, Chongqing S. Rd., Zhongzheng Dist., Taipei City 100, Taiwan (R.O.C.)
電　話：(02)2370-3310 傳　真：(02) 2388-1990
總 經 銷：紅螞蟻圖書有限公司
地　址: 台北市內湖區舊宗路二段 121 巷 19 號
電　話:02-2795-3656 傳真 :02-2795-4100　　網址：
印　刷：京峯彩色印刷有限公司（京峰數位）

定　價：399 元
發行日期：2020 年 07 月第一版
◎ 本書以 POD 印製發行